Geheimtips für Genießer
Cinque Terre – Land über dem Meer

CINQUE TERRE
Land über dem Meer

Aus dem Italienischen
von Susanne Bunzel

edition spangenberg bei Droemer Knaur

Die Originalausgabe erschien in Italien unter dem Titel
»Le Cinque Terre e il Golfo dei Poeti. Dove le vigne
scendono al mare« bei Arcigola Slow Food Editore, Bra (Cn).
Koordination: Giovanni Ruffa, Mavi Negro
Text: Salvatore Marchese
Redaktion: Gigi Gallareto, Simona Luparia, Silvia Pettiti

2. aktualisierte Auflage 1997

© Copyright der deutschsprachigen Ausgabe
Droemersche Verlagsanstalt Th. Knaur Nachf.,
München 1997
© Copyright 1995 Arcigola Slow Food Editore
Das Werk einschließlich aller seiner Teile ist urheber-
rechtlich geschützt. Jede Verwertung außerhalb der
engen Grenzen des Urheberrechtsgesetzes ist ohne
Zustimmung des Verlages unzulässig und strafbar.
Das gilt insbesondere für Vervielfältigungen, Über-
setzungen, Mikroverfilmung und die Einspeicherung
und Verarbeitung in elektronischen Systemen.
Gestaltung, Karten, Satz: Gabriele Klann
Fotos: Tommy Malfanti, Stefano Sassi
Umschlaggestaltung: Vision Creativ München
Umschlagfotos: Arcigola Slow Food Editore;
Bavaria, Gauting
Druck und Bindung: Clausen und Bosse, Leck
Printed in Germany

ISBN 3-426-26971-6
5 4 3 2

Inhalt

Benutzerhinweise 7

Gute Gründe für einen Besuch
Die Landschaft genießen 8

Ein Leitfaden
Meer, Kirchen und Rebterrassen 10

Sehen und verstehen
Die steilen Rebterrassen 12

Die Routen 14

Cinque Terre
Wanderwege hoch über dem Meer 16

Abstecher nach Levanto 55

Ein Leitfaden
Der Weg der Sonne 58

Golfo dei Poeti
Fischerdörfer, Strände und gute Küche 60

Ein Leitfaden
Der Duft der Stille 112

Val di Vara
Durch das Hinterland 114

Abstecher nach Sesta Godano und Varese Ligure 124

Abstecher von Zignago nach Calice al Cornoviglio 126

Tips & Infos
Ausführlicher Adreßteil 128

Register 156

Benutzerhinweise

TIPS & INFOS
Ausführliche Informationen finden Sie ab Seite 128

In Kurzform nützliche Hinweise und empfehlenswerte Adressen für jeden Ort (Hotels, Restaurants, Osterie, Weinkellereien, Bars, Cafés, Läden, Werkstätten …)

Essen und Trinken

Trattoria Roma   Restaurant mit guter Küche
Trattoria Roma★   Restaurant mit bemerkenswert guter Küche
Trattoria Roma★★   Restaurant mit ausgezeichneter Küche, nicht versäumen

 Restaurant, das uns besonders gut gefällt aufgrund seines gemütlichen Ambientes, der traditionellen Küche und der unverfälschten Gastfreundschaft

Die Karten

Voraussichtliche Dauer der Ausflüge

 24 STD. mit dem Auto   Wanderung

 2 STD. mit dem Fahrrad   Bootsausflug

 1 STD. zu Fuß   Abstecher

 Weinberg   Aussichtspunkt

 Olivenhain   historisches Gebäude

 Weinhandlung   sakrales Gebäude

 Weinkellerei   Mühle

 Restaurant, Osteria   Villa

 Hotel

Gute Gründe für einen Besuch
Die Landschaft genießen

Die Landschaft der Cinque Terre ruft Empfindungen wach, die sich nur schwer beschreiben lassen. Panorama und Stimmungen genießt man bei Wanderungen entlang der berühmten *Via dell'Amore* oder bei einem Ausflug auf dem Wasser (im Sommer gibt es zahlreiche Schiffsverbindungen), aber auch mit dem Wagen, vor allem in der Gegend von La Spezia und in den Dörfern am Golfo dei Poeti. Eine einzigartige Landschaft. Auf den ersten Blick entdecken Sie die kühnen Rebterrassen, die sogenannten *cian*, die im Lauf der Jahrhunderte dem Terrain abgerungen wurden und von Trockenmauern gestützt werden. Steil zum Meer abfallend, bieten sie den Boden für den Cinque Terre Bianco und den Sciacchetrà. Literatur, die Schönheit von Portovenere und den vorgelagerten Inseln, die Geschichte und Küche von La Spezia, das Panorama und die kleinen Dörfer Tellaro, Fiascherino, Montemarcello und Lerici machen die Faszination des Golfo dei Poeti aus. Und schließlich offenbaren die Dörfer im Hinterland unerwartete Kunstschätze und begeistern ihrerseits durch die Schönheit ihrer Umgebung, die vom Tourismus noch kaum berührt ist.
Wir laden Sie ein, den Rummel der Sonntagsausflügler, die mit dem Boot die einzelnen Badeorte abhaken, der Prominenten, die hier ihre teuren Ferien verbringen, und die Nobelboutiquen, die überall aus dem Boden schießen, zu vergessen. Die Cinque Terre wollen in aller Ruhe besucht werden, sie verlangen Aufmerksamkeit für Details und lassen den Besucher, der sich Zeit nimmt, eins werden mit dieser einzigartigen Landschaft. Wenn Sie wieder nach Hause zurückkehren, wissen Sie vielleicht immer noch nicht, warum die Menschen hier in jahrhundertelanger, mühevoller Arbeit die Landschaft geformt und gezähmt, aber nicht zerstört haben und aus dem Nichts die unglaublichsten Rebgärten der Welt geschaffen haben. Machen Sie sich auf, wandern Sie durch die Rebterrassen, durch die Macchia mit ihrem intensiven Duft nach würzigen Kräutern, durch die Dörfer. Entdecken Sie, wie die Felsen hoch über dem Meer zu jeder Tageszeit anders aussehen, entdecken Sie die kleinen versteckten Buchten, Inseln und Landzungen. Blicken Sie von den Bergen auf das Meer, das nun fast fünfhundert Meter unter Ihnen liegt, folgen Sie der Strada dei Santuari nach San Bernardino oder nach Soviore, oder steigen Sie auf die bewaldeten Hügel von Lerici hinauf.
Wald, Reben und Meer. Diese drei Elemente sind es denn auch, die in die Küche der Gegend einfließen. In Ligurien und in den Cinque Terre ißt man einfach und herzhaft. Von äußerster Wichtigkeit sind dabei die Frische und Qualität der Zutaten, vom Olivenöl bis zum Gartengemüse und den Gewürzkräutern. Jeden Morgen stellen die Frauen in den Cinque Terre ihre Marktstände mit den fangfrischen Fischen auf: Sardellen, aber auch kleine und größere Tintenfische, Marmor- und Goldbrassen, Calamari und Rotbarben.

Aus dem Ofen kommen Genueser Spezialitäten wie Focaccia mit Olivenöl, in Kellern lagert der Sciacchetrà, einer der besten Passitoweine Italiens.

Hinter Riomaggiore, nach der Landzunge von San Pietro, reflektiert das Meer die unendlichen Farben des Golfo dei Poeti, der durch Byron und Shelley, Lawrence und Soldati Berühmtheit erlangte. Hier liegen die Ortschaften San Terenzo, Lerici und Tellaro. Hier schwelgt man in Muscheln und früher auch in Meeresdatteln (sie zu sammeln ist heute verboten). Auf den Hügeln und Bergen gedeihen statt Reben Ölbäume. Wilde Kräuter, Zucchini und Artischocken bilden die Zutaten für die unvergleichlichen Gemüsekuchen, während Hülsenfrüchte und Getreide zur berühmten Mesciua, dem deftigen Eintopf aus La Spezia, kombiniert werden. Man ißt außerdem Focaccia, die Farinata aus Kichererbsenmehl, die Testaroli und Panigacci (zwei Nudelspezialitäten), herzhafte Fladen aus Weizenmehl und Wasser, die noch in ganz speziellen gußeisernen Pfannen von zwei Seiten gebacken werden. All diesen einfachen Speisen verleiht das Olivenöl ein unvergleichliches Aroma. Eine Einkehr in einer Osteria, Trattoria oder Cantina ist somit ein Muß – eine Pflicht, der man gern nachkommt.

Der Zauber der Cinque Terre und des Golfo dei Poeti entfaltet sich vor allem dann, wenn Sie die Vorurteile und Gemeinplätze über Ligurien vergessen, wenn Sie sich die Zeit nehmen, die Traditionen und Kultur einer Gegend zu entdecken, die der enorme Besucheransturm zwar berührt, aber nicht zerstört hat. Seien Sie gelassen wie die Menschen, die hier leben und ohne viel Aufhebens Dichter wie Eugenio Montale und Maler wie Telemaco Signorini, Renato Birolli und Antonio Discovolo bei sich aufgenommen haben.

Punta Mesco und die Bucht von Fegina.

Der kleine Hauptplatz von Vernazza.

Ein Leitfaden
Meer, Kirchen und Rebterrassen

Nur wenige Seemeilen trennen Punta Mesco von Riomaggiore, zwischen denen sich, die ligurische Küste entlang, die Cinque Terre erstrecken. Vom Meer aus betrachtet, lassen sich bei den Ortschaften Monterosso, Vernazza, Corniglia, Manarola und Riomaggiore tatsächlich gewisse Ähnlichkeiten ausmachen. Der bei Malern als Hintergrundmotiv so beliebte Steilfelsen von Manarola erhebt sich unvermittelt bei Corniglia. Riomaggiore und Vernazza stecken in zwei engen Tälern, die zum Meer abfallen. Vernazza und Monterosso sind geschützt von den Befestigungen der kleinen Häfen, in denen nur kleinere Schiffe anlegen können. Bunte Farbkleckse unterbrechen das Grün der Berge und das intensive Blau des Meeres. Dicht an dicht stehen die Häuser, um den kostbaren Raum mit seinen menschlichen Dimensionen möglichst effektiv zu nutzen.

Morgens liegt die Sonne noch hinter den Bergen. Das Grün ist dunkel und läßt die Felswände, die steil ins Meer stürzen, flach erscheinen. Nachmittags dann spielen die Sonnenstrahlen mit den zarten Nebelschleiern, die vom Meer aufsteigen, aber auch sie können das Geheimnis der Cinque Terre nicht lüften. Grün und bernsteinfarben leuchten die Weintrauben. Die Rebsorten Bosco, Vermentino und Alberola ergeben einen zarten Weißwein und den gehaltvollen Sciacchetrà, der zu den ältesten Passitoweinen überhaupt zählt.

Monterosso liegt am Fuße der Costa del Corone. Zwischen Corniglia und Volastra entdecken Sie die außergewöhnliche Terrassenlandschaft, die sich bis Manarola, Riomaggiore und Tramonti hinzieht. Hoch oben ist Volastra gerade noch zu erkennen. Groppo liegt verborgen hinter den Bergen.

Wer die Cinque Terre (nicht zu verwechseln mit den Cinque Mari) und ihre Geheimnisse erkunden will, muß sich also auch ins Hinterland aufmachen, die steilen Wege erklimmen, die manchmal vier- bis fünfhundert Meter über das Meer hinaufführen. Dort oben ist das Meer weit weg, schimmert morgens in einem tiefdunklen Blaugrün und nachmittags in einem hellen Blaugrau. Und manchmal verschwindet das Meer. Es verschwindet, wenn man der Via dei Santuari folgt und den Weg Nr. 1 zwischen Portovenere und Levanto entlangwandert.

Diese Via dei Santuari erinnert an die tiefe Religosität der Bewohner der Cinque Terre. Sie lebten ursprünglich zwischen den Bergen, bis sie zum Meer hinunterzogen und zu neuen Horizonten aufbrachen. Soviore, Reggio, San Bernardino, Volastra und Montenero erinnern an diese Vergangenheit und lassen uns die Gegenwart besser verstehen.

Der Mensch hat sich hier zwischen Monterosso und Riomaggiore seinen Lebensraum geschaffen, indem er die Berge nach seinen Bedürfnissen modelliert hat. Die Menschen der einzelnen Dörfer kannten sich nicht, und doch haben sie alle auf dieselbe Weise ihre wichtigsten Probleme gelöst. Der ideale Leitfaden für die Cinque Terre liegt deshalb zwischen Himmel und Meer und bietet den Trauben und Reben ihren Lebensraum.

Unter den Rebgärten winden sich die Gleise der Eisenbahn. Die Züge donnern mit lautem Getöse durch die Tunnel, die die jüngere Geschichte der Cinque Terre geschrieben haben, doch niemals werden sie jenes Band, das Kirchen, Rebgärten und Häuser verbindet, durchtrennen können. Denn hier leben die Menschen, die eine der beeindruckendsten Landschaftsformen überhaupt geschaffen haben.

Eine Votivkapelle und Blick über die Weinhänge.

Sehen und verstehen
Die steilen Rebterrassen

Die Rebterrassen, die sogenannten *cian,* sind die augenfälligste Landschaftsformation in den Cinque Terre. Sie sind Elemente einer regelrechten Skulptur, einer riesigen, kühnen und gewagten Kathedrale im Freien, die wie ein heiliger Ort vom Besucher Respekt und Bewunderung verlangt.

Wie und warum und vor allem wann dieses Projekt mit seinen gewaltigen Dimensionen, das die einmalige Landschaft so nachhaltig prägte, entstand, bleibt ein ungelöstes Rätsel. Warum Rebgärten und warum ausschließlich Rebgärten? Gerade in der Antike gibt es nur wenige Beispiele von Monokultur, und vor allem konzentrierte sich der Anbau damals auf leicht zugängliche Flächen, die einfach zu bearbeiten und damit wirtschaftlicher waren. Man kann einfach nicht verstehen, warum gerade diese vom Hinterland unzugängliche Gegend für den Weinbau bestimmt wurde. Auch vom Meer her waren die Berge nicht sehr viel einfacher zu erreichen, denn damals gab es nur im kleinen Hafen von Vernazza eine Anlegestelle. Allerdings boten und bieten die Hänge durch ihre ausgezeichnete Südlage den Reben ideale Wachstumsbedingungen.

War es Intuition, war es wirtschaftlicher Weitblick, oder handelt es sich um eine architektonische Meisterleistung (durch die Terrassenstufen fließt das Wasser, das sonst ungehindert den Hang hinunterstürzen würde, langsam ab)? Es gibt keine schriftlichen Dokumente oder Belege, die Licht in dieses Dunkel bringen könnten. Man kann höchstens Vermutungen anstellen, die aber alle nicht sehr überzeugend klingen. Genießen wir deshalb einfach die einzigartige Landschaft mit ihren Steilwänden, mit ihrem würzigen Duft nach Kräutern, mit ihren Reben, die sich an die vom Menschen behauenen Felsen klammern. Wir werden dieses Rätsel ohnehin nie vollends verstehen.

Fachleute sind sich jedoch einig, daß es sich beim *vinum lunense,* den Plinius der Ältere in seiner »Naturgeschichte« erwähnte, um den Wein aus Vernazza und Corniglia handelt. Im 14. Jahrhundert schrieb dann Francesco Petrarca in seinem lateinischen Epos »Africa:«

Der große Bogen von Sestri weitet sich.
Hier betrachten die Weingärten unter
    der blonden Sonne,
von Bacchus begünstigt, von hoch oben
Monterosso und Corniglia, deren Bergrücken
so berühmt sind für ihre süßen Reben,
daß die Weinberge von Falerno und die
    gelobte
Meroe sich für geringer erklären.
Doch das Land, das ich heute als erster
    besinge,
blieb zuvor von heiligen Gesängen
    unbeachtet,
denn es lag brach wegen des Klimas oder
    war den Sängern unbekannt.

Der Historiker und der Dichter scheinen sich zu widersprechen. Besonders die drei letzten Verse von Petrarcas Gedicht stimmen nachdenklich. Man könnte natürlich anführen, daß Plinius ein Gelehrter war, dessen Schriften für uns eine äußerst wichtige Informationsquelle darstellen, nicht aber ein Seher oder ein Dichter. Petrarca könnte also die nicht vorhandene literarische Bedeutung der Weine gemeint haben, die eben den Falerno aus Kampanien auszeichnet, der bereits von Horaz und Ovid besungen wurde.

Außerdem ist es ja längst nicht gesagt, daß man den *vinum lunense* tout court mit dem Wein aus den Terrassen der Cinque Terre gleichsetzen muß. Luni und Monterosso liegen mehr als vierzig Kilometer voneinander entfernt. Es ist deshalb durchaus möglich, daß die Reben (die auch heute noch gedeihen) in flacheren und leichter zu bearbeitenden Gärten standen.

Eine Frage bleibt jedoch bestehen: Warum erwähnt Petrarca nichts von den charakteristischen Rebterrassen oder die gewaltige Ingenieurleistung, die sich dahinter verbirgt? Vielleicht waren die Cinque Terre so etwas wie eine Strafkolonie; vielleicht mußten dort Sklaven arbeiten oder Menschen, die schrecklicher Verbrechen schuldig waren. Genaue Hinweise über die Entstehungszeit der Terrassen gibt es nicht. Manche Experten glauben, daß die Rebterrassen bereits vor den Römern angelegt wurden. In der Tat lassen einige Funde auf eine sehr frühe Besiedelung Lunis schließen (beispielsweise eine Höhle auf der Insel Palmaria und ein Monolith in Tramonti). Andere Fachleute vermuten, daß die *cian* erst nach dem Jahr 1000 entstanden sind. In jedem Fall bleibt dieses Unterfangen, bei dem den steilen Bergen Ackerland abgetrotzt wurde, eine bewundernswerte Leistung.

Der Kampf zwischen Mensch und Natur ist jedoch noch nicht ausgestanden. Aufgrund der besonderen Bodenformation verhalten sich die einzelnen Stufen wie die Steinchen eines Mosaiks und sind eng miteinander vernetzt. Werden die unteren Terrassen, die fast schon auf Meereshöhe liegen, nicht gepflegt, kann der ganze darüberliegende Hang abrutschen. Genau dasselbe kann passieren, wenn die Anbauflächen auf der Kammhöhe nicht instand gehalten werden. Erde und Steine

rollen in die Tiefe und reißen das übrige Terrain mit. Würden die Weingärten aufgelassen, bedeutete dies unweigerlich eine Katastrophe für die Landwirtschaft, aber auch für das gesamte Gleichgewicht dieser so einzigartigen Gegend.

Die Aufgabe besteht also unter anderem darin, die Trockenmauern zu befestigen. Aber auch darin, denjenigen, die die Rebterrassen bestellen und pflegen, rentable Erträge zu garantieren. Denn die soziale Bedeutung ihrer Arbeit ist enorm. Die gesamte Gegend, ihre pure Existenz und ihre Gestalt, hängen also nicht nur symbolisch wie Trauben an einem Rebstock.

Die Routen

Die Wanderung führt von Monterosso über Vernazza, Prevo, Corniglia und Manarola nach Riomaggiore und damit einen der schönsten Küstenabschnitte der Welt entlang. Das Gelände ist so unwegsam, daß es auch heute noch intakt ist, nicht von Motoren, Asphalt oder Zement zerstört wurde. Der Mensch hat seine Architektur in den Fels gehauen. Terrassen stützen die unglaublichsten Weingärten, steile Treppen führen hindurch. Hier gedeihen die Weine Cinque Terre Bianco und der legendäre Sciacchetrà, ein seltener Wein aus rosinierten Trauben mit einem ganz unverwechselbaren Charakter. Die Wanderung sieht auch Abstecher zu den Wallfahrtskirchen von Volastra, Montenero und Soviore sowie einen kleinen Ausflug in das interessante Städtchen Levanto vor. Als Krönung schließlich die köstliche Regionalküche, die Spezialitäten vom Meer und vom Festland vereint.

Das alte Fischerdorf Portovenere liegt unvergleichlich malerisch und hat viele Kunstschätze zu bieten. Von hier führt die Route nach Ameglia, wo der Fluß Magra die Grenze zwischen Ligurien und der Toskana bildet. Auf der Wanderung kommen wir an der ruhigen Bucht mit Le Grazie vorbei. Dann geht es hinauf nach Biassa, Campiglia und zu den Weingärten von Tramonti, die einmal mehr die Hartnäckigkeit und das architektonische Genie der ligurischen Bauern unter Beweis stellen. Es geht weiter durch La Spezia mit seinem Arsenal und dem Marinemuseum, dann an die Küste, die in vielen Gedichten besungen wird. Hier liegen die Ortschaften San Terenzo, Lerici, Fiascherino und Tellaro. Auf dem Weg nach La Serra und Montemarcello hinauf genießen Sie ein atemberaubendes Panorama, bevor Sie nach Bocca die Magra hinuntersteigen.

Weniger bekannt und daher ruhiger als die beiden ersten Routen, lohnt die Val di Vara dennoch einen Ausflug oder einen kleinen Abstecher. Die Wälder sind entspannend und erholsam. Landwirtschaft gibt es hier kaum, denn das Hinterland Liguriens ist karg. Die Dörfer Pignone, Borghetto, Varese und Sesta Godano warten mit Burgen und Festungen, Brücken und Klöstern auf, die im Lauf der Geschichte immer wieder heftig umkämpft waren. Die Menschen hier sind stolz auf diese Geschichte und auf ihre herzhafte Küche.

Cinque Terre
Von Monterosso al Mare nach Riomaggiore

Golfo dei Poeti
Von Portovenere nach Bocca di Magra

Val di Vara
Von La Spezia nach Carro und Brugnato

Ausgangsort:
MONTEROSSO AL MARE

Zielort:
RIOMAGGIORE

Länge:
11 KM

Voraussichtliche Dauer des Ausflugs:
 **ZWEI TAGE**

Von Monterosso al Mare nach Riomaggiore

über Vernazza, Santuario di Reggio, Prevo, Santuario di San Bernardino, Corniglia und Manarola.

Ausflüge:
 NACH MONTENERO, VOLASTRA UND SOVIORE

Abstecher:
 NACH LEVANTO

Cinque Terre
Wanderwege hoch über dem Meer

Monterosso ist die größte Ortschaft der Cinque Terre und wie Riomaggiore auch sehr leicht zu erreichen. Die Ortschaft dient als Ausgangspunkt für unsere Wanderung, die durch die steil über dem Meer aufragenden Hügel führt und Sie eine einzigartige Welt entdecken läßt.

Sie erreichen Monterosso mit dem Auto über Levanto (Autobahnausfahrt Carrodano) und die 326 Meter hoch gelegene Colla di Gritta. Sie können aber auch in Borghetto di Vara von der Autobahn abfahren und durch Steineichen-, Kastanien- und Eichenwälder nach Pignone fahren, das in die Hügel eingebettet liegt. Von hier sind es wenige Minuten bis zur Abzweigung nach Levanto. Nach vier Kilometern mit steilen Haarnadelkurven erreichen Sie Monterosso. Wenn Sie sich die frustrierende Parkplatzsuche ersparen wollen, empfiehlt sich die Anreise mit der Bahn. Von Levanto nach Mon-

Monterosso ist der Ausgangsort unserer Wanderung durch die Cinque Terre.

TIPS & INFOS
Ausführliche Informationen finden Sie auf Seite 143ff.

MONTEROSSO AL MARE

34 km von La Spezia
Einwohner: 1704
Höhe: 12 m ü. d. M.
Postleitzahl: 19016
Vorwahl: 0187

Informationen
Municipio (Rathaus)
Piazza Garibaldi
Tel. 81 75 25

Pro loco
Via Fegina
(unter dem Bahnhof)
Tel. 81 75 06

ÜBERNACHTEN

Albergo degli amici
Via Buranco, 36
Tel. 81 75 44 u. 81 75 74
Fax 81 74 24

Foresteria del Santuario di Soviore
Ortsteil Soviore
Tel. 81 75 18

Hotel La Spiaggia
Ortsteil Fegina
Lungomare Fegina, 98
Tel. 81 75 67, Fax 81 70 75

terosso fährt man fünf Minuten, die Züge verkehren relativ häufig.

Monterosso wird durch die Bahnlinie in zwei Hälften geteilt. Der alte Ortsteil wurde im typischen ligurischen Stil erbaut. Während des Baubooms der sechziger Jahre wurde die Siedlung **Fegina** errichtet, ein Gießbach (fast alle Ortschaften in den Cinque Terre wurden an Wasserläufen errichtet, die ins Meer stürzen) wurde zugedeckt, so daß Mietshäuser und Hotels darübergebaut werden konnten. Fegina ist somit vor allem während der Sommermonate und an den Wochenenden bewohnt.

Die Kirche San Giovanni Battista stammt aus dem Hochmittelalter und wurde 1307 fertiggestellt.

Früher standen hier nur ein paar Bauern- und Fischerhäuser und einige vornehmere Villen. Am berühmtesten ist wohl die Villa Montale, in der der spätere Nobelpreisträger Eugenio Montale seine Gedichte (unter anderem »Meriggiare pallido e assorto«, »La casa dei doganieri«, »Punta del Mesco«) verfaßte. Sie alle bestechen durch ihre Intimität, gehen aus von der Betrachtung der Landschaft und der Natur, um dann die großen Fragen der menschlichen Existenz aufzugreifen. Eugenio Montale, der einen Teil seiner Jugend hier verbrachte, soll kein besonders gutes Verhältnis zu den Einheimischen gehabt haben. Die Bewohner der Cinque Terre sind stolz auf ihre einfache Lebensart und argwöhnisch gegenüber allem Fremdem. Aber auch Montale war kein einfacher Mensch, und so beruhten diese Spannungen wohl auf Gegenseitigkeit. Unverkennbar tritt Monterosso al Mare jedoch in seinen ausdrucksstarken Gedichten hervor. Man erzählt, daß Montale stundenlang

an der Felsküste von Fegina saß, dort, wo die Wanderwege nach Mesco und Levanto beginnen und wo der Wind den Salzgeruch vom Meer hereinträgt.
An dieser Stelle haben denn auch Anfang des 20. Jahrhunderts der Bildhauer Minerbi und der Architekt Levacher die ungewöhnliche Figur Il Gigante (der Riese) geschaffen: Die phantastische Figur aus Stahlbeton wiegt 3400 Zentner und ist 14 Meter hoch. Ursprünglich umklammerte der Neptun von Monterosso mit der einen Hand einen Dreizack und balancierte mit der anderen eine muschelförmige Terrasse auf seinen Schultern. Der Zahn der Zeit und vor allem die stürmische See setzten dem Neptun arg zu, und heute sieht er verlassen und traurig aus, denn seine kolossale Größe ist zu nichts mehr nutze.
Die Villa Montale (sie ist inzwischen an andere Besitzer übergegangen) wurde Ende des 19. Jahrhunderts erbaut und erstreckt sich über drei Stockwerke. In der Via

Hotel Palme
Ortsteil Fegina
Via IV Novembre, 18
Tel. 82 90 13 u. 82 90 37

Albergo Pasquale
Via Fegina, 4
Tel. 81 74 77 u. 81 75 50
Fax 81 70 56

Hotel Porto Roca
Via Core, 1
Tel. 81 75 02, Fax 81 76 92

Villa Steno
Via Roma, 109
Tel. 81 70 28 u. 81 83 36
Fax 81 70 56

Eugenio Montale über die Cinque Terre

Der italienische Dichter Eugenio Montale verbrachte seine Sommer in Monterosso. Hier schrieb er einen Großteil der Gedichte, die zunächst in der Zeitschrift *Primo Tempo* veröffentlicht wurden und später, 1925, in der Gedichtsammlung »Ossi di seppia« (dt. »Die Knochen des Tintenfischs«) erschienen. Zu jener Zeit machten auch zwei weitere ligurische Dichter, Camillo Sbarbaro und Ceccardo Roccatagliata Ceccardi, von sich reden. Montale war mit beiden befreundet, und allen drei gemeinsam war eine enge Bindung an ihre Heimat, in der geradlinige und nicht gerade gefühlsbetonte, doch in ihrem Innersten zutiefst empfindsame Menschen lebten.
Montale schrieb denn auch einmal über die Cinque Terre in einer gleichnamigen Reportage: »Eine felsige, strenge Landschaft, die in ihrer Wildheit an Kalabrien erinnert, Zuflucht für Fischer und Bauern, die sich an ein Fleckchen Strand klammern – bloßgelegter und feierlicher Rahmen für eine der ursprünglichsten Gegenden in ganz Italien. Monterosso, Vernazza und Corniglia, Falken- und Möwennester, Manarola und Riomaggiore heißen – von Levanto kommend – die wenigen Dörfer oder Weiler, die sich zwischen Felsen und Meer zwängen.«
Von 1929 bis 1939 leitete Montale das Forschungszentrum G. P. Vieusseux und arbeitete bei der Zeitung *La Nazione*. 1948 trat er in die Dienste des *Corriere della sera*, 1967 wurde er zum Senator auf Lebenszeit ernannt, 1975 erhielt er den Nobelpreis für Literatur.
Trotz seiner eher gespannten Beziehung zur Bevölkerung der Cinque Terre erinnerte sich Montale gern an diese Dörfer zwischen Himmel und Erde. Gedichte wie »Meriggiare pallido e assorto«, »Punta del Mesco«, »La casa dei doganieri« enthalten immer wieder Hinweise auf die Landschaft bei Monterosso.

ESSEN

Da Peo
La Tana dei Pescatori
Via XX Settembre, 32
Tel. 81 83 84
Mittwochs geschlossen,
im Sommer kein Ruhetag

Il gigante
Via IV Novembre, 9
Tel. 81 74 01
Dienstags geschlossen,
im Sommer kein Ruhetag

Il pirata
Ortsteil Fegina
Via Molinelli, 6–8
Tel. 81 75 36
Mittwochs geschlossen,
im Sommer kein Ruhetag

La cambusa
Via Roma, 6
Tel. 81 75 46
Im Sommer immer geöffnet

PIZZA

La taverna
Ortsteil Fegina
Via Molinelli, 6
Tel. 81 74 02
Mittwochs geschlossen,
im Sommer kein Ruhetag

Miki
Ortsteil Fegina
Tel. 81 76 08
Dienstags geschlossen,
im Sommer kein Ruhetag

IV Novembre, auf der linken Seite, können Sie einen Blick auf die Villa erhaschen. Sie erkennen den Bau (hinter der privaten Zufahrt zum Hotel Suisse) sofort an seinem Türmchen und an den Palmen. Anfang September findet alljährlich auf dem Vorplatz der Villa ein Dichterwettbewerb statt, der von der Gemeindeverwaltung und anderen Institutionen ausgerichtet wird.

Fegina besitzt einen kleinen Segelhafen (der Zugang befindet sich neben dem Gigante), wo Sie im Juli und August Segelkurse belegen können. Im Sommer gibt es außerdem ein Freiluftkino, das sich einer großen Stammkundschaft erfreut. (Die Nähe zur Eisenbahn und zum Parkplatz sind dem Kunstgenuß allerdings nicht sehr förderlich.)

Vor dem Kino verkauft eine Signora jeden Morgen angeblich fangfrischen Fisch. Die Fischersfrau ist allgemein sehr höflich und zuvorkommend, kann aber äußerst scharfzüngig werden, wenn Sie den allerleisesten Zweifel an der Frische ihrer Ware anmelden. In der Tat schwammen ihre Sardellen, Barben, Seebrassen, Drachenköpfe, Tintenfische und Oktopusse noch wenige Stunden zuvor im Meer vor Punta Mesco und sind daher von allererster Güte. Wenn Sie nicht selber kochen wollen, können Sie dieselben Fische im Da Peo oder im Gigante fertig zubereitet bekommen. Hinter dem kleinen Platz beginnt die Uferpromenade, die zum Bahnhof und zum alten Ortsteil führt. An der Grenze zwischen altem und neuem Teil, auf den Treppenstufen des Hotels La Spiaggia, treffen Sie vielleicht Andrea Poggi. Er ist ein echtes Original, spricht mehrere Sprachen und kennt sämtliche Geschichten aus der Vergangenheit und

Boote liegen in der Marina von Monterosso auf dem Trockenen.

Gegenwart des kleinen Dörfchens, weil er mit einer akribischen Leidenschaft alle Berichte über sein Dorf, die in italienischen und ausländischen Zeitungen erscheinen, sammelt.

Wenn Sie nun in die Altstadt von Monterosso bummeln, erkennen Sie die Überreste einer bewegten Vergangenheit. Oben links sehen Sie die Ruinen einer Burg, die im 11. Jahrhundert errichtet und später immer wieder umgebaut wurde. Auf einer kleinen Landzunge hoch über dem Meer ragt die Torre Aurora empor (heute in Privatbesitz). Der Turm wurde im späten Mittelalter gebaut und diente militärischen Zwecken. Die Festungsanlagen unterstreichen die strategische Bedeutung Monterossos: Nachdem der Ort durch die Langobarden zerstört und die Insel Tino 1056 an die Mönche von San Venerio verschenkt wurde, fiel Monterosso unter die Herrschaft der Obertenghi, dann der Fieschi und später der Herren von Lagneto. Monterosso war Schauplatz von Sarazenenangriffen und von Kriegen gegen die Malaspina. 1241 fiel der Ort an die Truppen von Pisa, 13 Jahre später wieder an die Seerepublik Genua, die damit ihre Herrschaft über die gesamten Cinque Terre festigte. Während des Zweiten Weltkriegs wurde zu Füßen der Torre Aurora eine Kasematte aus Stahlbeton errichtet (der halb verfallene Bau ist noch zu sehen), in der näheren Umgebung befinden sich einige Bunker.

Inzwischen sind Sie in die Nähe des Tunnels gelangt. Sie können direkt hindurchgehen oder aber die kleine Gasse unterhalb der Torre Aurora entlangspazieren. Danach blicken Sie auf das Dorf, das von der Bahnlinie entzweigeteilt wird, den Hafen und den Corone. Unter den Weingärten am Corone, neben dem Hotel Porto Roca, stoßen Sie wieder auf den Weg, der nach Vernazza führt.

Die Piazza della Marina gilt als Mittelpunkt des Dorflebens; ihre geplante Neugestaltung ist derzeit Gegenstand heftiger Auseinandersetzungen. An der Piazza liegt eine Loggia, dahinter die Kirche San Giovanni Battista, deren Bau auf das Hochmittelalter zurückgeht. Daß die Kirche Johannes dem Täufer geweiht ist, ist kein Zufall. Die herrschenden Genueser verstanden es, die Sakralbauten in den ihnen unterstehenden Ortschaften den Heiligen zu weihen, die unmittelbar mit der Superba (wie Genua oft genannt wird) in Verbindung gebracht wurden: Der heilige Johannes ist auch Schutzpatron Genuas. (Analog verfuhr man mit San Lorenzo in Portovenere.) Der Bau der Kirche muß sich

Ansicht der Altstadt von Monterosso.

KAFFEE, APERITIF

Bar Centrale
Via Garibaldi, 10

Latteria Giuliana
Ortsteil Fegina
Lungomare Fegina

IMBISS UND SNACKS

Bar della Stazione
Via Fegina

über einen größeren Zeitraum hingezogen haben, denn in der insgesamt gotischen Anlage lassen sich noch romanische Einflüsse sowie Stilelemente aus Pisa und Genua ausmachen. Fertiggestellt wurde die Kirche 1307. Beachtenswert sind die Rosette in der typischen Fassade, die von toskanischen Künstlern im 14. Jahrhundert gestaltet wurde, und der zinnenbewehrte Glockenturm, bei dem es sich ursprünglich um einen Genueser Wachturm handelte, der dann aufgestockt wurde. Der dreischiffige Bau weist den Grundriß einer Basilika auf. Im Innern bestechen die fünf eleganten Spitzbögen, die auf Säulen mit kunstvoll gearbeiteten Kapitellen ruhen. Ein Gemälde des Florentiners Mariotto Albertinelli (in den Uffizien hängt seine berühmte Heimsuchung) aus dem 16. Jahrhundert ist ebenfalls zu besichtigen.

Die Fassade von San Giovanni Battista.

Neben dem Kirchenportal entdecken Sie die Gebetskirche *Mortis et Orationis,* wo sich eine Holzskulptur des Sant'Antonio Abate aus dem 16. Jahrhundert befindet. Die Gebetskirche ist Sitz der Confraternita dei Neri (in etwa: »schwarze Bruderschaft«), die ihren Namen von den schwarzen Kutten ableitet, die die Brüder bei Prozessionen tragen. Vor allem im 16. Jahrhundert bildeten sich in ganz Ligurien Laienbruderschaften (Bianchi, Rossi, Neri usw.), die sich innerhalb der Kirche durch ihre moralischen und materiellen Hilfswerke verdient machten. Die typische Tracht zeigte dann die Zugehörigkeit zu der einen oder anderen Gruppierung an. Meist gab es in Monterosso zwei Bruderschaften, und ihre charakteristischen Kutten sind auch heute noch bei bestimmten Passionsfeiern (z. B. am Karfreitag) oder beim Fest des Stadtpatrons zu erkennen.

Steigen Sie nun die schmale Straße hinauf, die von der Kirche abgeht. Sie erreichen einen kleinen Platz, der von alten Arkaden gesäumt ist. Hier entdecken Sie Weinhandlungen (an der Piazza Roma liegt die »Enoteca Internazionale« von Francesco Giusti, der in Sachen Sciacchetrà als echte Autorität gilt), Handwerksbetriebe,

Bäckereien, Andenkenläden. Die Geschäfte nehmen heute die geschickt restaurierten Räume der alten und ehemals feuchten Magazine ein, in denen früher Fässer mit eingesalzenen Fischen und vor allem die berühmten Sardellen von Monterosso aufbewahrt wurden. Die Fischerei gehört gemeinsam mit dem Acker- und Weinbau seit jeher zu den traditionellen Erwerbszweigen Monterossos. Bis vor wenigen Jahren fuhren die Fischer nur mit Ruderbooten aufs Meer hinaus und blieben bei schwerem Seegang an Land. Die Netze wurden oft beschädigt, aber wenn der Fang reichlich war, dann sanken die Preise. Also wurden die Sardellen eingesalzen, in Fässern gelagert und einige Wochen später verkauft. Die Frauen der Fischer schichteten die am leichtesten verderblichen Fische und die großen Exemplare in Kisten und Körbe und verkauften sie in den Dörfern des Hinterlands. Dabei mußten sie zu Fuß viele Kilometer auf schmalen Pfaden und steilen Treppen zurücklegen. Wenn die Fischer nicht aufs Meer hinausfuhren, arbeiteten sie im Wein- oder im Ölberg, im Gemüse- oder Obstgarten. Die Zitronen aus Monterosso waren immer von ausgezeichneter Qualität.

Von der Kirche geht es zurück zur zentral gelegenen Via Roma. Unterwegs kommen Sie am ehemaligen Palazzo del Podestà vorbei, der vermutlich zwischen dem 13. und 14. Jahrhundert gebaut wurde (heute beherbergt er ein Restaurant). Die Häuser, die die Straßen säumen, sind in blassen Pastelltönen gehalten. Aus den zahlreichen Restaurants strömt ein verführerischer Duft durch die Gassen oder *carugi*. Donnerstag ist Markttag, und in den Vormittagsstunden herrscht ein lebhaftes Treiben im Dorf. Auch sonst liegt der Ort selten verlassen da, denn in Monterosso ist dank des außergewöhnlich milden Klimas immer Saison, selbst im Spätherbst läßt sich hier noch wunderbar Urlaub machen. Schlendern Sie weiter bergauf, und durchqueren Sie hinter dem Pozzo den schönen Bogengang. Nun geht es wieder Richtung Meer. Zu Ihrer Linken befindet sich nach dem Moretto das ehemalige Judenviertel La Zuecca.

Von hier sind es nur wenige Minuten bis zu Kirche und **Kloster der Kapuziner,** die den Colle di San Cristoforo beherrschen. Sie gelangen über das Dorf (von der Pension Pasquale oder von Buranco), über den Tunnel Richtung Fegina und Mesco (beim Bunker an der Torre Aurora) oder von der Uferpromenade (die Treppen sind an den Agaven zu erkennen) aus hinauf. Verzweifeln Sie nicht, wenn Sie bereits nach wenigen Metern kräftig ins

EINKAUFEN

Geschenkartikel
La gazza ladra
Piazza Matteotti, 6

Brot, Pizza, Focaccia
Focacceria Il Frantoio
Via Gioberti, 1

Il fornaio di Monterosso
Ortsteil Fegina

Wein
Cantina du Sciacchetrà
Via Roma, 7

Die ganz besonderen Sardellen

Die Sardellen aus den Cinque Terre und besonders die Sardellen aus Monterosso genießen immer schon einen wohlverdienten ausgezeichneten Ruf. So sieht man denn auch oft auf alten Illustrationen – seien dies nun Fotografien, Zeichnungen oder Gemälde – die Ankunft der Fischerboote in Fegina oder Monterosso dargestellt. Die Fischersfrauen erwarten ungeduldig ihre Männer und Söhne, die die wertvollen Früchte einer mühsamen Arbeit an Land bringen. Trotz aller Mühsal konnte die Fischerei gerade einmal das Existenzminimum sichern. In früheren Zeiten war der Erwerb eines Stücks Stoff für eine Bluse oder ein Hemd nur allzuoft abhängig vom mehr oder weniger glücklichen Ergebnis eines Fischzugs hinter der Punta Mesco.

Man arbeitete mit schierer Muskelkraft, die Ruder der Fischerboote waren in Lumpen gewickelt, damit ihr Schlag die Schwärme von Blaufischen, Sardellen, Sardinen oder Makrelen nicht erschreckte. Dann warf man die Netze aus und wartete geduldig, bis sie voll waren und eingeholt werden konnten.

Heute hat sich vieles geändert, und was einst ein Armeleuteessen war, ist zu einer teuren Spezialität avanciert, die in den Restaurants der Gegend zu einer guten Flasche Cinque Terre Bianco serviert wird. Was ist nun das Besondere an den Sardellen aus Monterosso? Zunächst einmal ihr unverwechselbares Aussehen. Bauch und Seiten glänzen in einem Silberton, der an Mondlicht erinnert, der Rücken ist von einem intensiven Nachtblau. Im Spätfrühjahr und Frühsommer schmecken sie ganz ausgezeichnet. Dann sind sie allerdings so klein (höchstens zehn Zentimeter), und ihr Fleisch ist so fest, daß sie immer wieder aus der Hand flutschen.

Und dennoch genügen wenige Handgriffe, um diese Fische in eine kulinarische Köstlichkeit zu verwandeln. Sie sind im Nu ausgenommen, man öffnet sie mit dem Daumen, zieht die Rückengräte heraus und trennt sie wenige Millimeter über dem Schwanz ab. Die erfahrenen Hausfrauen klappen die Fische dann wie ein Buch auf und servieren sie roh mit Olivenöl und Zitronensaft und nach Geschmack mit etwas Oregano, Knoblauch und Petersilie. Die Sardellen schmecken auch wunderbar gebraten mit Kartoffeln oder gefüllt und fritiert. Wenn man die Sardellen fritiert, sollte man allerdings die Rückengräte nicht entfernen, denn der Fisch verliert sonst an Geschmack und Konsistenz. Sollten wider Erwarten ein paar Sardellen übrigbleiben, mariniert man sie mit Essig und frischen Kräutern, wodurch sie mehrere Tage haltbar bleiben. Ein Hochgenuß sind schließlich die etwa drei Monate lang in Salz eingelegten Sardellen. Das Salz reinigt die Fische, und ihr typischer Geschmack wird noch intensiver. Spülen Sie die eingesalzenen Fische gut ab, entgräten Sie sie, und servieren Sie sie zu gebratenen Paprikaschoten und geröstetem Bauernweißbrot, zu den kleinen schwarzen ligurischen Oliven oder mit Olivenöl, Knoblauch und Petersilie. Probieren Sie auch einmal die eingesalzenen Sardellen warm: Lassen Sie die kleingehackten Fische mit etwas Knoblauch in heißem Olivenöl zergehen, und geben Sie sie dann über Spaghetti; schwenken Sie die Nudeln noch einmal kurz in der Pfanne, und bestreuen Sie alles mit feingehackter Petersilie.

Schnaufen geraten. Der Anstieg lohnt die Anstrengungen wirklich, denn mit jeder Treppenstufe genießen Sie einen noch schöneren Blick auf die Cinque Terre.
Die Klosterkirche birgt einige wertvolle Gemälde, allen voran eine »Kreuzigung« von Van Dyck und ein »San Gerolamo«, der dem ligurischen Maler Luca Cambiaso zugeschrieben wird. Die Geschichte des Klosters hängt eng mit der Monterossos und seiner Einwohner zusammen. 1593 gelangte der Kapuzinermönch Pater Vincenzo da Genova ins Dorf. Er sollte den Gläubigen die Riten der Fastenzeit nahebringen. Er konnte außerdem die Feindseligkeiten zwischen den Dorfparteien ab-

bauen und förderte das friedliche Zusammenleben der Dorfgemeinschaft. Zum Dank für die Friedensbemühungen errichteten die Monterossiner 1618 ein Kreuz auf dem Hügel San Cristoforo. Im darauffolgenden Jahr wurde der Grundstein für einen Sakralbau gelegt, zu dessen Finanzierung der Genueser Adelige Gian Fabio Squarciafico (er war Mönch und Prediger geworden) erheblich beitrug. Die Kirche wurde am 26. Mai 1623 dem heiligen Franz von Assisi geweiht und unterhielt bis zur Säkularisation durch Napoleon im Jahre 1810 eine blühende Gemeinde. Doch bereits 1816 kehrten die vertriebenen Mönche wieder zurück und wurden mit einem großen Dorffest gefeiert. Ein halbes Jahrhundert später mußten die Kapuziner ihre Bleibe

Der Strand von Monterosso.

wieder verlassen, die Räume wurden als Lager für Stock- und Klippfisch genutzt. 1887 dienten sie dann als Lazarett für die an der Cholera erkrankten Arbeiter, die die Bahnlinie Genua–La Spezia bauten. 1894 erwarb dann Don Giuseppe Policardo, ein aus Monterosso gebürtiger Geistlicher, das Gebäude und ließ Wohnungen einrichten. Er vermachte seinen Besitz den Kapuzinern, die ihn später wieder als Kloster nutzten. 1963 wurde zum Jahrestag der Einweihung ein Denkmal aufgestellt, das den heiligen Franz von Assisi zeigt.

Vom Kloster steigen Sie nun wieder ins Dorf hinunter und machen sich auf die lange Wanderung nach Vernazza. Ausgangsort sind die Eisenbahnbrücken an der Piazza Garibaldi. Der Wanderweg verbindet alle Cinque Terre und kann in gut fünf Stunden bewältigt werden. Der Weg hat die Nummer 2 (laut Numerierung des italienischen Alpenvereins (AI) oder wird einfach als Sentiero Azzurro oder Verde Azzurro bezeichnet. Der Weg steigt sofort Richtung Hotel Porto Roca an und führt in die Weingärten am Corone hinauf. Der Anfang ist steil. Wenn Sie eine Verschnaufpause einlegen, können Sie den wunderbaren Blick auf Punta Mesco und den Strand von Fegina genießen. Der Duft der mediterranen Macchia und die bunten Blumen bilden den steten Hintergrund auf dieser Wanderung, während das Panorama praktisch mit jeder Biegung wechselt. Der Weg folgt dem Hügelkamm und führt ins Hinterland. Auf einer kleinen Brücke überqueren Sie den kleinen Fluß Acquapendente und danach einen kleinen Mühlbach. Wenn Sie bereits müde werden, sollten Sie eine Rast auf dem schönen Picknickplatz einplanen. Auch wenn Sie nicht Brotzeit machen wollen, sollten Sie kurz rasten, denn die Aussicht ist einfach überwältigend. Zur Küste hin folgt der Blick dem gewundenen Lauf des Acquapendente, der sich mit einem Wasserfall von einer hohen Felswand ins Meer ergießt. Der Wasserfall ist ein beliebtes Ziel für Segelboote, Kanus und Wasservelos.

Zwei Ansichten der Wallfahrtskirche von Soviore.

Erwachen Sie aus Ihren Träumereien, und wandern Sie weiter. Schon nach wenigen Minuten beginnt der sanfte Abstieg Richtung Vernazza. Anstelle von Steineichen,

Wallfahrtskirche von Soviore

Wenn Sie Monterosso erreicht haben und nun zu den geographischen und geschichtlichen Ursprüngen der Cinque Terre gelangen wollen, müssen Sie die rund drei Kilometer von der Via Roma zur etwa 500 Meter über dem Meer gelegenen Wallfahrtskirche in Soviore zurücklegen. Der Pfad, der zur Kirche hinaufführt, existiert bereits seit unvordenklichen Zeiten und ist stark begangen. Er ist gepflastert und erleichert dadurch den steilen Anstieg durch die teilweise aufgelassenen Weingärten.

Haben Sie die asphaltierte Straße einmal hinter sich gelassen, gelangen Sie in ein Pinienwäldchen und stoßen schließlich auf die Kreuzwegkapellen. Die letzte Kapelle soll angeblich an einer alten Kultstätte errichtet worden sein. Die Wallfahrtskirche steht nur wenige Meter entfernt im Schatten alter Bäume. Soviore ist die älteste Marienwallfahrtsstätte Liguriens. Hier befand sich früher eine Siedlung, die jedoch 640

Ausgangsort:
MONTEROSSO AL MARE

Zielort:
WALLFAHRTS-KIRCHE VON SOVIORE

Länge:
3 KM

Voraussichtliche Länge des Ausflugs:
 **1½ STD.**

vom Langobardenkönig Rothari zerstört wurde. Die Einwohner flüchteten in Richtung Meer, nachdem sie ihre hölzerne Marienfigur sorgfältig vor den marodierenden Truppen versteckt hatten. Mehr als ein Jahrhundert später zeigte eine Taube einem Geistlichen einen Ort, von dem deutlich ein ungewöhnlicher Duft ausströmte: eine Hütte, eine Felsschlucht, eine Grotte – die Überlieferung weist hier einige Lücken auf. Nicht weit davon wurde jedoch ein ligurisches Grab aus dem 2. Jahrhundert v. Chr. entdeckt. Der Geistliche wollte es ausheben und ersuchte um Hilfe. Unter einer Steinplatte wurde dann die wertvolle Marienfigur gefunden. Zunächst errichteten die Gläubigen eine Kapelle und später eine Wallfahrtsstätte, die schon bald für die Wunder der Jungfrau von Soviore berühmt wurde.

Kaiser Otto III. wollte die Wunderstätte während seiner Reise nach Rom im Jahre 996 persönlich aufsuchen.

Der eher plumpe und quadratische Glockenturm ist vor allem wegen seines eleganten Glockengehäuses interessant. Derzeit werden in der Kirche Ausgrabungsarbeiten vorbereitet, die die Spuren früherer Sakralbauten ans Tageslicht bringen sollen. Von schlichter Schönheit sind die Fassade mit der Rosette und das Portal, die heute wieder in ihrer ursprünglichen, romanisch-gotischen Gestalt zu sehen sind. Die Vegetation ringsum ist dicht, aber Sie sehen immer wieder das Meer hindurchschimmern.

Ansicht der Wallfahrtskirche von Soviore.

In der Herberge können Sie auf einen Imbiß einkehren und in einem der zwanzig behaglichen Appartements übernachten (Tel. 0187/81 75 18; im November geschlossen).

Das Marienfest, zu dem jedes Jahr Hunderte von Gläubigen pilgern, wird am 15. August begangen. Den ganzen Sommer über finden auf dem Platz vor der Kirche Konzerte statt.

Erdbeerbäumen, Erika, Myrten und Ginster gedeihen hier Ölbäume und Reben. Schon von weitem erblicken Sie die Türme von **Vernazza**. Zwischen den kühnen Rebterrassen, die von den wenigen Bauern, die es hier noch gibt, bewirtschaftet werden (Spezialmaschinen haben die Arbeit zwar etwas vereinfacht, insgesamt gestaltet sie sich jedoch immer noch unvorstellbar mühevoll), wandern Sie rasch hinunter in die Gassen von Vernazza, das wegen seiner Schönheit einst als »die gute Stube der Cinque Terre« galt. Die bescheidenen Dimensionen der Ortschaft lassen das ständige Kommen und Gehen der Leute nur noch hektischer wirken, und in den Sommermonaten halten sich viele Prominente aus der Welt der Wirtschaft und Finanzen, des Films und des Theaters sowie mehr oder weniger berühmte Adelige hier auf – zu erkennen sind sie meist an den dunklen Sonnenbrillen und großen Hüten. Sie liegen natürlich mit ihrer Privatjacht im Hafen oder ankern vor der Küste und brausen mit dem Schlauchboot in den kleinen Hafen, der jedoch immer noch mehr Platz als die anderen Häfen der Cinque Terre bietet.

Vernazza zeigt einen denkbar hübschen Anblick: Das Grün der Weingärten, die Fassade der Kirche, die kleine Piazza, auf der man im Freien essen kann, der Duft der fangfrischen Fische und die rosa getünchten Häuser bilden ein unvergleichliches Szenario. Man spürt die lebendige Atmosphäre. Das sprichwörtliche Selbstbewußtsein der ligurischen Einwohner verhinderte glücklicherweise die Verschandelung dieses einmalig hübschen Dorfes durch Einkaufszentren oder andere

Ein Großteil des Dorfes Vernazza liegt direkt am Meer, das die Felsen unterhalb der Burg umspült und sich mit den Wassern des Gießbachs Vernazzola vermischt. Auf den Berghängen hinter dem Dorf sieht man die Weingärten, die hier und da von Agaven, Erikagestrüpp oder Myrten unterbrochen werden. Mit einem Blick erfaßt man die zwei bestimmenden Elemente der Cinque Terre, den seltsamen Widerspruch zwischen Natur und Mühsal. Wenn sich die Bauern vom Pflügen des Weingartens kurz ausruhen, schweift ihr Blick bis ins Unendliche. Es reicht, den Blick nach unten zu richten, ins intensive Blau des Meeres, das nur hier und da von Kaktusfeigen oder vom blassen Rosa der Häuser unterbrochen wird. Wenn man dagegen auf das Meer hinausfährt, denkt man sehnsüchtig an die intensiven Düfte und Gerüche des Hinterlandes zurück.
Es nimmt also nicht wunder, daß die wichtigste Spezialität Vernazzas Meer und Hinterland vereint: der Tian ist ein schmackhafter Auflauf aus Sardellen und Kartoffeln. Eine halbe Stunde Garzeit genügt, und die einzige sonst noch wirklich wichtige Zutat ist ein Schuß feinstes Olivenöl. Etwas Oregano gibt dem Ganzen noch etwas Würze, und manchmal werden Sardellen und Kartoffeln auch auf ein Bett aus frischen Tomaten geschichtet. Früher wurde der Tian als stärkende Mahlzeit gegessen, heute wird er in kleinen Portionen gern als Antipasto serviert.

Das Fischerdorf Vernazza vom Meer aus gesehen.

Blick auf Vernazza.

Zugeständnisse an den Massentourismus, wie man sie andernorts oft sieht.

Die Anmut der Bewohner geht einher mit einem gewissen Stolz auf die eigene Seefahrertradition. Außerdem genießen die Vernazzaner einen ausgezeichneten Ruf als Köche und Kellner, als Matrosen und Militärs (das Arsenal von La Spezia ist nicht weit); bereits zur Zeit der Seerepubliken galten sie als unerschrockene Kämpfer im Dienste Genuas gegen Pisa. Im Jahre 1182 ging die Kampflust der Vernazzaner jedoch ein wenig zu weit. Genua mußte Soldaten nach Vernazza entsenden, um die Überfälle, Plünderungen und den Schmuggel zu Wasser und zu Lande zu unterbinden. Wenn Sie sich heute mit einem der Einwohner unterhalten, wird man stolz auf diese Vergangenheit hinweisen, den eigenen Wein als den besten und den eigenen Fisch als den frischesten preisen – Vernazza ist und bleibt eben etwas Besonderes.

Vulnetia hieß bei den Römern die Bucht, in der sie anlegen und Fässer mit dem berühmten Vernaccia aus *Cornelia* (das heutige Corniglia, das zum Gemeindebezirk von Vernazza gehört) auf ihre Schiffe laden konnten. Aufgrund der strategischen Bedeutung wurde der Ort mehrmals befestigt. Das erste Bollwerk wurde von den Obertenghi im 11. Jahrhundert errichtet, dann fiel der Ort an die mächtige Familie Da Passano, später an die Herren von Ponzò (ein mittelalterliches Städtchen

im Hinterland), dann an die Fieschi und schließlich an Genua.
Der runde Wachturm läßt über seine Bestimmung keinen Zweifel aufkommen. Von dort oben bleibt zu Wasser und zu Land nichts unentdeckt. Der zylindrische Turm der Burg wurde 1896 vom Blitz getroffen. Ein Mann starb sofort, während ein zweiter, der sich ebenfalls im Turm befand, wie durch ein Wunder unversehrt blieb. Die deutschen Truppen machten den Turm im Zweiten Weltkrieg dem Erdboden gleich, um an seiner Stelle eine Flugabwehrstellung zu errichten. Später wurde der Turm dann nach den Originalplänen wiederaufgebaut. Heute ist der Platz vor dem Turm hoch über dem Meer (zu erreichen über die kleine Gasse, die von der Piazzetta Guglielmo Marconi abgeht) ein Traum für jeden Hobbyfotografen, denn die Aussicht ist wirklich atemberaubend.
Begeben Sie sich nun auf den Hauptplatz am Hafen, der durch die vielen Boote im Wasser und am Ufer sehr malerisch wirkt. Fast auf Meereshöhe liegt an der Mole der trutzige viereckige Turm, der einst zur Burg Belforte gehörte. Wie aus dem Abgrund aufgetaucht, thront er über dem Hafen und den Häusern der vielleicht hübschesten Ortschaft in den Cinque Terre.
Auf der anderen Seite der Piazza bestechen die Umrisse der Pfarrkirche Santa Margherita di Antiochia von 1318 mit ihrer harmonischen Schlichtheit. Die klaren Linien der ligurischen Gotik sind auch nach zahlreichen Umbauten in späteren Jahrhunderten noch gut zu erkennen. Der vierzig Meter hohe Glockenturm besitzt eine ungewöhnliche achteckige Form, und zusammen mit der Kuppel, die sich über der Balustrade erhebt, erinnert er ein wenig an den maurischen Baustil. Die drei Kirchenschiffe sind durch wuchtige Säulen voneinander getrennt. Das dunkle Gestein schimmert im Sonnenlicht, das durch die meerseitigen Fenster fällt, manchmal in faszinierenden Grautönen. Der Eingang der Kirche ist ebenfalls bemerkenswert: Von der Tür müssen Sie erst einige Treppenstufen hinaufsteigen, um in die Kirche zu gelangen – vielleicht wollte man die Kirche und die Gläubigen so vor Hochwasser und Flut schützen.

TIPS & INFOS
Ausführliche Informationen finden Sie auf Seite 154f.

VERNAZZA

27 km von La Spezia
Einwohner: 1177
Höhe: 3 m ü. d. M.
Postleitzahl: 19018
Vorwahl: 0187

Informationen
Municipio (Rathaus)
Via San Francesco, 50
Tel. 81 21 30
Fax 81 22 12

Wer auf dem Wanderweg von Monterosso nach Vernazza hinuntersteigt, genießt diesen Blick auf den Hafen.

ÜBERNACHTEN

Agriturismo Barrani
Ortsteil Corniglia
Via Fieschi, 14
Tel. 81 20 63

Agriturismo La Rocca
Ortsteil Corniglia
Via Fieschi, 222
Tel. 81 21 78

Gianni Franzi
Via Visconti, 2
Tel. u. Fax 81 22 28

ESSEN

Osteria A cantina de Mananan
Ortsteil Corniglia
Via Fieschi, 117
Tel. 82 11 66
Dienstags geschlossen,
im Sommer kein Ruhetag

Gambero Rosso *
Piazza Marconi, 7
Tel. 81 22 65
Montags geschlossen,
im Sommer kein Ruhetag

Auf der gegenüberliegenden Seite der Piazza entdecken Sie einen alten Palazzo mit Laubengängen und schönen Steinfliesen. Hier traf sich früher die Dorfgemeinschaft. Die gesamte Altstadt von Vernazza bietet immer wieder angenehme Überraschungen: die dicht gedrängten schiefergedeckten Häuser, die Trattorie und Handwerksbetriebe, die in den Seitengassen zum Besuch einladen, die Portale aus schwarzem Stein, die dunklen und engen Gassen, die auf die Hauptstraße münden, die Hauptstraße selbst, die erst existiert, seit der Fluß Vernazzola zugedeckt wurde. All diese Elemente tragen zu einem faszinierenden, fast märchenhaften Gesamtbild bei. Beim Bummel wird Ihnen vermutlich auch das Wasser im Munde zusammenlaufen, denn überall duftet es nach dem *Tian* (die Spezialität aus Vernazza) und nach fritiertem Fisch. Wie wär's mit einer Einkehr bei »Gianni Franzi« oder im »Gambero Rosso«?

Wenn Sie dagegen lieber spazierengehen, können Sie einer Wallfahrtsroute der Vernazzaner folgen: Am ersten Augustsonntag pilgern sie zur Madonna Nera col Bambino in **Reggio**, die sie ganz besonders verehren. Die Wallfahrtskirche liegt auf den Hügeln hinter Vernazza in etwa 300 Meter Höhe und ist über die Via Crucis zu erreichen (gut 1 Kilometer vom Bahnhof Richtung Friedhof; steil). Die Kioske, die kleinen Kapellen – vor allem San Bernardo – und der gepflasterte Weg bezeugen die enge Bindung der Bevölkerung an diese religiöse Stätte. Die Kirche wurde um das Jahr 1000 im romanischen Stil erbaut. Sie ruht auf einem früheren Tempel, der vielleicht auf die Langobardenzeit zurückgeht. Gleich neben der Kirche befindet sich eine kleine Herberge. Der

Zwischen Vernazza und Corniglia; dieses Teilstück der Wanderung ist in puncto Panorama und Flora am interessantesten.

Sakralbau wurde im 14. Jahrhundert verändert, der einfache Basilikagrundriß einem lateinischen Kreuz nachempfunden, und auf dem Tympanon der Hauptfassade wurden Verzierungen von eher zweifelhaftem Wert angebracht. Der Legende nach sollen Kreuzritter auf ihrer Heimreise vom Heiligen Land das Madonnenbild mitgebracht haben. Vielleicht wird die Madonna Nera deshalb im Volksmund »L'Africana« genannt.

Sie kehren nach Vernazza zurück und begeben sich auf den Weg zur nächsten Etappe: Corniglia. Der Weg ist gut ausgeschildert. Von der Via Roma in Bahnhofsnähe laufen Sie die *carugi* zum runden Turm hinauf. Wegen der Aussicht und der Vegetation ist das Teilstück zwischen Vernazza und Corniglia für viele das schönste der ganzen Wanderung. Der Weg steigt bis auf 200 Meter über dem Meer an, wobei sich die Weingärten und Vernazza immer wieder in einer ganz anderen Perspektive zeigen und die Landzunge, die ins Meer hinausragt, wie der Bug eines Schiffes aussieht. Der Weg ist nun gut ausgetreten und leicht zu begehen. Oliven- und Kastanienbäume wechseln sich ab mit Agaven und Feigenkakteen, und dazwischen zeigt sich immer wieder das Meer. Schieferdächer und schwarze Felsen bilden den Hintergrund für bunte Kräuter und Blumen.

Etwa auf halber Wegstrecke gelangen Sie in den Weiler **Prevo**. Nur wenige Häuser, aber dafür viele Geschichten, die sich um das abgeschiedene Dorf ranken. Die älteren Bewohner erinnern sich zum Beispiel noch an einen alten Mann, der in einem Bett direkt über einem Abgrund geschlafen und allen Freunden ausgezeichneten Wein angeboten haben soll. In Prevo gabelt sich der Weg. Sie können einen kleinen Abstecher machen und zur Wallfahrtskirche **San Bernardino** hinaufsteigen oder aber langsam nach Corniglia hinunterwandern. Wir empfehlen Ihnen, da Sie sich ohnehin schon hoch oben befinden, die wenigen Minuten nach San Bernardino hinaufzugehen.

*Oben: Unterwegs kommen Sie durch das kleine Dorf Prevo.
Unten: Felsküste bei Corniglia.*

Die Wallfahrtskirche Nostra Signora delle Grazie und San Bernardino ist im Gegensatz zu den anderen Marienkirchen der Cinque Terre nicht besonders alt und ist auch architektonisch nicht sehr interessant. Die Kirche wurde vermutlich 1470–71, mit Sicherheit jedoch vor 1584 erbaut, und spätere Veränderungen haben den Reiz der Anlage nicht unbedingt erhöht. Und doch handelt es sich hier ebenfalls um eine heilige Stätte, zu der jedes Jahr am 8. September zahlreiche Gläubige pilgern. Das heilige Bild über dem Altar besteht aus einem Gemälde, auf dem einst neben der Jungfrau Maria auch

Der Strand von Guvano liegt in einer wunderschönen Bucht, wo man auch nackt baden kann.

San Bernardino aus Siena und der heilige Bernhard von Clairvaux zu sehen waren. (Ihre Bilder sind heute in die Ovale an den Seitenwänden eingefaßt.) Die Fährnisse des Bildes sind Gegenstand einer wundersamen Geschichte, die mit den Reisen von San Bernardino entlang der Via dei Santuari zu tun hat, auf denen er zu den Gläubigen predigte. Die kleine Ortschaft selbst ist wegen ihrer Lage auf dem 385 Meter hohen Hügelkamm bemerkenswert. Außerdem herrscht hier eine wohltuend heitere Atmosphäre.

Wandern Sie nun Richtung Corniglia weiter. Zuvor sollten Sie jedoch Ihren Blick vom Gipfel der Steilwand zu den Felsen von Corniglia und die darunterliegende Bucht von Guvano, in der man auch nackt baden darf, schweifen lassen. Der Weg führt nun auf und ab durch Weingärten und Olivenhaine und schließlich über die kleinen Flüsse Canaletto und Groppo. Bei der hübschen Kirche San Pietro betreten Sie das Dorf. **Corniglia**, das

Ein Name und seine Geschichte

Wann wurde die Bezeichnung *Cinque Terre* erstmals verwendet? Die Historiker schreiben die offizielle Namensgebung dem Kanzler der Seerepublik Genua, Giacomo Bracelli, zu, der einer alteingesessenen Familie aus dem Varatal im Hinterland der Cinque Terre entstammte. 1418, 1442 und 1448 schrieb er drei Abhandlungen über das Thema, die dritte wurde im Rahmen einer geographischen Beschreibung mit dem Titel »Descriptio orae ligusticae« eines gewissen Flavio Biondo aus Forlì veröffentlicht.

In der Beschreibung Monterossos, damals *Montis Rubeum,* steht zu lesen: *Haec quinque loca vocantur quinque terrae.* Weiter heißt es:

»Riomaggiore liegt am Meer hinter Porto Venere und ist von Mauern umgeben. Auf den Böden gedeihen liebliche Weine namens *rocesi* (die weiße Rebsorte heißt heute in der Gegend Roccese, Rossese oder Rozzese, A. d. Verf.). Der Ort liegt sieben Meilen von Porto Venere entfernt und zählt mehr als hundert Einwohner. (…) Der nächste Ort, Corniglia, liegt ebenfalls direkt am Meer und hat zweihundert Einwohner. Der Ort rühmt sich guter Weine, die in großem Maßstab gekeltert werden, und liegt außergewöhnlich gut geschützt hinter massiven und schroffen Felsen. Vernazza, das wegen seines köstlichen Weines so bezeichnet wird, folgt gleich danach; das Dorf liegt ebenfalls direkt am Meer. Es ist von einer robusten Mauer und Türmen umgürtet und hat mehr als vierhundert Einwohner. Dahinter liegt, ebenfalls am Meer, die Burg von Monte Rosso mit über dreihundert Einwohnern. Sie ist geschützt von einer hohen Mauer und wurde wie auch die vorgenannten Siedlungen wegen des Weinbaus gegründet. Diese fünf Ortschaften werden Cinque Terre genannt und unterscheiden sich von allen anderen Dörfern der Ostküste wegen ihres besonders guten Weines.«

Die ersten beiden Abhandlungen waren lange Zeit unbekannt. Eine Handschrift wurde schließlich 1520 in Paris abgedruckt. (G. Adriani hat das Leben und Werk Giacomos Bracellis ausführlich untersucht: »Atti della Società Ligure di Storia Patria – Miscellanea geo-topografica«, o.O. 1924).

1874 erschien in Florenz ein Reiseführer, der einen interessanten Eintrag über Lavina di Corniglia enthält:

»(Lavina di Corniglia) ist lieblich gelegen im Meerbusen der Cinque Terre, wo das Klima sehr mild ist und Zedratzitronen angebaut werden. In der Nacht vom 26. auf den 27. Dezember 1853 löste sich im nahe gelegenen Guvanotal eine Muräne unterhalb der Kirche San Bartolomeo, und das gesamte Terrain rutschte bis zum Meer hinab. Eine Schieferschicht, reich an Eisenpyrit, ließ wegen der Umwandlung dieses Minerals in Eisensulfat den Fels abbröckeln. Das nunmehr feingemahlene Gestein konnte sich leicht ablösen und durch das Sickerwasser, das zwischen die kompakten Gesteinsschichten eingedrungen war, ausgewaschen werden. Dadurch entstand ein Vakuum, und die darüberliegende Erdschicht, die nun keinen Halt mehr fand, rutschte ab und riß die üppigen Weingärten und Olivenhaine und die Häuser, die am Hang lagen, mit sich in die Tiefe. Der Druck der Erdmassen war so groß, daß einige Felsbrocken, die vor der kleinen Bucht von Guvano im Wasser lagen, in die Höhe getrieben wurden und mitsamt ihrem Mantel aus Korallen und Madreporen aus dem Wasser auftauchten. (…) Die Bewegung war wohl langsam und beständig, doch dauerte sie selbst 1862 noch an.«

Corniglia ist die kleinste Ortschaft der Cinque Terre und liegt höher als ihre Schwestern.

zur Römerzeit *Cornelia* hieß, markiert die halbe Wegstrecke zwischen Vernazza und Manarola und kann gleich mit mehreren Rekorden aufwarten: Die Ortschaft ist die kleinste der Cinque Terre (sie untersteht der Verwaltung von Vernazza), am höchsten gelegen (etwa 100 Meter über dem Meer), besitzt den berühmtesten Strand (aber als einzige keinen direkten Zugang zum Meer), die längste Treppenflucht (vom Bahnhof ins Dorf sind es 377 Stufen) und profitiert am meisten von den Rebterrassen.

In der Tat wurde der Ort vermutlich von Bauern aus Volastra gegründet, die sich dadurch einen einfachen und günstig gelegenen Zugang zu ihren Wein- und Olivengärten schufen. Die Landschaft in Corniglia genoß immer schon einen guten Ruf und wurde deshalb in vielen alten Urkunden, die in den Stadtarchiven der Gegend ruhen, erwähnt.

Das Meer liegt gewissermaßen in weiter Ferne. Und so entwickelte sich unter den Dorfbewohnern eine ganz eigenständige Mentalität. Die typische Beharrlichkeit wurde nicht von der Unbill des Meeres auf die Probe gestellt, sondern mußte sich vielmehr an der Gestaltung der Berge und Rebterrassen messen. Ein älterer Mann aus Monterosso, der in seiner Jugend als Schiffer tätig war, meinte dazu: »Ich war in meinem ganzen Leben nur ein einziges Mal in Corniglia. Man hatte mich losgeschickt, um dort eine Kiste Sardellen zu verkaufen.« Diese Aussage ist längst nicht so banal, wie sie zunächst vielleicht klingt, zeugt sie doch einmal mehr von der Abgeschiedenheit der Cinque Terre. Jahrhundertelang lebten die Menschen völlig isoliert nur wenige Kilometer voneinander entfernt und nahmen nicht die geringste Notiz von ihren Nachbarn. In der Tat besitzt jede der Cinque Terre ihre ganz eigene und unverwechselbare Identität. Nicht zuletzt deswegen konnte selbst der massive Fremdenverkehr der Kultur und Lebensart der Einwohner nichts anhaben – sie kümmern sich um nichts und niemanden.

Die Häuser, die sich an den charakteristischen Felsen klammern und von Weingärten umgeben sind, strahlen etwas Surreales aus. Die Sandsteinportale zeugen von einer langen Geschichte, rufen Gedanken an Kämpfe und Draufgängertum wach. Ganz anders dagegen die schlichte und elegante Fassade von San Pietro. Die Kirche wurde um 1334 auf den Überresten eines früheren Sakralbaus errichtet. Die Fassade wird von einer wunderschönen Rosette aus weißem Carraramarmor aufgelockert und ist verziert mit einem hübschen Halbrelief, das einen Hirsch, das Wappentier Cornigias, darstellt. Eindrucksvoll auch das stille Kircheninnere, das zur Barockzeit nachhaltig umgestaltet wurde. Die Verteidigungsmauern, die die Genueser auf der Meerseite errichten ließen, sind inzwischen verfallen, und an der Stelle der alten Burg befindet sich heute ein kleiner Friedhof. Das Dorf, das nur aus einer Handvoll Häuser besteht, haben Sie schnell besichtigt, aber es macht Spaß, durch die schmalen Gassen zu schlendern und der einen oder anderen Familie vielleicht ein paar Flaschen Sciacchetrà oder Cinque Terre Bianco abzukaufen.

Inzwischen haben Sie die Hälfte der Tour hinter sich. Wenn Sie rechtzeitig buchen, können Sie hier vielleicht sogar in einem Bauernhof übernachten. Hotels und Gasthöfe gibt es in dieser verlassenen Gegend kaum. Wenn Sie lieber an den Ausgangspunkt zurückkehren oder in einem lebhafteren Ort übernachten wollen, dann empfiehlt sich die Bahn, die Sie in etwa einer Viertelstunde nach Levanto oder La Spezia bringt.

Eine typische Ansicht der Rebterrassen.
In seinem »Viaggio gastronomico attraverso Italia« (Gastronomische Reise durch Italien) schrieb Paolo Monelli 1935: »Was halten Sie von einem traditionsreichen und literarischen Wein? Der Sciacchetrà aus den Cinque Terre, der Vernaccia Dantes, Boccacios und Sacchettis, gepreßt aus den Trauben, die hoch über dem Meer gedeihen ..., wo sich die Dörfer Monterosso, Corniglia, Riomaggiore, Manarola und Vernazza, das dem Wein seinen Namen gegeben hat, in die Landschaft schmiegen. Dieser noble Wein von aromatischer und komplexer Süße ist ein Tropfen für Kardinäle und reifere Damen. Wir können nur zu gut verstehen, daß selbst ein Dichter, der keinen Wein trank, ihn besungen hat ... Als Abschluß eines guten Sommermahls empfiehlt er sich von selbst, seine Noblesse verpflichtet geradezu. Ich denke gern an die Tage in den Cinque Terre zurück, im Januar, als die Wildbäche von den Bergen ins Meer stürzten; und das Tosen erklingt noch in meinen Ohren.«

Süß, aromatisch und komplex

Sciacchetrà heißt der Passitowein aus den Cinque Terre. Er gehört aufgrund seiner Qualität und des lebhaften Interesses, das er hervorzurufen vermag, zu den berühmtesten Erzeugnissen Italiens überhaupt. Der Wein unterliegt wie der Cinque Terre Bianco den Vorschriften des DOC-Gesetzes vom 29. Mai 1973. Er wird demnach zu 60 Prozent aus der Rebsorte Bosco sowie für die verbleibenden 40 Prozent aus den Sorten Vermentino und/oder Albarola hergestellt. Die Trauben werden vor dem Pressen auf Gittern zum Trocknen ausgebreitet oder in kühlen und sehr gut durchlüfteten Trockenspeichern rosiniert. Die Trauben werden nicht, wie vielleicht viele annehmen möchten, in der Sonne getrocknet. Denn dadurch bekäme der Wein einen unangenehmen, schalen Geschmack, der die unendlich vielen feinen Nuancen eines typischen Sciacchetrà übertönen würde. Die Trocknungsperiode fällt von Jahr zu Jahr unterschiedlich aus und hängt nicht zuletzt vom Zustand der einzelnen Beeren ab. Oft führen versprühter Gischt und das Herbstwetter zu erhöhter Luftfeuchtigkeit, wodurch wiederum die Bildung von unerwünschtem Schimmel gefördert wird. Die Trocknung der Trauben muß einen natürlichen Mindestalkoholgehalt von 17 Prozent ergeben, 13,5 davon vergoren, und der Wein darf erst nach dem 1. November des auf die Lese folgenden Jahres in den Handel gebracht werden.

Der Geschmack des Sciacchetrà fällt je nach Typus stark unterschiedlich aus und variiert von süß bis fast trocken. Auf dem Etikett darf er den Zusatz *vino dolce naturale* tragen, wenn er mindestens 4 Prozent Restzucker besitzt. Die DOC-Bestimmungen sehen außerdem eine Likörversion vor, die durch die Zugabe von Alkohol zum Most oder Wein gewonnen wird. Viele kleine Erzeuger wehren sich jedoch gegen diese Likörbestimmung und fordern strengere Produktionsvorschriften. Für den Sciacchetrà, so tönen sie, sollte eine DOCG eingeführt werden (die sogenannte *Denominazione di Origine Controllata e Garantita* ist den ganz großen DOC-Weinen vorbehalten), die Vermostung der Trauben sollte erst nach dem 20. November, die Vermarktung für den *einfachen* erst zwei Jahre und für den *riserva* drei Jahre nach der Lese beginnen. Die Diskussion ist derzeit offen, und die Heftigkeit, mit der sie geführt wird, zeugt von einer Vitalität im Weinbau der Cinque Terre, die vor wenigen Jahren noch undenkbar gewesen wäre. Der Ertrag des Weins ist per Gesetz auf höchstens 35 Prozent festgelegt, doch in Wirklichkeit wird selten die 25-Prozentmarke überschritten. Nimmt man jetzt

noch die enormen Schwierigkeiten hinzu, mit denen in den Cinque Terre der Weinbau auf den senkrecht zum Meer abfallenden Bergen betrieben wird, wird man sich kaum mehr über den stattlichen Preis einer guten Flasche Sciacchetrà wundern.
Die Weine der Cinque Terre sind relativ komplex. Die einzelnen Rebsorten genießen je nach Anbaubedingungen eine unterschiedliche Verbreitung. Die Kelterpraktiken der kleinen Winzer (die oft nur wenige hundert Quadratmeter Anbaufläche besitzen) und der Ausbau des Weins fallen unterschiedlich aus. Wer die Weine der Cinque Terre probiert, wird sich auf Überraschungen gefaßt machen müssen.

Der Sciacchetrà gilt als Meditationswein, der als Aperitif oder in Gesellschaft von Freunden bei einem gemütlichen abendlichen Plausch getrunken wird. Die Geburt eines Kindes, ein Hochschulabschluß, eine Hochzeit, hoher Besuch oder die Entgegnung eines großen Gefallens sind hier in der Gegend die Anlässe, zu denen traditionsgemäß eine Flasche Sciacchetrà entkorkt wird. Früher wurde der Wein getrunken wie ein wertvolles Elixier, ja man schrieb ihm heilende Wirkung zu.

Bis jetzt ist allerdings noch nicht geklärt, woher der eigentümliche Name stammt. Eine wenig glaubhafte These vermutet den Ursprung in der Redensart *schiaccia e tira* (presse [die Trauben] und ziehe [den Korken]). Überzeugender klingt die Vermutung, der Name sei mit dem hebräischen Wort *shekar* verwandt.

In Palästina bezeichnete man, wie man aus der Bibel weiß, mit dem Begriff *shekar* ein wundersames Getränk mit hohem Alkoholgehalt, aber auch einen Wein, der einen ganz besonderen Trunkenheitszustand hervorrief. Die sprach- und geschichtswissenschaftlichen Hürden zwischen *shekar* und *Sciacchetrà* sind nicht wenige, doch steht fest, daß in den Cinque Terre bereits seit ältester Zeit Weinbau betrieben wurde. Bei römischen Schriftstellern ist immer wieder davon zu lesen. Man nimmt an, daß Exilgriechen, die im 8. Jahrhundert in Montenero di Riomaggiore lebten, dem ansonsten als Vernaccia bezeichneten Wein einen anderen, für sie vertrauteren Namen gaben, der durchaus aus der Bibel entlehnt worden sein könnte.

Seit kurzem werden dank einer gemeinsamen Initiative der Cooperativa Agricoltura Cinque Terre in Groppo di Riomaggiore und Francesco Giusti, Inhaber der »Enoteca Internazionale« in Monterosso al Mare, immer wieder Degustationen mit verschiedenen Themen – Weinbaugebiet, Winzer, Jahrgänge – veranstaltet, bei denen auch die ganz seltenen Sciacchetrà aus dunklen Trauben ausgeschenkt werden. Auf diese Weise kann man sich ein gutes Bild von den Winzern und den vielen Lagen machen, die manchmal geradezu Liliputformat besitzen und auf den Bergen verstreut liegen.

Nach den amtlichen Bestimmungen dürfen der Sciacchetrà und der Cinque Terre Bianco im gesamten Gemeindegebiet von Riomaggiore, Vernazza und Monterosso sowie in Teilen der Gemarkung La Spezia namens Tramonti di Biassa und Tramonti di Campiglia verwendet werden. Die Grenzen der Anbaugebiete sind genauestens festgelegt, was nicht zuletzt mit den großen Höhenunterschieden innerhalb eines einzigen Gemeindegebiets zu tun hat. Nur hier und wahrscheinlich nirgendwo sonst auf der ganzen Welt kann es vorkommen, daß ein Winzer ein paar Quadratmeter Weingarten auf Meereshöhe und einen zweiten winzigen Weingarten am oberen Ende einer Steilwand besitzt, der nur über endlose Treppenstufen erreicht werden kann. Ein unwirkliches Ambiente und doch von Menschenhand geschaffen. Und der Sciacchetrà ist der vollendete Ausdruck dieser einzigartigen Gegebenheiten.

Von Corniglia aus glaubt man Manarola fast berühren zu können. Auch dieser Ort liegt hoch oben auf einem tiefschwarzen Felsen. Diese Etappe ist nicht lang, aber relativ anspruchsvoll. Der Weg wurde zwar vor kurzem ausgebessert und ausgebaut, verlangt aber nach wie vor Vorsicht und eine gewisse Trittsicherheit. Ausgangspunkt ist die Kirche San Pietro. Wenig später entdecken Sie bereits die vielen Treppenstufen, die zum Bahnhof führen. Der Weg folgt nun ein kurzes Stück den Bahngleisen, zunächst auf der Betonmauer, dann wieder im Gelände.

Der Badeort, der Strand, der aufgelassene Tunnel, die Steilküste, die weiß gekräuselten Wellen der Brandung – nichts gleicht mehr den Bildern von den vorangegangenen Etappen. Hier wuchern Wolfsmilch und Kräuter (vor allem Baldrian). Der Weg führt auf halber Höhe die Küste entlang und bietet immer wieder eine atemberaubende Aussicht auf Felsen und Meer und auf den Strand von Corniglia. An den sonnigen und trockenen Stellen duftet wilder Thymian, auch Kapern und Rosmarin wachsen hier, und Sie entdecken wieder Reben. Hoch oben sehen Sie **Volastra** liegen. Ein Wanderweg führt hinauf in den Ort, doch wir empfehlen Ihnen, gleich über die Punta Buonfiglio Richtung Manarola hinunterzusteigen. In wenigen Minuten erreichen Sie zunächst den Friedhof und dann die phantastische Felsengruppe von Polaedo. Hier beginnt das über 250 Meter lange Teilstück, das in den Fels gehauen wurde und dem Maler Renato Birolli gewidmet ist. Schattige Steineichen säumen den Weg. Die Umrisse von Manarola zeigen sich in märchenhafter Umgebung.

Manarola ist sicher die malerischste Ortschaft der Cinque Terre. Hier beginnt die berühmte Via dell'Amore, die in Riomaggiore (dem Sitz der Gemeindeverwaltung) endet. Hier besteht die Küste aus dunkelgrauen, fast schwarzen Felsen, die zusammen mit dem Meer einen unvergleichlichen Anblick bieten. Die Stufen des Jachthafens führen direkt ins Wasser und verschwinden bei Flut ganz unter der Meeresoberfläche. Die Wellen donnern mit unvorstellbarer Gewalt an die Felsen, die Gischt spritzt unglaublich hoch, und der Salzgeruch des Meeres dringt in alle Poren und Ritzen. Wenn das Meer tost, versuchen die Einwohner von Manarola ihre Boote so weit wie möglich ins Trockene zu bringen. Diese Vorsichtsmaßnahmen sind mühsam und erfordern präzise, wohl eingeübte, geradezu angeborene Bewegungen. Aber das ist der Tribut, den die Einwohner dem Meer,

Die Kirche von Volastra ist Nostra Signora delle Salute geweiht.

das ihre Lebensgrundlage bildet, zollen. Nur hundert Meter über dem Meeresspiegel ist das Meer jedoch vergessen. Doch auch hier wirtschaften die Menschen seit Jahrhunderten in mühevoller Arbeit: Auf den Knien müssen sie unter den niedrigen, verflochtenen Pergeln die Weingärten pflügen, die auf den luftigen Terrassen angelegt wurden.

Der Charme von Manarola offenbart sich vor allem, wenn man durch die kleinen Straßen bummelt, in Toreinfahrten und Innenhöfe schaut, einen Weinkeller besichtigt. Viele Künstler waren von der rustikalen Schönheit des Orts verzaubert, die sich denn auch unverkennbar in ihren Werken niederschlug.

Manarola liegt zu beiden Seiten des Flüßchens Groppo. Auf 200 Meter Höhe liegt der Ortsteil Groppo, wo Sie unbedingt die Kellerei der Cooperativa Agricoltura Cinque Terre besichtigen sollten, wenn Sie Wein oder Grappa aus der Gegend kaufen möchten. Die Genossenschaftskellerei zählt über fünfhundert Mitglieder und ist für den Weinbau der gesamten Region von großer Bedeutung.

Bevor der Groppo zugedeckt wurde (hier verläuft heute die Hauptstraße), waren die beiden Ufer mit hübschen Brücken verbunden. Am Oberlauf stand sogar eine Mühle, in der Mehl gemahlen und Olivenöl gepreßt wurde. Auf der anderen Seite des Groppo befindet sich in malerischer Lage das kleine Dorf **Volastra**. Der Name leitet sich aus der lateinischen Bezeichnung *vicus oleaster* ab – was auf die Bedeutung des Olivenanbaus schließen läßt. Neben Oliven gedeihen hier wegen des besonderen Bodens und des milden Klimas auch Reben.

Die Marmorrosette der Kirche San Lorenzo, der wichtigsten Sehenswürdigkeit in Manarola.

Widmen wir uns nun Manarola, das hoch oben auf den Felsen thront. Die Lage der Kirche San Lorenzo und der bedeutenderen Nascita di Maria Santissima ist eigenartig. Der Bau erhebt sich im oberen Teil des Dorfs, Fassade, Glockenturm und Gebetskirche gehen auf den Hauptplatz, auf dem früher alle öffentlichen Angelegenheiten ausgetragen wurden. Der Bau geht auf das

Jahr 1338 zurück, aber das Innere wurde während des Barock stark verändert. Durch die schlichte Sandsteinfassade treten die klaren Linien der marmornen Rosette von 1375 und des Portals mit seinem Spitzbogen deutlich hervor. Der Glockenturm steht, wie es bei vielen alten Kirchen üblich ist, frei; er diente lange Zeit auch als Wach- und Aussichtsturm.

Im Presbyterium hinter dem Hauptaltar befindet sich ein Polyptychon aus dem 15. Jahrhundert, auf dem die Muttergottes mit Kind zwischen den Heiligen Matthäus, Johannes dem Täufer, Katherina von Alexandria und Laurentius abgebildet ist. Das Gemälde wird von drei kleinen Bildern abgeschlossen, die Gottvater zwischen dem Erzengel Gabriel und Maria zeigen.

Manarola war früher von Stadtmauern umgeben, deren Überreste heute noch in der Nähe der Marina und im oberen Teil des Dorfs zu sehen sind. Bevor die Ortschaft wie ihre Nachbarinnen unter die direkte Herrschaft Genuas fiel, gehörte sie dem mächtigen Geschlecht der Fieschi (das einen der Ihren auf den Heiligen Stuhl brachte: jener Papst Innozenz IV., der zu einem Kreuzzug ins Heilige Land aufrufen sollte). Zwei Jahrhunderte später, 1447, wurde der Geistliche Tommaso Parentuccelli, der aus Sarzana stammte und einige Jahre in Manarola gelebt hatte, zum Papst gewählt:

Auf den Fotos sind die dunklen Felsen, auf denen das Dorf Manarola thront, gut zu erkennen.

Nikolaus V. war ein sehr gebildeter und kultivierter Humanist. Er legte den Grundstock für die großartige Vatikanische Bibliothek, außerdem wußte er die typische Starrköpfigkeit der Leute aus den Cinque Terre mit politischem und diplomatischem Geschick zu vereinen und schloß mit Kaiser Friedrich III. das Wiener Konkordat.

Die Eisenbahn, die mitten durch den Ort führt, hat hier in Manarola, wie auch in anderen Ortschaften, zu einer kleinen städtebaulichen Revolution geführt. Der nahezu verlassene Bahnhof ist End- oder Ausgangspunkt der Via dell'Amore und durch einen langen Gang, der direkt auf die Hauptstraße mündet, mit dem Dorf verbunden. Die Tunnelwände wurden vor kurzem mit Ma-

Die Metro der Cinque Terre

Die Eisenbahn ist zweifelsohne das zweckmäßigste Verkehrsmittel in den Cinque Terre. Die einzelnen Stationen – Riomaggiore, Manarola, Corniglia, Vernazza, Monterosso – sind nur wenige Minuten voneinander entfernt, und wer mit der Bahn reist, erspart sich die enervierende Parkplatzsuche. Strategisch günstige Ausgangspunkte sind Levanto oder La Spezia. Von Levanto sind es beispielsweise nur fünf Minuten nach Monterosso, von Manarola nach Riomaggiore vier Minuten.

Im Sommer verkehren die Züge sehr häufig, und es gibt verschiedene günstige Sonderangebote und Kombitarife (genaue Informationen darüber erhalten Sie an den Fahrkartenschaltern). Regional- oder Interregionalzüge halten in den Ortschaften der Cinque Terre, in La Spezia haben Sie Anschluß an Intercity-Züge. An Feiertagen und Wochenenden müssen Sie sich auf starken Andrang gefaßt machen und mit entsprechend viel Geduld wappnen. Doch die Cinque Terre sind die paar Unannehmlichkeiten wert!

Die Eisenbahn zeitigte enorme wirtschaftliche und soziale Auswirkungen auf die gesamte Region, holte sie doch die zuvor fast unzugänglichen Dörfer und Ortschaften aus ihrer Isolation. Der Bau der Bahnlinie Genua–Massa begann 1860, das Teilstück zwischen Sestri Levante und La Spezia wurde im Oktober 1874 fertiggestellt. Die Großbaustellen für die Tunnelbohrungen, Brückenbauten und Stützmauern rief Hunderte von Arbeitern aus ganz Oberitalien nach Ligurien. Die Arbeiter mußten versorgt werden, und so entstanden allenthalben Herbergen und Gastwirtschaften, viele Küstenbewohner hatten erstmals ein gesichertes Einkommen. Diese wirtschaftliche Stabilität wurde wenig später durch das Militärarsenal von La Spezia noch gefestigt, denn viele junge Männer aus den Cinque Terre fanden dort eine Anstellung.

Kalk- und Steinbrüche wurden eröffnet, der Abbau von Kies und Sand und die Ab-

Die Eisenbahn ist das umweltfreundliche und dabei schnellste und Verkehrsmittel in den Cinque Terre.

lagerung von Schutt veränderte die Landschaft nachhaltig. Zu jener Zeit wurde auch die berühmte Via dell'Amore in den Fels getrieben.

Viele der ehemaligen Eisenbahnarbeiter haben sich in Ligurien niedergelassen und Familien gegründet. Ihre Nachfahren arbeiten zum Teil heute noch »in ferrovia«. Mit ihrem gesicherten Einkommen finanzieren sie teilweise die Bewirtschaftung der alten und unrentablen Familienbesitzungen und tragen somit zur Erhaltung einer einzigartigen Kulturlandschaft bei.

Die ungewöhnlichste Metro der Welt (eine Haltestelle alle drei Minuten, der Rest der Strecke verläuft unterirdisch) ist heute aus dem Bild der Cinque Terre nicht mehr wegzudenken.

Die Via dell'Amore

In den Grotten zwischen den Agaven lebte Anfang des 20. Jahrhunderts eine außergewöhnliche Persönlichkeit als Einsiedler. Ein Ort der Stille und Meditation, ein Ort der Beschaulichkeit und der Liebe. Man kann sich heute nur schwer vorstellen, daß der Verbindungsweg zwischen Manarola und Riomaggiore nur deshalb gebaut wurde, um dort den Sprengstoff zu lagern, der für den Bau der Eisenbahntunnels (1920) und des Biassa-Tunnels (1928) benötigt wurde.

Manarola ist über die berühmte Via dell'Amore mit Riomaggiore verbunden.

Ein Zeitgenosse, Dario Capellini, schrieb dazu: »Das erste Teilstück wurde von Arbeitern der Firma Tameo, die den Auftrag zur Tunnelerweiterung erhalten hatte, gebaut. Das Stück zwischen Manarola und dem Pulvermagazin, das die Firmenleitung aus Sicherheitsgründen in den einsamen Felsen des Vaolungo anlegen ließ, war nicht lang: ein einfacher Weg, der nur von erfahrenen Arbeitern begangen werden konnte. Als die Arbeiten beendet waren, blieben der Weg und das Pulvermagazin verlassen zurück.«

1928 suchten dann die Ingenieure, die mit dem Bau des Biassa-Tunnels beauftragt waren, einen sicheren Aufbewahrungsort für ihren Sprengstoff. Capellini führt aus: »Sie fragten Vittorio Benvenuto, der sie beherbergte und mit gutem Wein versorgte, um Rat. ›Vitturin‹ nannte ihnen die Steilküste bei Banca in der Nähe von Manarola. Er war sich sicher, daß mit dem Pulvermagazin auch ein Weg dorthin gebaut werden müsse (den er dann nutzen könnte), und als zusätzlichen Anreiz gewährte er ihnen das Wegerecht durch sein Grundstück.«

Man befolgte Benvenutos Rat. Doch nun mußten die beiden Pulvermagazine verbunden werden, was keine leichte Aufgabe war. Damals bestand zwischen Manarola und Riomaggiore nur ein einziger Verbindungsweg über die Berge, der mühsam und beschwerlich war. Eine Abkürzung würde also eine echte Bereicherung darstellen. Die beiden Pulvermagazine mit ihren Zugangswegen waren die ideale Lösung, und das fehlende Verbindungsstück konnte aus einer Lichtung herausgeschlagen werden, die beim Bau der Eisenbahn frei geworden war.

Das Projekt wurde unverzüglich in Angriff genommen, und nach vielen unentgeltlichen Arbeitsstunden und zahlreichen Mühen endlich fertiggestellt. Manarola und Riomaggiore waren nun über eine einzigartige Galerie hoch über dem Meer miteinander verbunden.

Die Felsschluchten wurden bald zu einem beliebten Stelldichein für Liebespärchen, und eines Tages stand über dem Eingang zum Pulvermagazin von Manarola geschrieben: *Via dell'Amore.*

lereien verziert, die auf die künstlerische Tradition der Siedlung verweisen. Denn Manarola hat sich um das Theater und die bildende Kunst der Region verdient gemacht, was nicht zuletzt dem Einsatz von Dario Capellini zu verdanken ist. Er war lange Zeit Kulturassessor in der Provinzverwaltung und rief außerdem die Cooperativa Agricoltura ins Leben. Er verstarb 1994.

Blicken Sie noch einmal auf das Gewirr aus dichtgedrängt stehenden Häusern, und gehen Sie zur Via dell' Amore, die unlängst renoviert wurde und nun wieder für die ganzen Scharen von Verliebten, Romantikern und Urlaubern offensteht. Der Einstieg für den wohl berühmtesten Wanderweg der Welt befindet sich im Mittelstück der Hauptstraße von Manarola kurz vor den Bahngleisen (hier liegt auch der Zugang zum Bahnhof).

Manarola entstand an den Ufern des Wildbachs Groppo, über dem heute die Hauptstraße des Dorfs verläuft.

Nach dem Tunnel mit den Wandgemälden steigen Sie 72 steile Treppenstufen hinauf, die zu den Stützmauern aus Stahlbeton bei den Weinbergen hinaufführen. Diese Befestigungen waren notwendig geworden, um die Eisenbahn vor dem Abrutschen zu bewahren, aber sie passen natürlich nicht unbedingt zur wunderschönen Landschaft. Gleich hinter dem Viadukt beginnt die Via dell'Amore. Sie wurde direkt in den Fels gehauen, der beinah mit jedem Schritt seine Zusammensetzung und Gestalt ändert.

Mit dem Gestein ändert sich auch die Flora, die überdies vom einzigartigen Mikroklima profitiert. Unendlich viele Pflanzenarten gedeihen hier, einige davon sind

Heute erleichtern technische Neuerungen die Arbeit in den steilen Weinbergen.

in Italien und in ganz Europa sehr selten. Nehmen Sie sich für Ihre Wanderung über dem Meer also genügend Zeit, damit Sie alles in Ruhe betrachten und bewundern können. Nach zwei Kilometern mündet die Via dell' Amore in die Treppenstufen, die zum Bahnhof von Riomaggiore führen.

Erdrutsche, Erosion, Hochwasser, aber auch die Sorg- und Rücksichtslosigkeit vieler Touristen haben die Via dell'Amore zusehends zerstört. 1993 und 1994 wurde der Weg in einer mutigen Aktion grundlegend renoviert und steht nun wieder offen. Die gesamte Strecke ist in vieler Hinsicht interessant, und nur die Sorgfalt und Rücksichtnahme aller kann diesen einzigartigen Wanderweg bewahren helfen. Sie ist Teil der Cinque Terre mit ihrer atemberaubend schönen Landschaft aus Meer, Bergen und einer außergewöhnlichen Flora, die sich in einem empfindlichen Gleichgewicht befinden – wie eine Statue ohne Sockel.

Die Eindrücke der Via dell'Amore sind noch nicht ganz verklungen, und schon überrascht Sie das hübsche

Ein Abschnitt der Via dei Santuari, hier im Bild auch der typische Trenino, mit dem die Bauern ihr Arbeitsgerät in die Weinberge transportieren.

Städtchen Riomaggiore mit seinen kleinen Gassen und Passagen und seinen beeindruckenden Häusern.

Riomaggiore ist, von Genua kommend, die letzte der Cinque Terre. Wenn man mit dem Auto in diese Märchenwelt fährt, kann man die Landzungen zählen, die ins Meer hinausragen, kann man sich die kleinen Buchten und Strände vorstellen, den Schwimmern zusehen, die Rebterrassen erkennen, die Eisenbahn durch die

Nostra Signora della Salute bei Volastra

Ausgangsort für diese Wanderung ist der Parkplatz von Manarola. Der Wanderweg (bis Volastra werden Sie kein Auto mehr sehen) führt durch Weingärten sogleich hinauf in das Küstengebirge. Dann folgen Sie der Kammhöhe, und nach kurzer Zeit erreichen Sie Volastra, wo sich Olivenhaine unter die Weingärten zu mischen beginnen. In der Tat war die Ortschaft einst so berühmt für ihre Oliven, daß die Römer sie *vicus oleaster* (Öldorf) nannten. Die lange Geschichte des Orts läßt sich auch an den schlichten Linien der robusten Portale ablesen, die noch nicht ganz hinter den eiligen Neubauten verschwunden sind. Deutlich erkennbar ist auch noch die hufeisenförmige Anordnung der Ortschaft, die dem natürlichen Plateau in 340 Meter Höhe über dem Meer folgt und deshalb von einem einzigartigen System aus konzentrischen Straßen durchzogen wird.

Etwas außerhalb von Volastra liegt die Wallfahrtskirche Nostra Signora della Salute. Im September 1994 wurde mit umfassenden Restaurierungsarbeiten begonnen, die bei Drucklegung dieses Führers noch nicht abgeschlossen waren. Die Kirche ist in romanischem Stil gehalten und besitzt ein einziges Kirchenschiff, das sich vielleicht auf den Überresten eines älteren Gotteshauses erhebt. Die Kirche strahlt eine strenge Eleganz aus, die vom doppelbogigen Fenster in der Fassade, von den schmalen Einbogenfenstern und der Färbung der Steine etwas aufgelockert wird.

Früher war die Wallfahrtskirche dem heiligen Laurentius geweiht (ihm wurde später die Pfarrkirche von Manarola geweiht), heute der heiligen Madonna, deren Fest alljährlich am 5. August begangen wird.

Früher konnte man den Wallfahrtsort nur über einen Fußweg oder die steilen Treppen nach Groppo oder über ein Verbindungsstück zum Fußweg zwischen Corniglia und Manarola erreichen. Seit 1976 führt eine Straße von Volastra an der Kirche vorbei zur nächsten Station auf der Via dei Santuari: Montenero, das oberhalb von Riomaggiore inmitten von Kiefern, Kastanien, Steineichen und Macchia liegt (siehe Ausflug auf Seite 53).

Ausgangsort:
MANAROLA

Zielort:
NOSTRA SIGNORA DELLA SALUTE BEI VOLASTRA

Länge:
2 KM

Voraussichtliche Dauer des Ausflugs:

 1 STD.

TIPS & INFOS
Ausführliche Informationen finden Sie auf Seite 149ff.

RIOMAGGIORE

13 km von La Spezia
Einwohner: 2025
Höhe: 35 m ü. d. M.
Postleitzahl: 19017
Vorwahl: 0187

Informationen
Ufficio Informazioni Turistiche del Comune
Via Telemaco Signorini
Tel. 92 01 13

ÜBERNACHTEN

Hotel Villa Argentina
Via De Gasperi, 170
Tel. u. Fax 92 02 13

Villaggio Marino Europa
Orsteil Spiaggione
di Corniglia
Tel. 81 22 79

Marina Piccola
Via Discovolo, 28
Ortsteil Manarola
Tel. 92 01 03, Fax 92 09 66

Tunnels donnern hören, den Duft der Macchia einatmen und seinen Emotionen freien Lauf lassen.
Den Hintergrund und auch die Grenze der Cinque Terre bildet der Mesco. Ein Schnellzug benötigt acht Minuten, um die neun Bahnkilometer zwischen Riomaggiore und Monterosso zurückzulegen, die Lokalbahn benötigt sieben bis acht Minuten mehr. Insgesamt gerade einmal fünfzehn Kilometer Küste: eine lächerliche Winzigkeit für Fähren und Motorboote. Aber diese Zahlen sagen nur wenig aus über die soziale, landschaftliche und geschichtliche Bedeutung der Cinque Terre. Riomaggiore beschließt (oder eröffnet, je nachdem, wo Sie mit Ihrer Tour beginnen) einen Reigen absolut einzigartiger Empfindungen. Selbst nach der Besichtigung von Monterosso, Vernazza, Corniglia und Manarola wirkt Riomaggiore nicht wie die x-te Wiederholung altbekannter architektonischer Elemente. Ganz im Gegenteil, Riomaggiore weist mit seinen ungewöhnlich hohen Häusern, seinen bunten Türmen, die über das enge Tal hinauszuschießen scheinen, ein völlig anderes Stadtbild auf. Stockwerk um Stockwerk wurden die Häuser aufgetürmt, um Lebensraum zu gewinnen und den vorhandenen Raum bestmöglich zu nutzen. Unten, aber auch in den höheren Etagen, stößt man auf einen Durchschlupf nach dem anderen, auf Übergänge und Galerien, die sich zu einem Labyrinth formen, in dem sich nur mehr die Einheimischen auskennen. Zwischen den Mauersteinen leuchten allerdings keine Zitronen und keine bunten Geranien. Auf dem bißchen Erde werden Basilikum und Majoran angebaut, auf den Mauern gedeihen Kapernbüsche oder Agaven. Sie sind einfach zu pflegen und erfordern nicht dieselben Mühen wie die Weingärten oder die winzigen Äcker in den Bergen.
Das bunte Häusergewirr wird unterbrochen von der Hauptstraße, der Via Cristoforo Colombo und der Via Telemaco Signorini. Auch hier entstand die Hauptstraße an der Stelle des Flüßchens Rio Maggiore, der zugedeckt wurde. Die Via Colombo fällt steil Richtung Eisenbahn und Meer ab. Sie ist gesäumt von zahlreichen Geschäften, die von der Lebendigkeit des Ortes zeugen. Unten können Sie dann entweder links durch die Unterführung bis zur Marina wandern oder aber rechts zum Bahnhof laufen und zu Ihrem Ausgangsort (oder wohin auch immer) zurückfahren.
Die Züge verkehren in Richtung La Spezia, was bedeutet, daß Sie die Traumlandschaft der Cinque Terre in we-

niger als fünf Minuten hinter sich lassen, oder in Richtung Genua, wo Sie noch einmal durch die Cinque Terre hindurchfahren.

Wenn Sie Riomaggiore besichtigen wollen, gehen Sie die Via Signorini entlang. Die Straße ist gewissermaßen als Panoramaumrundung gedacht, die das einzigartige Stadtbild von Riomaggiore aufs beste verdeutlicht. Die Häuser und ihre Stockwerke scheinen den Höhenlinien des Terrains zu folgen, das nur von schmalen Pfaden und Trockenmauern unterbrochen wird. Vom Meer aus wird die Besonderheit Riomaggiores vielleicht noch deutlicher. Ein Bootsausflug lohnt sich also in jeder Hinsicht. Die Linienschiffe vekehren regelmäßig, und vielleicht fahren Sie ja weiter und sehen sich Portovenere oder die

ESSEN

Gli ulivi
Ortsteil Volastra
Tel. 92 01 58
Dienstags geschlossen,
im Sommer kein Ruhetag

Ripa del Sole
Via De Gasperi, 4
Tel. 92 01 43
Montags geschlossen,
im Sommer kein Ruhetag

wunderschönen Weinterrassen von Tramonti (siehe nächste Route) an.

Auch Riomaggiore kann auf eine lange und zum Teil sagenhafte Geschichte zurückblicken. Der Ort soll von Griechen aus Byzanz gegründet worden sein, die sich im 8. Jahrhundert in der Nähe von Montenero niedergelassen haben. Dann erlebte Riomaggiore dasselbe Schicksal wie seine Nachbarorte: Es fiel zunächst unter die Herrschaft der mächtigen Familien des Hinterlandes, dann an die Fieschi und schließlich an die Seerepublik Genua. Von der bewegten Geschichte zeugen noch die Überreste der genuesischen Burganlage, die das Dorf gegen die Angriffe der Sarazenen im 15. und 16. Jahrhundert schützen sollte. Die Mauern und die beiden Rundtürme, die noch zu sehen sind, dienten eine Zeitlang als Friedhof. Sie wurden vor kurzem renoviert und können nun besichtigt werden. Wo sich heute der Orts-

Die Altstadt von Riomaggiore (links) und Blick auf Riomaggiore.

**KAFFEE,
APERITIF, EIS**

Bar Gelateria
Bruno Ronchieri
Via Colombo, 138–144

kern befindet, soll eine weitere Verteidigungsanlage gestanden haben. Wenn Sie die Gassen entlangschlendern, stoßen Sie an einer kleinen Piazza im oberen Teil des Dorfs auf die Pfarrkirche, deren Vorplatz stets durch spielende Kinder belebt wird.

Die Kirche wurde 1340 auf Geheiß von Antonio Fieschi, Bischof von Luni, der unter Papst Benedikt XII. gedient hatte und Nuntius in Paris war, errichtet. Der Geistliche wurde später vermutlich aus politischen Gründen vergiftet. Man nimmt an, daß sich die Pisaner,

Auf den Mond hinaufsteigen

Es war einmal eine herrliche Vollmondnacht, erzählen die Alten, und die Bewohner von Riomaggiore redeten sich ein, daß sie den Mond mit Händen berühren könnten. Jeder von ihnen schleppte und rollte im Schweiße seines Angesichts zahlreiche Weinfässer aus dem Keller herbei, die dann in einem gewagten Unterfangen übereinandergestapelt wurden. Die sprichwörtliche Beharrlichkeit der Menschen hierzulande führte schließlich zur Errichtung einer schier unendlichen Treppe aus Fässern und Gefäßen jeder Art und Größe. Das Ziel war praktisch erreicht. Der Sonnenaufgang rückte näher, und man brauchte nur noch ein letztes Faß, um bis auf den Mond hinaufzusteigen. Vom Dorfplatz aus war der Mann dort oben nur noch ein winziger Punkt. Doch woher sollte man das letzte Faß für das große Finale nehmen? Das Nachbardorf Manarola um Hilfe zu bitten stand außer Frage. Die Dorfältesten beratschlagten zusammen und gelangten zu folgender Lösung: »Wir ziehen das unterste Faß heraus und stützen den Turm, bis das Werk vollendet ist.« Natürlich stürzte bei diesem Versuch der Turm ein, und alle Fässer purzelten unter großem Getöse wieder auf die Erde herunter und rollten schließlich ins Meer. Als wieder Ruhe einkehrte, war der Mond verschwunden, und die Sonnenstrahlen ließen die goldenen Weintrauben in ihrem Licht erglühen. Die Zeit der Weinlese war gekommen. Die Fässer hätte man nun gut gebrauchen können, um den Wein aus der reichen Traubenernte darin zu lagern. Aber sie lagen ja am Meeresgrund, unwiederbringlich verloren durch die Torheit der Dorfbewohner. Doch das gab Anlaß zu einem neuen Fest, das nun seit Jahrhunderten jedes Jahr im September begangen wird.

Hingabe und Leidenschaft sind wesentliche Charakterzüge der Menschen in den Cinque Terre. Riomaggiore ist seit vielen Jahren eine echte Wunderwerkstatt, in der ein Projekt nach dem anderen gezaubert wird. Vieles wurde mit der Unterstützung freiwilliger und ehrenamtlicher Helfer bewerkstelligt: Die Instandhaltung der Wege und militärischen Verbindungsgänge, die Restaurierung der kleineren Festungsanlagen – und alles mit viel Fingerspitzengefühl für die einzigartige Umgebung. Dank des besondern Mikroklimas gedeiht hier eine außergewöhnlich artenreiche Flora, die Landschaft bietet immer wieder ein atemberaubendes Panorama, doch bis vor kurzem wurde diesen unschätzbaren Werten nur wenig Beachtung geschenkt. Endlich hat auch der moderne Mensch begriffen, daß das, was seine Vorfahren geschaffen haben, schützenswert ist.

denen er Massa und Pietrasanta abgerungen hatte, rächen wollten. Der Bischof wollte mit der Kirche den Bewohnern von Riomaggiore die Ausübung ihrer Religion erleichtern, denn zuvor mußten die Gläubigen zum Gottesdienst und Gebet bis nach Montenero oder Manarola laufen. Die Kirche ist San Giovanni Battista geweiht, weil Antonio Fieschi in Genua eine wunderbare Reliquie von Johannes dem Täufer besaß. Er ließ auch eigens ausgebildete Baumeister aus Genua herbeirufen, die hier und an fast allen Kirchen der Cinque Terre mitgearbeitet haben. Vom ursprünglichen Bau sind noch die Einzelbogenfenster und die beiden gotischen Türen auf der Ostseite zu sehen, die mit Basreliefs und älteren Blumen- und Tiermotiven verziert sind. Wenn Sie sich für Kunst interessieren, dann können Sie sich in diesen geheimnisvollen Figuren verlieren, denn sie besitzen eine symbolische, ja magische Kraft. Jedes Zeichen, jede Figur besaß für den Künstler des Mittelalters eine ganz bestimmte Bedeutung, die in erster Linie didaktischer und moralischer Natur war und erst in zweiter Hinsicht eine gewisse Ästhetik verfolgte. Der Bau strahlt eine bemerkenswerte Geschlossenheit aus, obwohl nur Teile davon noch original erhalten sind. 1870 stürzte ein Teil der Kirche ein und brachte die gesamte Statik des Baus durcheinander. Der Schaden konnte behoben werden, die Fassade wurde im neugotischen Stil gestaltet, die Rosette ist jedoch original. Der

WEINKELLEREIEN

Cooperativa Agricoltura di Riomaggiore, Manarola, Corniglia, Vernazza e Monterosso
Ortsteil Manarola-Groppo
Tel. 92 04 35, Fax 92 00 76

Walter De Batté
Via Pecunia, 168
Tel. 92 01 27

Forlini e Cappellini
Ortsteil Manarola
Piazza della Chiesa, 6
Tel. 92 04 96

Blick vom Wasser auf Riomaggiore.

*Oben: Eine typische Gasse.
Unten: Blick auf Weingärten,
in denen der Sciacchetrà
gedeiht.*

Innenraum ist sehenswert, denn er birgt einige wertvolle Kunstschätze. Bemerkenswert sind das Bild des heiligen Johannes, das Domenico Fiasella zugeschrieben wird, und die Barockkanzel von 1663 sowie die geniale mechanische Orgel.

Unweit der Kirche liegt das Ferienhaus des Malers Telemaco Signorini, eines der wichtigsten Vertreter der Künstlergruppe Macchiaioli. Sehenswerte Sakralbauten sind außerdem das Oratorio di Sant'Antonio Abate (mit einem schönen Fresko), das Oratorio di San Rocco (bei der Burgruine) und das Oratorio di Nostra Signora Assunta von 1476, in dem ein Triptychon – vermutlich aus dem 15. Jahrhundert – mit der Muttergottes mit Kind, Johannes dem Täufer und dem heiligen Dominikus zu bewundern ist.

Die schönen Kirchen fügen sich harmonisch in das außergewöhnliche Stadtbild ein, das Sie am besten bei einem gemütlichen Bummel in sich aufnehmen. Im ganzen Ort sind die Traditionen, die sich um Weinbau und Weinhandel ranken, spürbar, und viele Geschäfte und Läden waren früher einmal Weinkeller.

Gönnen Sie sich einen letzten Augenblick auf dem Felsen über dem Fischerhafen. Abends genießen Sie einen einmaligen Sonnenuntergang. Der glühende Ball versinkt hinter dem Mesco und läßt die Rebterrassen besonders plastisch hervortreten. Danach erreichen Sie bequem den letzten Zug, der Sie in wenigen Minuten zu Ihrem Parkplatz oder Ausgangsort zurückbringt.

Wallfahrtskirche von Montenero und Colle del Telegrafo

Der Anstieg beginnt auf der asphaltierten Straße im oberen Teil von Riomaggiore und führt zunächst Richtung Friedhof. Der Weg verwandelt sich schnell in einen beschwerlichen Maultierpfad, der in die Bergflanke gehauen wurde. Nach einigen hundert Metern erreicht man wieder die asphaltierte Straße nach Riomaggiore, danach folgt man der Stützmauer, die für die Staatsstraße der Cinque Terre gebaut wurde, bis zu einer kleinen Treppe, die mitten in die Weingärten hineinführt. Der Blick auf das Dorf und seine Häuser ist sehr hübsch. Langsam wird auch der Anstieg etwas sanfter – eine letzte Anstrengung, und Sie erreichen den Aussichtsplatz vor der Wallfahrtskirche und die Herberge auf 340 Meter Höhe über dem Meer.

Wenn Sie den beschwerlichen Aufstieg umgehen möchten, können Sie auch mit dem eingleisigen Trenino (s. Abbildung auf Seite 46) nach Montenero hinauffahren. Dabei handelt es sich eigentlich eher um einen Lastenaufzug, der den Bauern die Arbeit im Weinberg erleichtern soll, doch seit einigen

Ausgangsort:
RIOMAGGIORE

Zielort:
COLLE DEL TELEGRAFO

Länge:
4 KM

Voraussichtliche Dauer des Ausflugs:

2 STD.

Monaten ist auch ein ungewöhnliches Gefährt in Betrieb, das zwölf Personen befördern kann. Seit Jahren ist die Herberge, die hier Foresteria heißt, ein anerkannter Stützpunkt für Fernwanderer.

Der Trenino ist Teil eines ehrgeizigen Projekts, das auch die zahlreichen Rusticos, die auf dem Berg verstreut liegen, für den Fremdenverkehr nutzen will. Diese Initiative wird von der Agrargenossenschaft in Groppo mit Begeisterung unterstützt.

Gesicherte Belege für die Wallfahrtskirche Nostra Signora di Montenero, deren Fest am Pfingstmontag begangen wird, gehen auf das Jahr 1335 zurück. Man vermutet jedoch, daß hier bereits Ende des 8. Jahrhunderts Exilgriechen eine Siedlung gründeten. Die Kirche wurde mehrmals umgebaut (zuletzt Mitte des 19. Jahrhunderts) und zeigt heute einen dreischiffigen Grundriß. Der Legende zufolge wurde hier zunächst eine Reliquie byzantinischen Ursprungs verehrt. Die weitere Geschichte ähnelt der Legende von der Madonna di Soviore: Die Reliquie verschwand und wurde durch ein Renaissancegemälde, das die Himmelfahrt Mariens zwischen Aposteln und dem heiligen Thomas zeigt (und mehrmals restauriert wurde), ersetzt. Am 14. August ziehen die Pilger in einer eindrucksvollen nächtlichen Prozession von der Wallfahrtskirche nach Riomaggiore.

Wenn Sie noch bei Atem sind, können Sie die Wanderung fortsetzen und die Straße Nummer 3 zum Colle del Telegrafo hinaufsteigen. Hier kreuzen sich viele Wanderwege, und die Aussicht ist einfach

Die Wallfahrtskirche Montenero, die bereits 1335 erwähnt wurde.

überwältigend. Der Anstieg von Montenero ist weniger steil. Der Weg führt zwischen Farnen und verlassenen Gärten zur Casa Casarino und dann durch den Weiler Lemmen, der im 13. Jahrhundert erstmals urkundlich erwähnt wurde, vermutlich aber noch älter ist: eine Handvoll Häuser und ein steinerner Brunnen, an dem Sie Ihren Durst löschen können. Und schon geht es weiter durch die Macchia bis zum 513 Meter hohen Gipfel.

Levanto

Der Gipfel der Punta Mesco, 311 Meter über dem Meer gelegen, bietet eine einzigartige Aussicht über die Cinque Terre und das Mittelmeer. Die Punta Mesco schließt den Golf von Monterosso gegen Westen ab, und im Volksglauben stellte sie stets eine Art magisches Symbol dar – vielleicht weil man vom äußersten Felsblock aus plötzlich auf das offene Meer hinausschauen kann. Die Punta Mesco ist aber vor allem für die Fischer wichtig. Denn hier entstehen und treffen sich die Strömungen, die ideal für reiche Fischgründe sind.

Im Mittelalter lebten Augustinermönche in aller Abgeschiedenheit auf dem Berggipfel. Bis etwa 1400 wachten sie unter anderem auch über die Küste und warnten bei Piratenüberfällen. Die Ruinen des ehemaligen Klosters (die im Volksmund *semaforo* genannt werden) sind leider in einem bedauernswerten Zustand.

Der Wanderweg führt von Fegina (der Beginn des Wanderwegs liegt in der Nähe des Gigante) nach Levanto. Das erste Teilstück ist sehr steil, weshalb Sie dafür mindestens eine Stunde bei solider Gangart veranschlagen sollten. Die Überreste der Kirche Sant'Antonio Abate tauchen unvermittelt in der atemberaubend schönen Landschaft auf. (Die Holzfigur aus dem 15. Jahrhundert wurde nach der Auflassung des Augustinerklosters nach Monterosso ins Oratorio Mortis et Orationis gebracht, wo sie auch heute noch zu sehen ist.) Der Weg führt nun weiter durch dichtes Macchiagestrüpp zum Sattel am Monte Vé. Danach geht es sanft bergab bis zur Strandpromenade in **Levanto**. Vom Semaforo bis zum Zielort wandern Sie etwa zwei Stunden (mit dem Zug brauchen Sie von Monterosso bis Levanto fünf Minuten).

Obwohl Levanto nicht mehr zu den Cinque Terre gehört, kommen fast alle Besucher der Gegend durch den Ort. Levanto verfügt über eine ausgezeichnete Infrastruktur mit Hotels, Restaurants, Strandbädern. Viele Besucher stellen außerdem hier ihren Wagen ab und erkunden die Cinque Terre zu Fuß oder mit der Eisenbahn.

Gegründet wurde Levanto, das früher Ceula hieß, vermutlich bereits in vorrömischer Zeit. Seine lange Geschichte läßt sich an vielen Baudenkmälern verfolgen. In der Via del Paraxo ist beispielsweise das Haus zu sehen, in dem angeblich der Langobardenkönig Liutprand (712–744) gewohnt haben

Ausgangsort:
MONTEROSSO AL MARE

Zielort:
LEVANTO

Voraussichtliche Dauer des Ausflugs:

 3 STD.

Hinweis: Stellen Sie Ihr Auto in Levanto ab, und fahren Sie mit dem Zug (fünf Minuten Fahrzeit; regelmäßige Verbindungen) nach Monterosso, wo Sie mit der Wanderung beginnen. Sie können Ihren Wagen auch in Monterosso abstellen und dann mit dem Zug von Levanto zurückfahren; die Parkplatzsuche in Monterosso ist jedoch ein noch hoffnungsloseres Unterfangen als in Levanto.

TIPS & INFOS
Ausführliche Informationen finden Sie auf Seite 142f.

LEVANTO

36 km von La Spezia
Einwohner: 5902
Höhe: 3 m ü. d. M.
Postleitzahl: 19015
Vorwahl: 0187

Informationen
Municipio (Rathaus)
Piazza del Comune
Tel. 80 81 13

**Comunità Montana
Riviera Spezzina**
Piazza Cavour
Tel. 80 82 26 u.
80 72 90

**Ufficio di
Informazione e di
Accoglienza Turistica**
Piazza Cavour
Tel. u. Fax 80 81 25

MUSEEN

**Mostra Permanente
della Cultura
Materiale**
Piazzetta Massola, 4
Tel. 80 72 65, 80 84 96
u. 81 77 76
Öffnungszeiten:
im Sommer täglich
21–23 Uhr, im Winter
nur nach Vereinbarung

ÜBERNACHTEN

Unsere Adreßempfehlungen finden Sie auf Seite 142.

soll. An der Piazza del Popolo steht der Palazzo del Comune mit einer eleganten Loggia aus dem 13. Jahrhundert, in der im Mittelalter die Stadtbevölkerung zusammenkam. Nicht weit davon erheben sich die Überreste des Palastes der einflußreichen Adelsfamilie Da Passano, die auf das 12. Jahrhundert zurückgehen.
Hinter der Loggia verläuft die ehemalige Via dei Forni (heute Via Guani) durch das einstige Hafenviertel. Von der Piazza del Popolo können Sie durch die Via Toso zur Kirche Sant'Andrea laufen. Der Bau wurde 1226 begonnen und später erweitert. In der Via Toso liegen außerdem die Casa Restani aus dem 13. Jahrhundert, die einer reichen Familie gehörte, und die etwa gleich alte Casa del Podestà, Sitz des Stadtpräfekten. Sant'Andrea zeigt Stilelemente der Genueser Gotik, so zum Beispiel die typische gestreifte Fassade aus weißem Marmor und dunklem Serpentinfels. Die Rosette und der Glockenturm sind neueren Datums, fügen sich aber gut in das Gesamtbild ein. Im Innern sind kuriose Gemälde von Braccesco und ein wertvolles Kruzifix zu sehen. In der Nähe der Kirche stoßen Sie auf Überreste der alten Stadtmauer und auf den guterhaltenen Uhrturm, der den mittelalterlichen Mauergürtel überragt. Die Mostra Permanente della Cultura Materiale di Levanto zeigt alte Gerätschaften für die Landwirtschaft und Müllerei, für die Viehzucht und den Hausgebrauch und vermittelt damit einen Einblick in das Alltagsleben von Levanto und dem Hinterland.
Von Sant'Andrea können Sie zur Burg, die im 11. Jahrhundert zur Verteidigung des Hafens errichtet wurde, weitergehen oder aber zum Palazzo Comunale weiterlaufen. Das Gemeindehaus belegt heute das ehemalige Klarissinnenkloster

aus dem 17. Jahrhundert. Aus derselben Zeit stammt das benachbarte Oratorio di San Rocco. Sie haben inzwischen die Via Garibaldi erreicht und damit die Stadt fast verlassen. Überqueren Sie die Allee und die Steinbrücke über den Gießbach. Eine Treppenflucht führt Sie zum Franziskanerkloster Annunziata, das Mitte des 15. Jahrhunderts errichtet, aber nach seinem Einsturz 1613 wieder völlig neu aufgebaut wurde. In der Kirche sollten Sie sich vor allem die Gemälde »Das Wunder von San Diego« von Bernardo Strozzi aus dem Jahre 1620 und »Der heilige Georg tötet den Drachen« aus dem späten 15. Jahrhundert ansehen. Das Gemälde mit dem heiligen Georg wurde bei der Säkularisation 1810 von französischen Truppen verschleppt und erst nach langen Jahren wieder an seinen ursprünglichen Ort zurückgebracht.

Wenn Sie Ihren Wagen in Levanto abgestellt haben und mit dem Zug nach Monterosso gefahren sind, kehren Sie nun zu Ihrem Auto zurück. Fahren Sie vom Stadtzentrum aus Richtung La Baracca (unweit des Passo del Bracco). Nach 16 kurvenreichen Kilometern durch Hügellandschaft, vorbei an einsam gelegenen Gehöften und hübschen Dörfern inmitten von Olivenhainen, erreichen Sie die Staatsstraße Via Aurelia. Wollen Sie lieber an den Strand, dann fahren Sie durch die engen Straßen Levantos nach Bonassola, das vor allem wegen seiner roten Marmorbrüche bekannt ist.

Am 24. und 25. Juli, während der *Festa del mare* und der *Festa di San Giacomo* ist ein Besuch Levantos besonders lohnend. Zu den Feierlichkeiten gehören unter anderem ein Umzug in historischen Kostümen und ein Festgottesdienst zu Ehren von San Giacomo, der in diesem Teil Liguriens sehr verehrt wird. Die Feiern enden am Meeresufer, wo die Stadtbevölkerung Hunderte von kleinen Lichtern ins Wasser setzt, die dann von der Strömung aufs offene Meer hinausgetrieben werden. Danach leuchtet am Himmel ein farbenprächtiges Feuerwerk.

Wenn Sie ein paar typische Spezialitäten essen wollen, probieren Sie die *gattafin,* in Olivenöl ausgebackene Gemüseravioli. Jede Familie in Levanto besitzt natürlich ihre eigene Version dieses bereits seit dem frühen Mittelalter bekannten Gerichts. Obwohl diese Ravioli in der Gastronomie selten geworden sind, werden sie neben anderen lokalen Spezialitäten in der »Trattoria Cavour« an der gleichnamigen Piazza auch heute noch angeboten.

ESSEN

Araldo
Via Jacopo 24
Tel. 80 72 53
Dienstags geschlossen, im Sommer kein Ruhetag

WEIN-KELLEREIEN

Cooperativa Agricoltori Vallata di Levanto
Ortsteil Le Ghiare
Tel. u. Fax 80 08 67

Ein Leitfaden
Der Weg der Sonne

Von Portovenere nach Lerici braucht ein Linienschiff weniger als eine halbe Stunde. Fast wehmütig blickt man auf die Insel Palmaria, auf San Pietro und die bunten Häuser, die von der Genueser Burg überragt werden, zurück. Doch schon bald rückt eine zweite Burg ins Blickfeld: die Festung von Lerici, die mindestens genauso mächtig aussieht und eine lange Geschichte vorweisen kann. In dieser Märchenlandschaft treten diese ebenso stolzen wie trutzigen Militäranlagen besonders deutlich hervor. Doch diese Gegend ist viel mehr als Golfo dei Poeti bekannt. Der Name weckt sanftere, beschaulichere Assoziationen: Worte und Musik, Gefühl und Verstand. Kaum ein Literaturwissenschaftler wird diese Definition von Poesie besser ausdrücken können als diese unglaublich schöne Landschaft.

In Portovenere hat bereits Petrarca gewohnt. Shelley und Byron haben den Kampf mit Wellen und Strömungen aufgenommen und sind vielleicht sogar im Meer geschwommen. In Serra oberhalb von Lerici, von wo aus man den Golf in seiner ganzen Weite überblicken kann, leben die Dichter Giovanni Giudici und Paolo Bertolani. Attilio Bertolucci bewohnt ein Haus in Tellaro, das vielleicht zu den malerischsten an diesem Küstenabschnitt zählt. Hier hielt sich auch D. H. Lawrence auf. Vor vielen Jahren zog auch der Schriftsteller Mario Soldati, ein Mann von beeindruckender Persönlichkeit, nach Tellaro. Der Regisseur Luigi Faccini stammt aus Lerici, die Verleger Bompiani und Spagnol müssen in diesem Zusammenhang ebenfalls erwähnt werden.

Vielleicht inspirieren ja gerade das Meer und der Salzgeruch, die Sonnenstrahlen, die auf dem Wasser tanzen, der Duft der Erde, der Kräuter und der Blumen die Künstler. Wohl dem, der ein wenig Zeit mitbringt und die Strecke von Portovenere nach Lerici nicht mit dem Schnellboot, sondern auf dem Landweg zurücklegen kann. Die Wanderung schließt einen wohltuenden Aufenthalt in Le Grazie, auf den Hügeln Foce und Marinasco mit ein. Und der köstliche Duft der frischen Focaccia aus San Terenzo ist mehr als eine Versuchung wert.

Sie können die Wanderung ganz individuell gestalten. Wichtig ist jedoch, daß Sie auf den Weg, den die Sonne beschreibt, achten. Die Sonne geht hinter Lerici auf und hinter der Insel Palmaria und jenseits von Portovenere unter, wo sie ins Meer zu stürzen scheint. Dieses Bild ist von nicht geringer Bedeutung, wie Ihnen sämtliche Poeten bestätigen werden. Ein Seufzer, ein leichtes Säuseln des Sommerwinds, eine kleine Knospe, ein Fisch im Wasser, das Lächeln eines geliebten Menschen, der Duft des Rosmarins, ein Flüstern, ein leises Rascheln – nebensächliche Details, die sich hier in reine Poesie verwandeln.

Ausgangsort:
PORTOVENERE

Zielort:
BOCCA DI MAGRA

Länge:
60 KM

Voraussichtliche Dauer:
 2 TAGE

Von Portovenere nach Bocca di Magra
über Le Grazie, Campiglia, Biassa, La Spezia, San Terenzo, Lerici, Fiascherino, Tellaro, La Serra, Montemarcello und Ameglia.

Ausflug:

 ZU DEN INSELN PALMARIA, TINO UND TINETTO

Golfo dei Poeti
Fischerdörfer, Strände und gute Küche

Für die Erkundung des Golfo dei Poeti ist es sicher am bequemsten, sich in La Spezia eine Unterkunft zu suchen und dann von dort Tagesausflüge in verschiedene Richtungen zu unternehmen. Wir beschreiben Ihnen hier eine einzige, durchgehende Route, die in Portovenere beginnt und der Küste bis nach Ameglia und zur Magramündung folgt, wo die Grenze zwischen Ligurien und der Toskana liegt. Natürlich handelt es sich bei unserer Tour auch nur um eine Empfehlung, um einen Vorschlag, den Sie nach Ihrem eigenen Belieben und Ihren Interessen (Gastronomie, Kultur, Strand) variieren können. Besucher, die von Süden kommen, können die Route auch in umgekehrter Reihenfolge abfahren.

Portovenere liegt 13 Kilometer von La Spezia entfernt. Sie erreichen den Ort mit dem Auto über die Küstenstraße oder mit dem Schiff von den Cinque Terre oder von Levanto. Auf welchem Weg auch immer Sie nach Portovenere gelangen, der Ort mit seinen mittelalter-

Portovenere ist ein sehr altes Fischerdorf in unvergleichlich schöner Lage.

*Oben: Stadttor.
Unten: Ein typischer Treppenaufgang.*

lichen Gassen, Häusern und Kunstschätzen wird Sie sofort beeindrucken. Von der faszinierenden Einfachheit, an der sich Byron und Shelley begeisterten, ist infolge des gewaltigen Fremdenverkehrs zwar nicht mehr viel zu spüren, aber in den Trattorie und Fischläden der Altstadt herrscht immer noch eine ursprüngliche Atmosphäre, und die Restaurants bieten echte Köstlichkeiten (meiden Sie jedoch die Wochenenden, wenn alles überfüllt ist).

Die ersten Zeugnisse dieses alten Fischerorts gehen bis auf das Jahr 150 n.Chr. zurück. Berühmt ist Portovenere jedoch vor allem wegen seiner unvergleichlichen Lage. Die geschichtsträchtigen Inseln, die bunten Häuser (früher standen hier einmal graue Verteidigungsanlagen), die Kirche San Pietro in Genueser Gotik, die Steilfelsen, über denen die Festung aus dem 16. Jahrhundert thront – all das formt ein Gesamtbild, das gemeinsam mit dem milden Klima zur Faszination von Portovenere beiträgt. *Portus Veneris* (Hafen der Venus) war bereits zur Römerzeit eine sichere Anlegestelle, in der der Handel blühte. Nach den finsteren Jahren des frühen Mittelalters baute die Republik Genua den Ort 1113 zu einem befestigten Vorposten gegen die pisanische Flotte aus und errichtete wuchtige Verteidigungsanlagen. Von Genua eigens entsandte Fachkräfte bauten die Kirche San Lorenzo im romanischen Stil aus den schwarzen Steinquadern, die sie vor Ort fanden. Die Spuren der Geschichte sind auch an kleinen Details erkennbar. So trägt zum Beispiel das Stadttor die Jahreszahl, in der Portovenere an Genua fiel: *Colonia Ianuensis 1113*. Gleich daneben, am Fuß des schönen romanischen Turms, dessen Fassade mit Bossenwerk und doppelbogigen Fenstern gestaltet ist, und am Fuße der Stadtmauer entdeckt man einige alte Maßeinheiten, die für Korn und andere Waren galten (vermutlich 17. Jahrhundert).

Das Stadttor wurde im Lauf der Jahrhunderte mehrmals verändert. Auf der Innenseite des Tors, das zu den Gassen oder *carugi* hinaufführt, entdecken Sie eine Nische, die mit einem Fresko der Weißen Madonna ausgemalt ist. Das Gemälde geht auf das 15. Jahrhundert zurück und erinnert an eine Begebenheit aus dem Jahre 1399: Portovenere war in Not. Der Ort war von Fehden und Parteienkämpfen, von Pest und Hunger zerrüttet. Eines Tages, am 17. August, wandte sich ein gewisser Luciano Borghesi in einem verzweifelten Gebet an die Muttergottes. Die Farben des Madonnenbilds, das er anbetete, waren verblaßt, und das Motiv war kaum mehr zu erkennen. Plötzlich aber begannen die Farben zu leuchten, und die Formen traten deutlich hervor, und auf einmal waren in einem ganz ungewöhnlichen Licht die Muttergottes, das Christuskind und zwei Heilige zu erkennen. Das Wunder rief viele Menschen in das kleine Haus. Ihr Gebet vertrieben die Not, der Ort erholte sich wieder. Bis heute ist der 17. August deshalb ein Festtag in Portovenere.

Die Via Capellini führt längs durch den Ort, und bei einem Bummel werden Sie viele geschichtlich und städtebaulich interessante Details entdecken. Die kleine Straße ist von Hausportalen, Läden und Werkstätten gesäumt, aus deren Türen das für die ligurischen Dörfer typische Geklapper in das ruhige Ambiente der Straße dringt. Die Antica Osteria del Carugio auf Nr. 66 bietet sich für einen kleinen Imbiß an.

Auf der linken Seite führen steile Stufen zur Calata und zum Meer hinunter. Sie bilden von der Felsküste aus den einzigen Zugang zum Dorf. Eng und beschwerlich, waren sie bei Piratenüberfällen leicht zu verteidigen. Rechts dagegen geht es nach San Lorenzo und zur Burg hinauf. Die gewundenen Pfade führen weiter bergauf bis zu den kleinen Äckern, die die Menschen früher in mühevoller Arbeit bestellten. Heute sind daraus Kräuter- und Gemüsegärten geworden, in denen Thymian und Rosmarin duften. Der Verlauf unserer kleinen Gasse ist unregelmäßig und sprunghaft, denn Platz ist in einem Ort, der zwischen Hügel und Meer gezwängt wurde, sehr wertvoll. So versteht man auch die Bedeutung der kleinen Piazzetta mit ihrer Zisterne, in der Süßwasser gesammelt wurde (der hübsche Brunnen wurde erst später angelegt) und an der die Leute zum Wasserholen und zu einem Schwätzchen zusammenkamen. Der *carugio* führt nun leicht bergab in Richtung des ehemaligen *castrum vetus,* der ersten Militäranlage im römischen Portus Veneris. Hier sieht Portovenere aus wie der elegant geschwungene Bug eines Schiffs, das gerade in See stechen möchte.

Der Blick öffnet sich nun zu der herrlichen Landzunge, auf der die hübsche Kirche San Pietro thront. An der

Il carugio, die Hauptstraße.

TIPS & INFOS
Ausführliche Informationen finden Sie auf Seite 147ff.

PORTOVENERE

13 km von La Spezia
Einwohner: 4507
Höhe: 8 m ü. d. M.
Postleitzahl: 19025
Vorwahl: 0187

Informationen
Municipio (Rathaus)
Via Garibaldi
Tel. 79 06 18

Pro loco
Sektion Le Grazie
Tel. 90 23 80

Ufficio di Informazioni e di Accoglienza Turistica
Piazza Bastreri, 1
Tel. 79 06 91

Stelle, an der der Bau in eleganter Genueser Gotik errichtet wurde, befanden sich zuvor ein Venustempel und ein Sakralbau aus frühchristlicher Zeit. In der Tat geht von diesem Ort ein so unvergleichlicher Zauber aus, daß viele Legenden in ihm das *Finis Terrae*, das Ende der Welt, sahen.

Die Kirche besticht schon von außen mit ihrer schwarzweißen Fassade aus dem Marmor von Portovenere. Sie wurde von den Genuesern zwischen 1256 und 1277 erbaut, die sich damit bei den Einwohnern von Portovenere für ihre Treue im Kampf gegen Lerici und Pisa bedanken wollten. Die Kirche wurde im Lauf der Jahrhunderte immer wieder umgebaut (zuletzt in den 1930ern), so daß sie heute die verschiedensten Stilelemente zeigt. Das Presbyterium teilt sich in drei nahezu quadratische Kapellen. Das kleine Kirchenschiff geht über in eine Apsis, die noch von dem frühchristlichen Gotteshaus aus dem 6. Jahrhundert stammt. Während man in der Kirche umherwandert, tost unten die Brandung gegen die Felsen und scheint sich gleichsam zu einem mystischen Gesang zu erhöhen.

Tritt man nun wieder ins Freie, wird man vom gleißenden Licht, vom Wind, vom Salzgeruch des Meeres und

San Pietro wurde in Genueser Gotik erbaut und thront auf der gleichnamigen Landzunge.

von den Schreien der Möwen wieder in die Wirklichkeit zurückgeworfen.

Zur Linken entdecken Sie eine kleine romanische Loggia, von der aus Sie einen schönen Blick auf die Punta Mesco im Westen genießen können. Doch nicht nur die Landzunge im Hintergrund, sondern vielmehr der Vordergrund wird Sie begeistern: die Kirche im Rücken, vor Ihnen die Steilfelsen zum Meer und die mächtige Burg.

Schrittweise ändert sich das Szenario: In der Ferne lassen sich die steilen Rebterrassen von Tramonti und die Cinque Terre erkennen, dann tauchen die Felsen von Muzzerone auf, an denen sich Kletterer und Freeclimber üben, danach die Grotte Arpaja, die bereits von Byron besungen wurde. Treppenstufen führen zu einer Bucht neben der Grotte hinunter. Eine Gedenktafel erinnert denn auch an den Dichter und leidenschaftlichen Schwimmer: »Diese Grotte inspirierte Lord Byron und erinnert an den unsterblichen Dichter, der als waghalsiger Schwimmer die Wogen des Meeres zwischen Portovenere und Lerici herausforderte.« Byron war Gast bei seinem Freund Shelley, der in San Terenzo auf der anderen Seite der Meerenge ein Haus hatte – was wohl entscheidend zur Einführung der Bezeichnung »Golfo dei Poeti« beitrug. Doch bereits mehrere Jahrhunderte früher hielt sich Petrarca in dieser einzigartigen Landschaft auf. Eine zweite Gedenktafel in San Pietro ist Petrarca gewidmet und trägt einige Verse aus seinem Epos *Africa*: »*… Et nomine Veneris insignem portum securum ventorum omnium et omnium quae sub coelo sunt classium capacem*« (»… und den unter dem Namen Venus bekannten Hafen, der vor allen Winden geschützt liegt und alle Flotten unter dem Himmel aufnehmen kann«). Unzählige Künstler schätzten die Gegend, beispielsweise Montale, George Sand und Turner.

Vom Platz vor der Kirche San Pietro erreichen Sie die Calata Doria über eine breite Treppe, von der aus Sie einen Blick auf die Insel Palmaria und die Hügel um Lerici genießen. Auf dem Meer sehen Sie meistens viele Boote und Schiffe, im Hafen von Portovenere legen Privat- und Linienschiffe an. Zur Saison bestehen regelmäßige Verbindungen zu den Cinque Terre, nach Camogli und Portofino, zum Golfo del Tigullio, nach La Spezia, Lerici und zur Versilia, der toskanischen Küste, hinunter. Der kürzeste, aber wohl auch interessanteste Bootsausflug von Portovenere aus ist eine Inselrundfahrt.

Von Frühjahr bis Herbst herrscht auf der Calata ein geschäftiges Treiben, doch auch hier finden Sie Gelegenheit zum Verweilen. Wir erreichen nun wieder das Stadttor, durch das wir ein zweites Mal treten, um San Lorenzo und die Burg in der Oberstadt zu besichtigen. San Lorenzo wurde in der Absicht gebaut, die Genueser Herrschaft über das Fischerdorf zu untermauern. (Der Dom von Genua ist ebenfalls San Lorenzo geweiht.) Die Kirche wurde 1130 von Papst Innozenz II. eingeweiht,

ÜBERNACHTEN

Hotel Belvedere
Via Garibaldi, 26
Tel. 79 06 08

Hotel della baia
Ortsteil Le Grazie
Via Lungomare, 111
Tel. 79 07 97

Locanda Lorena
Isola Palmaria
Via Cavour, 4
Tel. 79 23 70

Royal Sporting Hotel
Ortsteil Seno dell'Olivo
Tel. 79 03 26, Fax 52 90 60

Felsküste bei Portovenere.

Eine Skulptur betrachtet den Golfo dei Poeti.

ESSEN

Antica Osteria del carugio
Via Capellini, 66
Tel. 79 03 92
Donnerstags geschlossen,
im Sommer kein Ruhetag

Da Iseo
Calata Doria, 9
Tel. 79 06 10
Mittwochs geschlossen,
im Sommer kein Ruhetag

Da Pietro
Ortsteil Le Grazie
Via Lungomare, 69
Tel. 79 00 19
Mittwochs geschlossen,
im Sommer kein Ruhetag

doch der ursprünglich romanische Bau wurde bereits in der Gotik und später immer wieder (zuletzt in den 1930ern) verändert. Aufgrund der strategischen Bedeutung Portoveneres wurde der Ort und mit ihm die Kirche immer wieder angegriffen und zerstört. Portovenere erlitt schwere Schäden während der Belagerung durch die Flotten Aragoniens 1494, so daß die ursprüngliche Bausubstanz, zum Teil jedenfalls, unwiederbringlich verloren ist. Die heutige Fassade der Kirche wirkt elegant mit ihren schwarzweißen Marmorplatten, zwischen denen die noch original erhaltenen romanischen Portale schön zur Geltung kommen. In der Lünette des Hauptportals ist eine Statue des heiligen Laurentius zu sehen, das darüberliegende dreibogige Fenster verleiht der Fassade eine gewisse Dynamik. Die ursprünglichen Mauern und Säulen waren aus dem schwarzen Marmor von Portovenere, doch Ende des 16. Jahrhunderts wurden die Säulen, die die drei Kirchenschiffe stützen, nach dem barocken Zeitgeschmack durch weißen Carraramarmor ersetzt. Aus der toskanischen Schule stammt die marmorne Konsole rechts vom Hauptaltar. Sie wurde von Mino da Fiesole (1430–1484) gestaltet und enthält das Bild der Madonna Bianca, die von den Bewohnern Portoveneres sehr verehrt wird. Bemerkenswert ist auch der Altarflügel von Cigoli aus dem 16. Jahrhundert, doch für die Einheimischen ist vor allem die »trave delle reliquie« von Bedeutung. Der Balken wurde 1204 vom Meer angeschwemmt und wird seither in San Lorenzo aufbewahrt.

Miesmuscheln aus La Spezia

Das Meer von La Spezia und ganz besonders die Küste vor Portovenere bietet den Miesmuscheln besonders günstige Wachstumsbedingungen. Die Weichtiere leben bevorzugt in ruhigen Gewässern mit einem relativ niedrigen Salzgehalt und hohen Planktonvorkommen. Zwischen Herbst und Winter pflanzen sich die Muscheln fort. Sie sondern eine gallertartige Substanz ab, die wie ein Film im Wasser schwebt. Eine zu stark bewegte See würde diesen Film und die darin enthaltenen Eier sofort zerreißen. Aus den Eiern schlüpfen Larven, die auf Wracks, Felsen und Pfählen im Wasser gedeihen. In wenigen Monaten reifen sie zu Miesmuscheln heran. In La Spezia gelten sie als Delikatesse und werden mit Genuß verspeist, manchmal aber auch als Köder zum Fischen verwendet.

Die Muschelzucht wurde in La Spezia Ende des 19. Jahrhunderts eingeführt. Die Miesmuscheln wurden ebenso wie die Meeresdatteln und Austern bereits von den Römern geschätzt. Genaue Angaben über den Muschelkonsum hat man bereits seit dem ersten Jahrhundert v. Chr. Die Römer waren ihrerseits Pioniere in der Zucht von Meerestieren; später wurde die Aquakultur von den Mönchen des Mittelalters wiederaufgenommen.

Heute sind Zuchtanlagen in Betrieb, die ein hygienisch absolut einwandfreies Produkt garantieren. In den Anlagen von Santa Teresa werden die Muscheln mit Ozon behandelt. Die Zuchtbecken liegen in der Nähe des Außendamms und vor Portovenere. Im Restaurant kommen die köstlichen Muscheln dann *alla marinara*, d. h. mit Knoblauch und Tomatensauce gefüllt, oder in einem Meeresfrüchtesalat auf den Tisch. Auch zu Nudeln schmecken sie köstlich. Fritiert werden sie eigentlich nur noch zu Hause und nicht im Restaurant, denn kaum jemand mag sich noch die Mühe machen, die rohen Muscheln aufzustemmen, um das Fleisch herauszuziehen, das dann paniert und im heißen Öl ausgebacken wird – mit etwas Salz, Petersilie und Zitronensaft ein Genuß!

La Marina Da Antonio
Piazza Marina, 6
Tel. 79 06 86
Donnerstags geschlossen

Taverna del Corsaro *
Calata Doria, 102
Tel. 79 06 22
Dienstags geschlossen,
im Sommer kein Ruhetag

KAFFEE, APERITIF

Bar Lamia
Calata Doria

EINKAUFEN

Farinata, Focaccia, Pizza
La Pizzaccia
Via Capellini, 96–98

Die Miesmuscheln aus Portovenere werden von Feinschmeckern geschätzt; hier ein Bild der Zuchttonnen.

Um die Herkunft der Reliquie ranken sich zahlreiche Legenden. Angeblich soll sie ein Pilger aus dem Heiligen Land mitgebracht haben, vielleicht wurde sie aber auch von Piraten, die diesen Küstenabschnitt immer wieder überfielen, geraubt und dann aufgegeben. Portovenere ist jedoch – wie alle Hafenorte auf der ganzen Welt – an Kuriositäten aus fernen Ländern gewöhnt. Im Jahre 801 wurde sogar ein Elefant angeliefert, den ein jüdischer Kaufmann Karl dem Großen zum Geschenk gemacht hatte. Es wäre interessant zu erfahren, wie dieses Tier wohl aufgenommen wurde.

San Lorenzo birgt aber noch mehr. Die Marmorkanzel zeigt verschiedene Heiligenfiguren (darunter auch den Schutzpatron des Golfs von La Spezia, San Venerio) und wird von einer kleinen Säule mit einem romanischen Kapitell getragen. Das Taufbecken zeigt außergewöhnliche Reliefs aus dem 12. Jahrhundert. In der Sakristei sind die Überreste eines alten, geheimnisvollen Schatzes zu sehen: Truhen mit kunstvollen syrischen und byzantinischen Motiven aus dem 10.–11. Jahrhundert. Bei einem Brand 1370 wurden jedoch weite Teile der Kirche zerstört.

Vom Kirchplatz können Sie nun zur Burg hinauflaufen. Aus Urkunden und Dichtungen geht hervor, daß bereits um 1240 eine mächtige Burganlage existiert haben muß, die vermutlich um das Jahr 1161 von den Genuesern zu Verteidigungszwecken gebaut wurde. Bei genauerer Betrachtung entdeckt man dann die vielen Umbauarbeiten, die je nach Auftraggeber und Zweck unterschiedlich ausfielen. Zuletzt nahm sich Napoleon Bonaparte der Burg an und ließ sie in ein Gefängnis für politische Häftlinge umbauen. Der Aufstieg zur Burg ist beeindruckend. Kapernbüsche und Agaven säumen den ausgetretenen Weg. Legen Sie mehrere Verschnaufpausen ein, und genießen Sie dabei den grandiosen Blick auf das Meer und die umliegende Landschaft. Von weitem sieht die Burg wie ein einziger massiver Block aus, denn die fensterlosen Außenmauern verbergen geschickt die ausgeklügelte Anlage im Innern. Kurz bevor Sie den

Die Festungsanlage wurde im 17. Jahrhundert errichtet und unter Napoleon zu einem Gefängnis für politische Häftlinge umgebaut.

Eingang (17. Jahrhundert) erreichen, sehen Sie links, Richtung Meer, die Umrisse von zwei runden Türmen. Dabei handelt es sich vermutlich um die Überreste von zwei jahrhundertealten Windmühlen.
Der Weg zur Burg führt zunächst durch ein etwas dunkles Wachtor. Je weiter Sie hinaufsteigen, um so weiter gehen Sie auch in der Zeit zurück. Hinter dem Portal aus dem 16. Jahrhundert verbirgt sich schließlich das Herz der Anlage mit der Säulenhalle (die restauriert wurde und heute Gemäldeausstellungen dient) und der Casa del Castellano. Die Besichtigung der Anlage und ein Rundgang entlang der Befestigungsmauern ist sehr beeindruckend. Der Lärm der Stadt dringt nur noch leise herauf, das Panorama weitet sich bis zur Unendlichkeit, und für ein paar Augenblicke wird auch das frühere Treiben auf der Burg mit Soldaten und Kanonenschüssen lebendig.
Von der Burg führen Überreste der mittelalterlichen Stadtmauern bis zum Stadttor hinunter und vermitteln einmal mehr die Bedeutung der ursprünglichen Befestigungsanlage. Hinter den Bastionen der Festung beginnt

Durch die Fenster der Burg sieht man das Meer.

Die Wunder von San Venerio

Der Eremit San Venerio wurde höchstwahrscheinlich 560 auf der Insel Palmaria geboren. Seit 1961 ist er Schutzpatron der Leuchtturmwärter, sein Namenstag ist der 13. September.
Als junger Mann widmete sich Venerio dem Studium der Wissenschaften. Später trat er ins Kloster San Giovanni auf der Insel ein. Nach kurzer Zeit schon wurde er Abt, und seine Fähigkeiten sprachen sich schnell auf dem Festland herum. Das Kloster wurde Ziel von Pilgerfahrten. Der künftige Schutzpatron suchte diesem Trubel zu entfliehen und siedelte nach Korsika über, bevor er sich endgültig als Eremit auf der Insel Tino niederließ, wo er um 630 starb.
San Venerio werden viele Wunder zugeschrieben. Einmal soll er ein Meeresungeheuer in die Flucht geschlagen haben, das

zuvor die Matrosen im ganzen Mittelmeer in Angst und Schrecken versetzt hatte. Ein andermal bastelte er aus einfachen Mitteln ein Segel und rettete Schiffbrüchige vor dem Ertrinken. Und jeden Abend entzündete er die Leuchtfeuer, die die Seeleute vor Gefahren warnen sollten. Ihm zu Ehren wurde später auf Tino ein Kloster gebaut. Die Mönche verließen die Insel jedoch Anfang des 15. Jahrhunderts. Um 1440 schlug Papst Eugen IV. die Besitzungen den Olivetanermönchen zu, die sich nach Le Grazie zurückzogen und sich hauptsächlich mit Codices und Handschriften befaßten.
In ihrem Kloster Santa Maria beherbergten sie den Maler Nicolò Corso, der die Gebäude mit wunderschönen Fresken ausschmückte (sie wurden erst vor kurzem restauriert).

In der Altstadt von Portovenere werden auch kleinste Details liebevoll und sorgfältig gepflegt.

der Wanderweg Nummer 1, der in die Cinque Terre, nach Punta Mesco und Levanto führt und Möglichkeit zu vielen Abstechern zur Küste und zum Golf von La Spezia bietet.

Portovenere wieder zu verlassen fällt jedem Besucher schwer. Der Ort strahlt einen unfaßbaren Zauber aus – warum also nicht noch ein wenig verweilen, in ein Restaurant einkehren oder ein Täßchen Espresso am Hafen genießen?

Nach dem Ausflug zur Insel **Palmaria**, der wir eine eigene Seite gewidmet haben (Ausflug Seite 110) – die Insel **Tino** ist militärisches Sperrgebiet und nur an einem Tag des Jahres für die Öffentlichkeit zugänglich – fahren Sie mit dem Auto Richtung **Olivo**, einer Siedlung mit vielen Neubauten. Die Straße steigt langsam an und bietet immer wieder einen anderen Blick auf das Meer.

Unsere nächste Station ist **Le Grazie**. Der hübsche Gemeindeteil von Portovenere liegt in einer weiten und ruhigen Bucht zwischen Punta Varignano und Punta Pezzino und kann in wenigen Minuten besichtigt werden. Dank der geschützten Lage konnten sich in der Bucht von Le Grazie bedeutende Handwerkszweige entwickeln, deren Spezialwissen immer noch lebendig ist. Hier können Sie alte und fast verfallene Boote wieder instand setzen lassen. Vor allem in den Wintermonaten werden Sie hier viele Boote liegen sehen, die von den Fachleuten in Le Grazie überholt werden. Zu den Kunden gehören reiche arabische Fürsten und amerikanische Industrielle, die das fachliche Können der fest in der Tradition ihres Fischerdorfs verwurzelten Handwerker schätzen.

Im 15. Jahrhundert ließen sich hier Olivetanermönche nieder. Sie gehören zu den Benediktinern und stammten ursprünglich aus der Abtei Monte Oliveto Maggiore in der Toskana. Von 1485 bis 1490 beherbergten sie den Genueser Maler Nicolò Corso, der während dieser Zeit das Refektorium des Klosters mit Renaissancefresken ausschmückte. Die Fresken waren lange Zeit unter einer dicken Kruste aus Mörtelschutt verborgen und wurden erst 1902 wiederentdeckt. Mehrere Jahrzehnte später gelang es, die Fresken zu restaurieren, und seit 1986 kann man sie besichtigen. Sehen Sie sich dabei den gesamten Klosterkomplex an, zu dem auch eine Pfarrkirche aus dem 15. Jahrhundert gehört, die den stilistischen Übergang von der Gotik zur Renaissance wunderbar verdeutlicht.

In der Bucht von **Varignano**, die zu Le Grazie gehört, liegen die Überreste einer römischen Villa, die vermutlich bereits auf das 1. Jahrhundert v. Chr. zurückgeht. (Die Römersiedlung Luni, die bald die ganze Gegend beeinflussen sollte, wurde 177 v. Chr. gegründet.) Die geschützte Lage der Villa läßt darauf schließen, daß hier reger Personen- oder Warenverkehr herrschte. Das Anwesen muß nach den Ausgrabungen des Archäologischen Instituts von Genua gewaltige Ausmaße besessen haben und diente vermutlich den verschiedensten Zwecken. Ferner konnte man feststellen, daß die Anlage mehrmals umgebaut wurde, zuletzt im 6. Jahrhundert n. Chr. Von der ursprünglichen Konstruktion sind nur noch Reste eines Säulengangs und ein gefliester Fußbo-

den erhalten. Die zahlreichen Räume legen nahe, daß viele Menschen in der römischen Villa gelebt haben müssen: vielleicht eine Garnison mit Kommandeuren und Dienern oder aber ein Großgrundbesitzer mit seiner Familie und seinem Gesinde. Die Archäologen förderten bei ihren Ausgrabungen zudem Behälter für Getreide und Gerätschaften zum Auspressen der Oliven zutage. Die *cella olearia,* der Ölkeller, war immerhin 15 Meter lang. Hübsch und interessant zugleich sind die verschiedenen Fußböden, die oft als Mosaiken mit verschiedenen Mustern gestaltet sind. Sie können die Villa besichtigen, und wir empfehlen Ihnen außerdem den Besuch des Antiquariums, in dem viele Ausgrabungsgegenstände ausgestellt sind. Besonders wertvoll ist eine

Le Grazie ist ein entzückender Ortsteil von Portovenere und liegt in einer ruhigen Bucht. Die vielen hochspezialisierten Handwerker haben das Dorf zu einem Zentrum für die Instandsetzung und Überholung von Booten und Yachten aller Art gemacht.

Forscher und Wissenschaftler am Golf der Poeten

Neben großen Dichtern, Schriftstellern und Malern, die die Cinque Terre und den Golf der Poeten zu ihrer Bleibe auserkoren haben, hat die Gegend auch berühmte Forscher und Wissenschaftler hervorgebracht. Wir beschränken uns hier auf eine Auswahl von Namen, die vor allem für die Gegend von Bedeutung sind.

Lazzaro Spallanzani war Professor an der Universität in Pavia und Leiter des dortigen Museums für Naturgeschichte. Er lebte 1781 in Portovenere und begann dort mit seinen Studien zur Meeresbiologie. Nach der Veröffentlichung seiner »Storia naturale del mare« (Naturgeschichte des Meeres) kehrte er für einen längeren Aufenthalt nach Portovenere zurück. Die Inseln Palmaria und Tino suchte er neben den anderen Küstenorten am liebsten auf, um seine interdisziplinären Studien zu betreiben. Seine Beobachtungen sind festgehalten in »Viaggio al di là della Spezia terrestre« (Vor der Küste La Spezias), wo auch sein Bericht über den Einsiedlerkrebs Bernardo l'eremita und andere Geschichten veröffentlicht sind. Er regte in Portovenere die Errichtung des ersten Forschungsinstituts für die Geologie und Meeresbiologie des Mittelmeers an.

Lazzaro Spallanzani befaßte sich mit einem kuriosen Phänomen, das man sich bis heute nicht erklären kann, nach dem Bau des Militärarsenals von La Spezia aber kaum mehr auszumachen war: Vor der Küste befand sich mitten im Meer eine Süßwasserader, die einen so starken Strudel verursachte, daß Schwimmer nicht in ihre Nähe kommen konnten.

Ein weiterer berühmter Forscher war Giovanni Capellini. Sein Studium der Geologie an der Universität von Pisa finanzierte er sich als Buchbinder. Er reiste viel durch Italien und ins Ausland und lehrte sechzig Jahre lang an der Universität Bologna. Sein wissenschaftliches Werk umfaßt rund zweihundert Publikationen, sein Lebenslauf sieben Ehrenbürgerschaften, achtzehn Ritterorden und die Zugehörigkeit zu 57 Akademien. Er war ein überzeugter Verfechter der Darwinschen Evolutionstheorien, beschäftigte sich aber auch eingehend mit anderen Themen. Bedeutend sind seine Anmerkungen zur prähistorischen Grotta dei Colombi auf Palmaria. Er war außerdem ein gewiefter Organisator. Die wissenschaftliche Akademie von La Spezia trägt seinen Namen.

Guglielmo Marconi, der Erfinder der drahtlosen Telegraphie und Nobelpreisträger für Physik, arbeitete lange Jahre in La Spezia für die Marine. An die Silhouette seiner Jacht *Elektra* können sich die älteren Einwohner der Stadt noch erinnern. Einige Apparate, die von Marconi entwickelt wurden, sind im Museo Navale des Arsenals ausgestellt. Die Übertragungen – nach dem System, das ihm erlaubt hätte, die Lichter von Sydney einzuschalten – erfolgten zwischen der Festlandsbasis und dem Panzerkreuzer *San Martino,* der von Panigaglia nach Tino und Palmaria hinausfuhr.

Einer der belebtesten Plätze La Spezias ist nach Marconis Förderer Benedetto Brin benannt. Er war seinerzeit Marineminister und setzte Vertrauen in den jungen Erfinder aus Bologna.

78 Zentimeter hohe Marmorstatuette, die vermutlich Hygia, die Göttin der Gesundheit, darstellt. Daneben sehen Sie noch Schalen und Gefäße aus Ton, Münzen, Amphoren, Werkzeuge, Glas verschiedenster Herkunft, wodurch einmal mehr der rege Handel zwischen Gallien, Spanien und Varignano verdeutlicht wird. Es besteht eine große Ähnlichkeit zwischen den Fundstücken aus der Villa und Funden aus Luni, das als die Wiege der römischen Kultur in ganz Ligurien gilt. Die Ausgrabungsstätte ist täglich von 10 bis 15.30 Uhr geöffnet, am vorletzten Sonntag des Monats bleibt sie geschlossen. Der Eintritt ist frei.

Fahren Sie nun weiter Richtung La Spezia. Die Küste ist eine einzige Folge von kleinen Buchten, in denen die Ortschaften **Cadimare, Fezzano,** und **Marola** liegen. Wie der Hafen und das Arsenal von La Spezia sind auch sie geschützt durch den massiven Außendamm, an dem sich die Wellen brechen. Von der Straße, die dem Verlauf der Küste folgt, genießen Sie einen faszinierenden Blick auf die Landschaft, die sich von Minute zu Minute in immer wieder neuem Licht zeigt.

Wir erreichen mit Cadimare nun die letzten Ausläufer der Gemarkung Portovenere, denn die Weiler Fezzano und Marola liegen bereits im Einzugsbereich von La Spezia. In Cadimare gibt es einen Militärflughafen, Marola gehört zum *Arsenale della Marina* (weshalb nur Anwohner die Küstengewässer vor dem Ort kreuzen dürfen). Gleich hinter Marola führen kurvenreiche Straßen nach **Biassa** und **Campiglia** hinauf. Sie unterstehen zwar der Verwaltung von La Spezia, mit den Rebterrassen von **Tramonti** erstrecken sie sich aber bis in die Cinque Terre hinüber. Es lohnt sich, die Hauptstraße zu verlassen und nach Campiglia hinaufzufahren. Das mittelalterliche Dorf ist im Halbkreis angelegt und überblickt die Valle di Coregna. Auch Biassa lohnt einen Besuch. Die romanische Kirche ist hübsch, wurde aber mehrmals umgebaut und noch in den dreißiger Jahren erweitert. Beide Ortschaften sind etwa fünf Kilometer von der Küste entfernt.

Die Abzweigung nach Campiglia ist eng, die Straße durch den dichten Wald steil. Mit jedem Höhenmeter sieht das Meer anders aus, und man gewinnt beinah den Eindruck, in eine andere Welt hineinzufahren.

Oben: Der Wanderweg Nr. 1 in Campiglia.
Unten: Alte Windmühle im Wald von Campiglia.

Campiglia ist in der Tat die natürliche Wasserscheide zwischen den Cinque Terre und dem Golfo dei Poeti. Die Landschaft wirkt im Vergleich zu den Cinque Terre noch karger, ja fast unwirklich, wie sie so zwischen Himmel und Meer schwebt. Stellen Sie Ihr Auto in Campiglia (am Wanderweg Nr. 1 Portovenere–Levanto) oder in Biassa ab (die Straße nach Biassa ist ein klein wenig einfacher zu befahren), und beginnen Sie eine in jeder Hinsicht außergewöhnliche Wanderung.

Bei dem Namen Tramonti denken Sie sofort an die Steilfelsen, deren Färbung von Weiß langsam zu Rot und Schwarz übergeht und die im Kontrast mit dem gelben und grünen Macchiagestrüpp und dem Blau des Meeres phantastische Farbspiele entstehen läßt. Auf etwa fünf Kilometern, zwischen Punta Merlino und Punta Persico, fallen Kalk- und Sandsteinfelsen unglaublich steil zum Meer ab. Die ganze Gegend ist von Wegen und Pfaden durchzogen. Dabei handelt es sich um alte Wirtschafts- und Versorgungswege, auf denen die Bewohner von Campiglia und Biassa ihre Rebterrassen und Kellereien erreichen konnten. Die Wege führen etwa 500 Meter über dem Meer durch Wälder und Macchia, die dank des besonderen Mikroklimas besonders artenreich sind. Dann führen sie an den Hängen hinunter zu den Kellereien in den Dörfern **Fossola**, **Monesteroli** und **Schiara**, um nur die wichtigsten zu nennen, und münden in Treppenstufen, die fast senkrecht bis zum Meer hinunterreichen.

Die Ansicht von Schiara verdeutlicht die Einzigartigkeit dieser Landschaft.

Wenn Sie einen ganzen Tag Zeit haben, können Sie sich in aller Ruhe umsehen, immer wieder Rast machen (was auf den steilen Stufen auch nötig sein wird) und bis zu den kleinen Stränden hinuntersteigen. Viele tausend Stufen, die in den Berg gehauen wurden, führen dann wieder nach oben. Diese Wege sollen angeblich in erster Linie bergab benutzt worden sein. Man transportierte den Wein in den Hafen und verschickte ihn dann mit dem Schiff; den Transport schwerer Lasten nach oben versuchte man auf diese Weise zu umgehen. Aber auch ohne Traglasten werden Sie bei dem Aufstieg ganz schön ins Schwitzen kommen. Die Landschaft ist jedoch einmalig schön und das Klima so angenehm, daß sich die Mühe lohnt.

Nur wenig deutet in dieser Umgebung auf die Tätigkeit der Menschen hin. Hier und da sieht man ein paar Gebäude, die auf einem winzigen Fleckchen Erde errichtet wurden. Das sind die Kellereien von Fossola, Monesteroli und Schiara. Einziges Zugeständnis an moderne Zeiten sind die roten Ziegel, die den dunkelgrauen Schiefer abgelöst haben. Der Eingriff des Menschen in diese Landschaft war jedoch gewaltig. Den unglaublich steilen Hängen haben die Bewohner von Biassa und Campiglia jene Weingärten abgerungen, für die die Gegend heute so berühmt ist. Hier befinden wir uns in Tramonti, der römischen Region *trans montes* (jenseits der Berge), und damit jenseits der bekannten Welt. In der Tat gewähren die Berge einen schier unendlich weiten Blick auf das unbekannte Meer hinaus. Die Ingenieurleistung, die zur Gestaltung dieser Landschaft vonnöten war, ist wahrhaft beeindruckend. Die Stufen wiegen an die vier Zentner, wurden nur mit rudimentären Werkzeugen behauen und ohne Mörtel aneinandergefügt. Eine gewaltige Leistung, die viel über die Hartnäckigkeit der Bewohner von damals aussagt.

Die im Laufe von Jahrhunderten angelegten Rebterrassen, Pfade und Treppenstufen bestimmen das Landschaftsbild von Tramonti.

Treffend bemerkte ein Gelehrter aus La Spezia dazu: »Charakter, Sprache, Volkskunst und Arbeitsmethoden weisen die Bevölkerung von Biassa als die ursprünglichsten Einwohner der Gegend aus, da sie als einzige an der westlichen Riviera Zeugnisse einer Kultur bewahrt, die sich im Äneolithikum in Oberitalien verbreitet hat.«

Der Anblick der Landschaft ist einfach überwältigend, und unwillkürlich beginnt man über Gegenwart und Vergangenheit zu sinnieren. Der Schriftsteller Maurizio Maggiani hat die Gefühle, die sich angesichts dieser Heldentaten einstellen, glücklich formuliert: »Tramonti ist der Traum von einer gewaltigen Anstrengung. Und niemand, der hier in den letzten zehn Jahrhunderten gearbeitet hat, hat je erwogen, keinen Sohn oder Enkel zu entsenden, die Arbeit der Altvorderen weiterzuführen. Tramonti mit seinen einfachen Menschen, die an diese Felsen gekettet sind ohne konkrete Aussicht auf wirt-

Die Rebterrassen von Tramonti

Fossola, Monesteroli und Schiara sind neben Navone, Chioso und Persico die wichtigsten Ortschaften im Weinbaugebiet Tramonti. Hier haben die Reben, die vom Menschen eingeführt wurden, einen idealen Lebensraum gefunden. Doch bevor der Mensch die Reben anbauen konnte, mußte er unter größten Mühen und Anstrengungen den Steilhängen (mit Neigungen bis zu 70 Prozent!) das nötige Terrain abringen.

Wann sich die ersten Menschen hier ansiedelten, ist nicht ganz geklärt, und viele Theorien verlieren sich denn auch im Sagenhaften. Vor rund vierzig Jahren glaubte ein Historiker, den Ortsnamen Monesteroli vom Namen des griechischen Helden Menesteo, der auch im Trojanischen Krieg gekämpft hatte, ableiten zu können. Der bei seinen Soldaten sehr beliebte Heerführer soll das gesamte Mittelmeer bereist und in bis dahin unbekannten Küstengebieten zahlreiche neue Siedlungen gegründet haben. Während die Taten dieser epischen Gestalt wohl nie nachgeprüft werden können, darf man zumindest mit einiger Gewißheit annehmen, daß die Wallfahrtskirche von Montenero oberhalb von Riomaggiore von griechischen Christen, die im 8. Jahrhundert in die Cinque Terre kamen, gegründet wurde.

Ungeachtet ihres Ursprungs stellen die Rebterrassen von Tramonti eine herausragende Ingenieurleistung dar. Die Technik, mit der die Trockenmauern gebaut wurden, ist beeindruckend: Die Bauarbeiter seilten sich an den Steilhängen ab und schlugen mit Hammer und Meißel Quadersteine aus den Felswänden heraus. Damit wurden dann direkt auf den »Steinbrüchen« die Trockenmauern gebaut. Die Frauen des Dorfs füllten die Gräben mit Erde und Kies, wobei für einen Hektar Grund ungefähr viertausend Kubikmeter veranschlagt werden mußten. Aus denselben Quadern, die für die Trockenmauern verwendet wurden, errichtete man auch die *cantine*. Dabei handelte es sich um kleine Häuschen aus unverputzten Steinen, die während der Weinlese eine bescheidene Unterkunft boten.

An den Südwestterrassen errichtete man zusätzlich höhere Mauern oder pflanzte Hecken aus Erika und anderen Sträuchern, um die Weingärten vor den heftigen Südwestwinden zu schützen. Die Pergeln, an denen die Reben erzogen wurden, hielt man niedrig, um Unwetterschäden vorzubeugen und um die vom Boden aufsteigende Wärme voll auszunutzen.

Gepflügt wurde auf Knien. Auch heute noch sieht man bisweilen gebückte Gestalten in den Weingärten arbeiten. Doch im allgemeinen wurde mit den neuen Reberziehungsmethoden und dem Lastentransport die Pflege der Rebgärten wesentlich erleichtert. Die Steillage mancher Terrassen läßt jedoch auch heute noch keine moderne Technik zu. Auch die Schädlingsbekämpfung erfolgt meist noch nach alten Verfahren. Da die Bauern sich auf den steilen Terrassen kaum frei bewegen können, wird das Schädlingsbekämpfungsmittel in kleine Säckchen gefüllt; diese werden dann an einem langen Stab aufgehängt, von wo aus das Pulver dann verstreut wird. Not macht eben erfinderisch. Das Verfahren der Pergelerziehung wurde erst im vorigen Jahrhundert eingeführt. Früher ließ man die Rebstöcke völlig frei wachsen und sich in vielen knorrigen Windungen über den Rebgarten ausbreiten. Sobald sich die Trauben ausbildeten, wurden die Zweige mit Pfählen und Ästen gestützt, damit die Trauben frei herabhängen konnten.

1891 schrieb ein gewisser Luigi Beretta, Priester, Weinfachmann und vielseitig interessierter Forscher über den Weinbau in Tramonti: »Auf diesem Stück Erde befinden sich viele Steilfelsen, die so abschüssig sind, daß nicht einmal mehr die Ziegen darauf herumklettern. Und dennoch gedeihen hier zahlreiche Weingärten. Die Rebstöcke stehen wie Kapernbüsche in den Felszwischenräumen, in die sie ihre Wurzeln ausbreiten, und lassen ihre üppig wuchernden Äste und Trauben über die Felsvorsprünge baumeln. (...) Manche Stellen, an denen Weingärten angelegt sind, sind so steil, daß ein Besucher aus dem Flachland nur mit Schaudern hinauf-

steigen würde. (...) Manchmal passiert aber auch ein Unglück, und der fleißige Bauer sieht alles ins Meer hinabrutschen und in den Fluten versinken.«

Bereits vor mehr als hundert Jahren verdienten diese Winzer Anerkennung und Respekt. Denn nur mit unermeßlichen Mühen verteidigen sie Tag für Tag das Land, auf dem sie leben und arbeiten.

Gerade hier wird deutlich, daß Wein ein Stück Kultur im besten und ursprünglichsten Wortsinn ist.

schaftlichen Erfolg, hätte nie existieren können ohne den Keim der Hoffnung, ohne den Gedanken an eine bessere Zukunft. Und genau deswegen ist Tramonti eine Ohrfeige für die heutige Zeit, ein Mahnmal für diese Epoche, in der es keine Hoffnung mehr gibt.«

Wie lange mag es wohl gedauert haben, bis alle Stufen in den Stein gehauen waren? Was hat die Menschen zu dieser Unternehmung inspiriert? Auch heute noch bleibt die Antwort auf diese Fragen ein Geheimnis.

Um den Ferale, an dem bei Unwetter schon viele Schiffe zerschellten, ranken sich allerlei Seemannsgarn und Legenden.

Heute sehen sich die Bewohner allerdings vor die schwierige Aufgabe gestellt, diese einzigartige Landschaftsform zu erhalten und zu bewahren. Wenn Sie ans Meer hinuntergelangen, dann taucht vor Ihnen der gefährliche Ferale auf – ein Felsen, an dem bei Unwetter bereits viele Schiffe zerschellten. Es ist nun an der Zeit, wieder hinaufzusteigen, und auch auf dem Rückweg gibt es noch Interessantes zu entdecken. Mitten in einem Wäldchen bei Biassa, zwischen dem Golf von La Spezia und den Cinque Terre, markiert ein Menhir die Grenze zwischen Geschichte und Legende. *Der Menhir del Diavolo,* wie der Stein wegen der Stimmen, die der Wind hier zu erzeugen scheint, auch genannt wird, ist ein riesiger, pyramidenförmiger Felsblock, auf dem heute ein Eisenkreuz steckt. Markierte er einst das Ende der Welt? Vom Hügelkamm, der nicht mehr weit ist, kann man an klaren Tagen bis nach Korsika blicken. Die Insel gilt als mögliche Insel der Seligen und damit als unverzichtbare Etappe auf dem Weg in die Unsterblichkeit. Sicher ist zumindest, daß Sie an die Besichtigung des Menhirs einen Besuch des Museo Civico von La Spezia anschließen sollten, in dem eine reichhaltige Sammlung von Satuen, Stelen und Menhiren ausgestellt ist. Auf der Wanderung ist auch der Brunnen von Nozzano interessant. Er wurde Anfang des 19. Jahrhunderts von den napoleonischen Truppen angelegt, die den Golf von ihren Stellungen in den Bergen überwachten.

In Campiglia genießen Sie noch einmal die unvorstellbar schöne Aussicht in alle Richtungen. Im Osten erkennen Sie die oft verschneiten Gipfel der Apenninen in der Toskana und der Emilia, dann folgen die zerklüfteten Apuanischen Alpen mit den blendendweißen Marmorbrüchen und schließlich das Meer mit den Inseln vor Livorno und Portovenere, und vielleicht erblicken Sie sogar Korsika. Im Westen sehen Sie den weitgeschwungenen Bogen Liguriens, bei Nacht erkennen Sie die Lichter von Savona und manchmal sogar die unverkennbare Silhouette des Monviso. Wenn Sie noch ein paar Kraftreserven haben, können Sie den fünfzehn Stationen des Trimm-dich-Pfads mitten im Wald folgen.

Biassa liegt den Cinque Terre zugewandt zur Rechten, kurz vor dem gleichnamigen Tunnel, der erst vor wenigen Jahren gebaut wurde. Das Dorf wird von einem stolzen und kräftigen Menschenschlag bewohnt, von dem den meisten Historikern zufolge die Spezziner abstammen sollen. Eine erste Siedlung soll bereits um das 12. Jahrhundert entstanden sein, obwohl die ältesten gesicherten Belege nur auf das 13. Jahrhundert zurückgehen. In diesen Urkunden wird der Bau der Festung Coderone erwähnt, von der heute noch einige Überreste zu sehen sind. In der Nähe liegen die Ruinen der Kirche Santa Maria Maddalena, älteren Darums ist jedoch die Kirche San Martino, des Schutzheiligen von Biassa.

In wenigen Autominuten fahren Sie nun von der stillen, zeitlosen Welt von Tramonti hinein ins geschäftige und lebendige **La Spezia**.

Die Stadt ist ein blühendes Handels- und Wirtschaftszentrum, das seine Bedeutung nicht zuletzt dem Arsenal und seinen Werften verdankt. Seit über einem Jahrhundert sind die Geschicke der Stadt denn auch eng mit dem Arsenal verbunden. Die Kriegsschiffe, die im Hafen vor Anker liegen, dürfen uns aber nicht die lange Geschichte La Spezias vergessen lassen, in der die Stadt neben Genua und Pisa zu den wichtigsten Siedlungen an der norditalienischen Küste gehörte.

Während sich die Gelehrten früherer Zeiten eingehend mit Portovenere, Lerici, Sarzana, Arcola, Vezzano Ligure und Luni beschäftigten, hatten sie nur wenig für La Spezia übrig. Die Stadt fühlte sich immer schlecht behandelt, nicht nur von den Geschichtsschreibern. Um 1640 hatte ein Genueser Politiker sogar versucht, den Fluß Magra umzuleiten und den Golf von La Spezia aufzuschütten.

Dennoch gibt es in La Spezia zahlreiche Zeugnisse früherer Epochen. Im volkstümlichen Stadtteil Pegazzano stieß man beispielsweise auf ein Grab aus der Eisenzeit.

TIPS & INFOS
Ausführliche Informationen finden Sie auf Seite 133ff.

LA SPEZIA

Einwohner: 100 458
Höhe: 3 m ü. d. M.
Postleitzahl: 19100
Vorwahl: 0187

Informationen
APT
Viale Mazzini, 47
Tel. 77 03 12 u. 77 09 16
Fax 77 09 08

Ufficio di Informazione e di Accoglienza Turistica
Viale Mazzini, 47
Tel. 77 09 00

Ufficio del Turismo
Via Veneto, 2
Tel. 54 12 91 u. 54 12 73

MUSEEN

**Musei Civici
Ubaldo Formentini**
Via Curtatone, 9
Tel. 73 95 37
Öffnungszeiten:
8.30–13.15 Uhr,
14.30–19.15 Uhr,
montags geschlossen

Museo Tecnico Navale della Marina Militare
Arsenale Militare
Tel. 78 30 16 u. 77 07 50
Öffnungszeiten: 9–12 Uhr,
14–18 Uhr, montags und
freitags 14–18 Uhr, sonn-
und feiertags geschlossen

Museo Lia
Via del Prione, 234
Tel. 73 11 00

ÜBERNACHTEN

Hotel Corallo
Via Crispi, 32
Tel. u. Fax 73 13 66

Hotel Ghironi
Via Tino, 62
Tel. 50 41 41, Fax 52 47 24

Albergo Ristorante Schiffini
Ortsteil Marinasco
Via Montalbano, 69
Tel. u. Fax 70 10 98 und
71 39 04

ESSEN

All'incontro
Via Sapri, 10
Tel. 2 46 89
Sonntags geschlossen

Aütedo
Ortsteil Marola
Viale Fieschi
Tel. 73 60 61
Montags geschlossen

La luna
Ortsteil Campiglia
Piazza della Chiesa, 2
Tel. 75 80 51
Dienstags und mittags geschlossen,
jedoch nicht im Sommer

Ein schmackhaftes Durcheinander

Niemand ist sich so recht im klaren, wie das Wort für »Gemisch, Durcheinander« im Dialekt La Spezias eigentlich geschrieben wird. Ein Wörterbuch listet *mescciüa,* auf vielen Speisekarten steht *mes-ciua* zu lesen. Noch weniger klar ist den meisten Italienern, wie man es ausspricht. Probieren Sie es mit »mes-tschüa«. Man wird Sie in jedem Fall verstehen und Ihnen das Gewünschte servieren. Hier geht es schließlich friedlicher zu als bei der Sizilianischen Vesper, bei der die französischen Invasoren an der Aussprache bestimmter Wörter erkannt und entsprechend verprügelt wurden.
Die mes-ciua ist die Spezialität La Spezias schlechthin. Die herzhafte Suppe knüpft eng an die Tradition La Spezias als Hafenstadt an. Es handelte sich einst um ein Armeleutegericht, das aus den paar Zutaten, die gerade zur Hand waren, zusammengebastelt wurde: Kichererbsen, Weizen, Dinkel und kleine weiße Bohnen sind die Grundbestandteile. Mischungen aus verschiedenen Getreidesorten und Hülsenfrüchten waren bereits zur Römerzeit bekannt. Damals wurden allerdings keine weißen Bohnen verwendet, denn die gelangten erst nach der Entdeckung Amerikas nach Europa. Die einzige damals in Italien bekannte Bohnensorte war die sogenannte Augenbohne. Das Originalrezept der mes-ciua sah vermutlich auch einmal Puffbohnen vor; sie lassen die Brühe jedoch dunkel und unansehnlich aussehen, weshalb man sie heute nicht mehr verwendet.
Ein Durcheinander also. Die einzelnen Zutaten werden über Nacht eingeweicht und dann wegen der unterschiedlichen Garzeiten getrennt weichgekocht. Schließlich wird alles zusammengemischt und mit einem Schuß Olivenöl und etwas Kochwasser serviert. Die mes-ciua schmeckt immer. Im Winter wird sie heiß gegessen, im Sommer lauwarm.
Wer das Originalrezept als zu rustikal empfindet und die Suppe noch etwas verfeinern möchte, gibt noch ein feines Gemüsehack aus einer Knoblauchzehe, einer kleinen Möhre, einem Selleriestengel und einem Büschel Petersilie dazu.
In beiden Fällen handelt es sich um eine Köstlichkeit. Probieren Sie die verschiedenen Spielarten hier in den Trattorien der Gegend ruhig einmal durch!

La Spezia, von der Straße aus Portovenere her gesehen.

Im Jahre 640 zog mit ziemlicher Gewißheit der Langobardenkönig Rothari durch diese Gegend, nachdem er die Menschen in den Cinque Terre und in Portovenere in Angst und Schrecken versetzt hatte. Im 11. Jahrhundert entstanden mit den Festungen von Carpena und Vesigna die ersten Verteidigungsanlagen, doch erst im 13. Jahrhundert konnte man von der Hafenstadt La Spezia sprechen. Genua erlebte damals gerade seine Blütezeit, denn die Seerepublik hatte Pisa in der Schlacht von Meloria 1284 besiegt. Im Anschluß daran wurde die Burg San Giorgio errichtet. Die Anlage wurde zwar im 17. Jahrhundert umgebaut, doch nach wie vor beherrscht sie die Stadt. 1371 ließ der Doge Domenico Campofregoso La Spezia mit einer Stadtmauer umgürten. Im Schutz der Mauern konnte sich nun eine rege Handelstätigkeit entfalten. Beliefert wurde hauptsächlich das Hinterland, wichtigstes Handelsgut war das Salz.

Später wurden neue Verteidigungsmauern errichtet, doch die Angriffe der napoleonischen Truppen konnten auch sie nicht abwehren. Der aus dem Nachbarort Sarzana gebürtige Franzosenkaiser wußte die strategische Lage La Spezias zu schätzen. Die französischen Militärtechniker suchten nach neuen städtebaulichen Lösungen und erklärten 1801 mit einer Sonderverordnung den Golf von La Spezia zu einem Gebiet von höchster militärischer Bedeutung. 1812 wurde die Straße nach Portovenere fertiggestellt. Der Wiener Kongreß schlug

La pettegola *
Via del Popolo, 39
Tel. 51 40 41
Sonntags geschlossen

Osteria Paradiso
Monte Parodi
Ortsteil Paradiso, 95
Tel. 75 80 44
Dienstags geschlossen

Parodi *
Via Amendola, 210
Tel. 71 57 77
Sonntags geschlossen

Sandalion
Corso Nazionale, 350
Tel. 52 08 47
Montags geschlossen

Toracca Country Club
Orsteil la Foce
Via Carpena, 7
Tel. 70 02 32
Mittwochs geschlossen,
im Sommer kein Ruhetag

Trattoria toscana Da Dino
Via Da Passano, 17
Tel. 73 54 35 u. 73 61 57
Fax 73 61 57
Sonntagabends und montags
geschlossen

EIS

La conca d'oro
Via Veneto, 183
Tel. 50 10 30

Gelateria La Fiorentina
Via Manzoni, 27
Tel. 3 42 13

Ligurien dem Königreich Sardinien zu und besiegelte das Schicksal der Stadt. Denn der Marine-, Industrie- und Landwirtschaftsminister des Hauses Savoyen, Graf Camillo Benso di Cavour, ließ Genua zum großen Handelshafen ausbauen, während La Spezia Sitz der königlichen Flotte werden sollte.

Cavour beauftragte General Domenico Chiodo mit der Planung und dem Bau des Arsenals. Der hochdekorierte Offizier hatte sich bereits mit anderen Bauprojekten einen Namen gemacht, doch das Arsenal besaß nie dagewesene Maßstäbe: auf den über 22 Hektar Baufläche waren Tausende von Arbeitern aus ganz Oberitalien beschäftigt. Das Arsenal ist nach wie vor eine Meisterleistung militärischer Baukunst, von der Sie sich bei einem Besuch des Museo Tecnico Navale selbst überzeugen können. Das Arsenal selbst ist jedes Jahr am 19. März, dem Namenstag des Stadtpatrons San Giuseppe, für die Öffentlichkeit zugänglich.

Domenico Chiodo ist der Platz vor dem Haupteingang des Arsenals (auf dem Platz ist außerdem sein Standbild zu bewundern) und eine Straße im Zentrum gewidmet,

die von der Piazza Chiodo zur Piazza Verdi führt. Auch heute noch werden in den Docks des Arsenals die Schiffe der italienischen Marine überholt und ausgebessert. Tausende von Jugendlichen versehen hier ihren Wehrdienst, und abends strömen sie dann in die Stadt und suchen bei einem Eis oder einer Pizza oder im Kino Zerstreuung. Die gesamte Wirtschaft La Spezias ist also eng an die Marine geknüpft. Obwohl die Marine stark zum Wachstum der Stadt beigetragen hat, haben die Werften doch zugleich auch die Badeorte, die sich früher

Ein Museum für das Meer

Neben dem Haupteingang des Arsenale Militare in La Spezia liegt am Viale Amendola, vor der Piazza Chiodo, das Museo Tecnico Navale della Marina (Schiffahrt- und Marinemuseum). Das Museum lohnt einen Besuch, weil es in seiner Art wirklich einzigartig ist und darüber hinaus eine reichhaltige Ausstellung zu den verschiedensten Themenbereichen der Schiffahrt zeigt. Die Ausstellungsfläche erstreckt sich über zwei Stockwerke und umfaßt insgesamt etwa 1300 Quadratmeter. Sehen Sie sich beispielsweise die Gerätschaften an, mit denen Guglielmo Marconi am 17. und 18. Juli 1897 hier vom Arsenal aus den Schlepper *Nr. 8* und später den Panzerkreuzer *San Martino* anfunkte. Kurios ist vielleicht auch das Maschinengewehr, das italienische Matrosen während des chinesischen Boxeraufstands von 1900 erbeuten konnten. Viele andere Exponate erläutern die militärische Vergangenheit Italiens sowie wichtige Begebenheiten aus dem Ersten und Zweiten Weltkrieg.

Im Obergeschoß sind die Uniformen berühmter italienischer Militärs und Kämpfer zu sehen. Wer sich weniger für Militärgeschichte und eher für Schiffe interessiert, findet eine umfangreiche Ausstellung von Schiffsmodellen aus allen Epochen sowie Anker (Originale und getreue Nachbildungen). Daneben sind leichte und schwere Feuerwaffen zu sehen (eine Arkebuse von 1691 und Kanonen aus jüngerer Zeit, z. B. ein englisches Exemplar, das 1815 auf den Hügeln hinter La Spezia eingesetzt wurde). Es geht weiter mit Navigationsinstrumenten, Medaillen, Land- und Seekarten, Büchern, Fotografien und weiteren Gegenständen, die die enge Beziehung zwischen der Marine und La Spezia verdeutlichen.

Hübsch anzusehen sind außerdem die zahlreichen Galionsfiguren aus Holz oder Bronze, auf deren Fertigung sich ein ganzer Handwerkszweig spezialisiert hatte und die manchmal sogar regelrechte Kunstwerke darstellen. Die Figuren wurden zur Abwehr von allem möglichen Unheil am Bug der Schiffe angebracht. Sie trugen menschliche Züge oder waren in der Form eines Tieres, das Stolz oder Stärke symbolisierte, gehalten. Die berühmteste Galionsfigur – im Rahmen der hochinteressanten ständigen Ausstellung zu sehen – ist die Atalanta, die 1866 aus dem Atlantik geborgen wurde. Bis 1879 zierte sie den Bug des Kriegsschiffs *La Veloce* und lag danach lange Zeit vergessen in den Magazinen des Arsenals. Doch um die Atalanta ranken sich dieselben Geschichten wie um die legendäre Circe, die bereits Odysseus und seine Gefolgsleute in ihren Bann gezogen haben soll. Ein Arbeiter soll sich bis zur Verzweiflung in den Anblick der halbnackten Frauenfigur verliebt haben. Während der deutschen Besatzung im Zweiten Weltkrieg ereilte einen Offizier dasselbe tragische Los. Er soll Atalanta sogar sein Leben geopfert haben.

Die heutige Gestalt des Museums geht auf das Jahr 1958 zurück, doch die Ursprünge sind sehr viel älter. Bereits 1570 ließ Emanuele Filiberto, Herzog von Savoyen, in Villefranche ein derartiges Museum anlegen. Aufgrund vieler Fährnisse gelangten die Bestände nach Toulon, später nach Cagliari und Genua und 1870 schließlich nach La Spezia, wo das von Cavour gewollte Arsenal gerade fertiggestellt worden war. Das Museum wird – was in Italien nicht immer selbstverständlich ist – sorgfältig gepflegt und zieht jedes Jahr viele tausend Besucher an.

Öffnungszeiten: Dienstag, Mittwoch und Donnerstag 9–12 und 14–18 Uhr; Montag und Freitag 14–18 Uhr.

am Ostufer des Golfs befanden, zerstört. So ist mittlerweile eine etwas widersprüchliche Situation entstanden. Von La Spezia legen die Fähren nach Sardinien und Korsika ab, so daß man auch in der Stadt einen regen Tourismus vermuten möchte. Da es jedoch keine Badestrände mehr gibt, fahren die Urlauber gleich weiter, ohne sich umzusehen. Überdies machen der erstickende Verkehr und die nervenaufreibende Parkplatzsuche La Spezia für Besucher nicht gerade attraktiv. Die Stadt hat also mit vielen Problemen zu kämpfen, die man auch von anderen Großstädten kennt. Doch viele Mängel sind auf politische Fehlentscheidungen und kurzsichtige Unternehmer zurückzuführen, die nichts in die Erschließung der einmalig schönen Landschaft investieren wollten.

Das Schiffahrt- und Marinemuseum von La Spezia zeigt interessante Ausstellungen.

Charles-Louis de Montesquieu schrieb 1728 während seiner Reise nach Italien: »… der Hafen von La Spezia, ja der gesamte Golf ist eine der schönsten Gegenden in ganz Italien. (…) Richtung Westen gibt es kleine Häfen, wo die Schiffe absolut geschützt sind und die größeren Schiffe wie in einem Zimmer liegen. (…) Wenn man beispielsweise von Portovenere hinuntersegelt, kommt man an einen Golf namens La Castagna; dann sieht man eine Landzunge mit einem Fort, dann den wunderbaren Hafen von Varignano, danach die Punta del Lazzaretto, den Golf von Ria, die Punta del Pezzino, den Golf von Panigaglia und schließlich La Spezia …« Nicht alles ist so geblieben, wie es die Reisenden aus Frankreich, England und Deutschland im 18. und 19. Jahrhundert beschrieben haben. Von oben betrachtet, bieten La Spezia und sein Golf jedoch immer noch ein unvergleichliches Schauspiel. Die Menschen haben sich mittlerweile an die Kriegsschiffe gewöhnt, und wenn das riesige Schulschiff *Amerigo Vespucci* anlegt, herrscht in der ganzen Stadt eine fröhliche Stimmung.

Vergnügungen gibt es in La Spezia eigentlich wenig, aber in der Via Vittorio Veneto, in der Via Chiodo, am Corso Cavour und in der Via del Prione, in der nachmittags die jungen Leute zusammenkommen, locken zahlreiche Geschäfte aller Art. Die Via del Prione ist eine elegante Straße. Sie verbindet das Meer mit der Straße nach Genua. Hier stand einst eine Art Rednerbühne, von der Beamte die Bekanntmachungen der Stadt vortrugen, und auch heute noch schlägt hier das Herz La Spezias.

Die Kreuzung zur Via Magenta (die zur Piazza Beverini führt) und zur Via Giovanni Sforza (auf ihr gelangt man zur Piazzetta Sant'Agostino) wird im Volksmund »i quattro canti« (die vier Gesänge) genannt. In einem der Häuser hatte Richard Wagner 1853 angeblich die Inspiration zum Vorspiel des »Rheingolds«. Wagner logierte in der »Locanda l'Universo«, wo etwa zwanzig Jahre zuvor bereits Alessandro Manzoni verweilt hatte.

Zu gewissen Tageszeiten kann die Überquerung dieser Kreuzung zu einem regelrechten Abenteuer werden. Verantwortlich für das Chaos ist das winzige Schlaraffenland in der Via Magenta. La Pia ist eine echte Institution, fast schon ein Wahrzeichen La Spezias. In der Kneipe und Bäckerei bekommt man Farinata, salzige Focaccia und eine absolut erstklassige Pizza. Natürlich ist es fast unmöglich, an einem der Tische einen Platz zu ergattern. Lassen Sie sich Ihre Farinata also lieber gleich in Packpapier einwickeln, und spazieren Sie zur Kirche Santa Maria Assunta, deren schöne hell-dunkel gestreifte Fassade sich an der Piazza Beverini erhebt.

Von La Spezia bestehen Fährverbindungen nach Sardinien und Korsika, der Großteil der Hafenanlagen wird jedoch von der Marine und von Handelsschiffen genutzt.

Die Farinata

Neben der mes-ciua gilt die Farinata als die wichtigste kulinarische Spezialität La Spezias und der ligurischen Riviera. Es handelt sich dabei um eine echte Institution, an der man einfach nicht vorbeikommt. Einheimische und Besucher frönen dem nachmittäglichen Ritual, durch die Innenstadt von La Spezia zu spazieren und dabei eine dampfende und köstlich duftende Farinata zu verspeisen.

Die Farinata geht vermutlich auf arabische oder römische Ursprünge zurück, da es sich um einen Brei aus Kichererbsenmehl, Wasser und feinem Olivenöl handelt. Die Farinata sieht schließlich auch so ähnlich aus wie eine kleine Polenta (die *pultes* der Römer), die in ähnlicher Form im gesamten Mittelmeerraum bekannt ist. Die Herstellung und der Handel mit Farinata in der Stadt wurde im 15. Jahrhundert durch Statuten geregelt, und im 18. Jahrhundert ließ sich jemand gar zu einer Ode an die Farinata hinreißen.

Heute gilt die Farinata in La Spezia und Umgebung, wo sie auch *calda calda* (Massa und Carrara) oder *cecina* (Pisa) heißt, als herzhafter Leckerbissen, den man bei jeder Gelegenheit verzehren kann. Sie schmeckt köstlich pur, heiß und frisch aus dem Packpapier. Aber auch als Füllung einer salzigen Focaccia gibt sie einen ebenso nahrhaften wie schmackhaften Imbiß ab. Wenn Sie in einem der Lokale, die sie verkaufen, einen Platz ergattern (im Bild das »La Pia« in La Spezia), bestellen Sie sich einen guten Wein oder ein erfrischendes Bier dazu.

Farinata wird aus Kichererbsenmehl, Wasser und Öl sowie einer Prise Salz und nach Belieben etwas Pfeffer gerührt. Ein einfaches Grundrezept: 500 g Kichererbsenmehl in zwei Liter Wasser unter ständigem Rühren aufkochen, den Schaum abschöpfen und etwas Öl hinzugießen. Ruhen lassen und noch einmal umrühren. Das Geheimnis einer guten Farinata liegt jedoch im Holzofen. Der Brei wird einige Millimeter dick auf große runde Bleche gestrichen und im Holzofen gebacken. Durch die große Hitze verdampft das im Brei enthaltene Wasser sofort, und Öl und Mehl verschmelzen zu einem köstlichen Fladen. Die Farinata ist fertig, wenn die Oberfläche goldbraun aussieht. Der Duft des heißen Öls, der danach durch die Luft zieht, ist ein untrügliches Zeichen für die Qualität des Endprodukts. Da herkömmliche Haushaltsherde die notwendige Hitze nicht erzeugen können, sollten Sie Ihre Farinata nur bei einem Besuch in Ligurien genießen. Es lohnt sich dabei, die langen Warteschlangen vor den alteingesessenen Bäckereien in Kauf zu nehmen. Das Warten wird durch die heitere Atmosphäre ohnehin recht kurzweilig ausfallen. Der französische Dichter Paul Valéry hat nach seiner Reise durch Ligurien im Jahre 1910 dazu geschrieben: »… gewaltige goldene Torten, Farinata aus Kichererbsen … Empfindungen wie aus arabischen Erzählungen. Konzentrierte Gerüchte, eisige Gerüche, Gewürze, Käse, gerösteter Kaffee, köstlicher und fein gerösteter Kakao … Diese Küche hat Tradition.«

Mit dem Bau der Kirche wurde 1434 begonnen, und noch heute heißt sie bei den Einheimischen Il Duomo, obwohl diese Funktion heute von der neuen Christkönigskirche ausgeübt wird. Santa Maria Assunta wurde mehrmals umgebaut, und im Zweiten Weltkrieg wurde der Bau bis auf die Apsis und das Presbyterium Opfer eines Bombenangriffs. Im Innern sind einige Kunstwerke zu bewundern, darunter ein Holzkreuz aus dem 14. Jahrhundert, der Schwarze Christus, dem Wundertaten zugeschrieben werden (in der Gebetskirche), das Grabmonument für Baldassarre Biassa (ein Adeliger aus dem 15. Jahrhundert aus dem mächtigen Geschlecht der Biassa) und seine Frau Francesca Malaspina, außerdem wertvolle Gemälde und Statuen. Eine besondere Erwähnung verdient die Altartafel aus buntglasierter Terrakotta von Andrea della Robbia, auf der die Krönung Mariens dargestellt ist. Die Szene ist mit Früchten und dekorativen Mustern umkränzt. Die Tafel befand sich zusammen mit anderen Kunstwerken in San Vito in Marola, wo heute das Arsenal liegt. Die Franzosen schafften die Kunstwerke 1813 in den Louvre, und erst nach langwierigen Verhandlungen konnte das wertvolle Bild 1903 der Stadt zurückgegeben werden. Baldassarre Biassa war seinerzeit der bedeutendste Bürger seiner Stadt. In seinem Palast (heute Sitz einer Bank) nahe der Marienkirche machte Katharina von Medici 1533 Station, als sie von Florenz nach Frankreich zog, um Heinrich von Orléans zu ehelichen.

Bummeln Sie nun den Corso Cavour entlang zur geschäftigen Piazza mit den Markthallen (nur vormittags geöffnet), und sehen Sie sich dann das Museo Civico Ubaldo Formentini an (Eingang Via Curtatone, 9). Das Stadtmuseum wurde 1873 errichtet, um einen passenden Rahmen für die vielen archäologischen Funde in der Stadt zu schaffen. Heute besitzt das Museum beachtliche Bestände, wozu beispielsweise die Fossilien von einem amphibischen Flußpferd, einem Furchenwal, einem Höhlenbär und einem etruskischen Nashorn gehören. Der Archäologe Giovanni Capellini, der maßgeblich zum Bau des Museums beitrug, erforschte unter ande-

Fiorella Stoppa stellt Limoncino und andere Kräuter- und Obstliköre her.

EINKAUFEN

Farinata, Focaccia, Pizza
La Pia
Via Magenta, 12

Brot, Gebäck
Gianfranco Casalini
Via Genova
La Chiappa

Panificio Condotti
Via Roma, 38

Panificio Rizzoli
Via Fiume, 108

Pasticceria Fiorini
Piazza Verdi, 25

Kunsthandwerk
Le cose nostre
Via Sapri, 62
Tel. 77 04 70

Wein
Arrigoni Vini Liguri
Via Sarzana, 224
Tel. 50 40 60

Im Museo Civico von La Spezia und im Museum der Burg Piagnaro in Pontremoli sind die berühmten Menhire und Stelen aus der Lunigiana zu sehen.

rem die Caverna dei Colombi, die sogeannte Taubengrotte auf der Insel Palmaria. Dort entdeckte er äußerst wertvolle Zeugnisse frühester Siedlungen. Beim Bau der Werften und des Arsenals traten zudem zahlreiche historisch wertvolle Gegenstände zutage. Ferner wurden viele Fundstücke von den Ausgrabungen in Luni, die von der Familie Fabricotti aus Carrara finanziert wurden, an das Museum gegeben. Am interessantesten dürften jedoch die geheimnisvollen Statuetten und Stelen, Sandsteinskulpturen aus der Bronze- und Eisenzeit sein, die an verschiedenen Orten der Lunigiana entdeckt wurden. Sie sind Zeugnisse einer vorrömischen Kultur, die sich zwischen Pontremoli und der Küste entwickelt hatte. In der Burg Piagnaro in Pontremoli sind weitere Exemplare dieser anthropomorphen Figuren zu sehen. Auch nach jahrhundertelanger Erosion sind in den bearbeiteten Sandsteinblöcken noch männliche und weibliche Züge zu erkennen.

Das Museum ist außerdem für seine heimatkundliche Sammlung bekannt. Der Autodidakt Giovanni Podenzana hatte bereits 1911 ohne jegliche Unterstützung von außen das Archiv für die Volkskunde und Psychologie

der Lunigiana gegründet. Dabei handelte es sich um eine Fachzeitschrift, in der Artikel und Aufsätze zur Heimatkunde veröffentlicht wurden. Seine Sammlung vermachte er schließlich dem Museum.

Verlassen Sie nun die Villa Crozza, in der das Museum und die reichhaltige Bibliothek untergebracht sind, und bummeln Sie ein wenig durch die Stadt. Echte Spezziner Atmosphäre schnuppern Sie an der Piazza Brin, die vom Corso Cavour, der Kirche Nostra Signora della Salute von 1887 (mit einigen interessanten Fresken und Gemälden) und einem hübschen Brunnen gesäumt ist. Die Arkaden sind typisch für das Stadtbild von La Spezia.

Sie können nun Ihren Rundgang ganz nach Belieben fortsetzen. Am meerseitigen Eingang der Via Prione steht das Teatro Civico aus den dreißiger Jahren, in dem Veranstaltungen aller Art, vor allem aber renommierte Jazzkonzerte stattfinden. La Spezia besitzt eine recht lebendige Jazzszene, und alle bedeutenden Musiker haben hier bereits gastiert. Im Golfo dei Poeti sind außerdem bekannte Regisseure, Schauspieler und, natürlich, Literaten zu Hause.

Von der Via del Prione sind es nur wenige Schritte bis zur kleinen mittelalterlichen Piazza Sant'Agostino und zur Piazzetta San Giovanni mit der gleichnamigen Kirche aus dem 17. Jahrhundert. Nicht weit davon, in der Via XX Settembre, hat die Accademia Lunigianense di Scienze Giovanni Capellini ihren Sitz; in derselben Straße liegt auch die wunderschöne Jugendstilvilla Marmori, in der das Konservatorium untergebracht ist.

FÄHRVERBINDUNGEN

Corsica-Elba-Sardinia Ferries
Piazzale Fiorillo/Molo Italia
Tel. 77 80 97, Fax 73 60 02

Navarma-Moby Lines
Via Tolone, 14
Tel. 2 18 44 u. 2 18 55

Navigazione Golfo dei Poeti
Via Mazzini, 21
Tel. 73 29 87, Fax 73 03 36

Bianchetti

Bianchetti, die Jungfische von Sardellen und Sardinen, gelten in La Spezia als außerordentliche Delikatesse. Die Fischlein werden je nach Witterung in den Monaten Januar und Februar gefangen (die Fangquoten sind jedoch strengstens geregelt). Früher wurden sie gleich roh mit etwas Zitronensaft verspeist: zwei oder drei Eßlöffel voll als Antipasto und ein Glas gut gekühlter Cinque Terre Bianco dazu. Wer die Bianchetti roh konsumieren will, muß auf wirklich absolut fangfrische Ware achten (was heute wegen der komplizierten Vertriebswege nicht mehr so einfach ist), denn die Gallerte, die die Fische zusammenhält, verdirbt sehr schnell.

Heute ißt man die Fischlein, die im ligurischen Dialekt auch *gianchetti* heißen, meist gekocht (sie werden kurz in sprudelndes Wasser getaucht) mit ein paar Tropfen Zitronensaft und einem Schuß feinsten ligurischen Olivenöls. Nach Geschmack gibt man noch etwas Knoblauch und feingehackte Petersilie darunter.

Sehr beliebt ist in der Gegend auch die Zubereitung von Frittelle, bei der die Fische in Backteig getaucht und ausgebacken werden. Hier ein schnelles Grundrezept: 500 g Bianchetti, 2 Eßlöffel Mehl, 1 Ei, etwas frischer Majoran (nach Wunsch auch Petersilie, Thymian und Knoblauch). Alle Zutaten vermengen und dann eßlöffelweise in heißem Öl ausbacken. Nie zuviel Teig in das Öl geben, denn sonst sinkt die Öltemperatur ab, und die Küchlein werden nicht knusprig, sondern lasch und klebrig.

Auf den Fischmärkten Liguriens werden auch die sogenannten *rossetti* angeboten, die oft mit den klassischen Bianchetti verwechselt werden. In der Tat werden sie genauso zubereitet und schmecken ebenfalls sehr fein.

Die erwachsenen Fische unterscheiden sich jedoch ganz erheblich: während die Rossetti gerade einmal fünf bis sechs Zentimeter Länge erreichen, entwickeln sich die Bianchetti zu den größeren Sardellen und Sardinen.

Von der Via XX Settembre erreichen Sie in wenigen Minuten die Burg San Giorgio. Sie thront auf dem Colle del Poggio, von wo aus Sie eine wunderbare Aussicht über den Golf von La Spezia genießen. Die Lage der Burg verrät bereits viel über ihre Funktion als Sichtungs- und Verteidigungsbollwerk. Die Anlage wurde um 1260 auf Geheiß von Niccolò Fieschi vermutlich auf den Mauern einer bereits bestehenden Festung errichtet und später immer wieder umgebaut. Hier begannen auch die Stadtmauern, die im 14. Jahrhundert hochgezogen wurden. Sie umgaben die gesamte Stadt, hatten fünf Wachtürme und vier Stadttore. Die Festung, die über die Via XXVII Marzo zu erreichen ist, wird derzeit restauriert und soll später für Ausstellungen genutzt werden.

Wieder auf der Via XX Settembre, gelangen Sie zur Piazza Verdi. Das Hauptpostamt ist geschmückt mit Mosaiken von zwei bedeutenden Vertretern des italienischen Futurismus, der hier in der Gegend besonders viele Anhänger hatte. Die Arbeiten von Enrico Prampolini und Fillia (alias Luigi Colombo) sind allerdings nicht öffentlich zugänglich. Wenden Sie sich deshalb an das diensthabende Personal, wenn Sie sie sehen möchten.

Wenigstens einmal sollte man in La Spezia frischen Fisch und Meeresfrüchte aus dem Golf essen oder kaufen. Eine schier unermeßliche Auswahl findet man frühmorgens in den Markthallen.

Sie erreichen nun den Palazzo del Governo und die weitläufige Piazza Europa, die vom Palazzo del Comune (Rathaus, 1928), von der Handelskammer und von der modernen Cattedrale di Cristo Re gesäumt wird. Die Christkönigskathedrale wurde Anfang der siebziger Jahre fertiggestellt und ist seither Gegenstand heftiger Diskussionen. Die einen finden sie interessant, während die anderen in ihr wieder einmal ein Beispiel für den schlechten städteplanerischen Geschmack der letzten Jahrzehnte sehen.

Sehr interessant ist in jedem Fall die alte Pfarrkirche San Venerio, die etwas außerhalb der Stadt Richtung Felettino liegt. Sie wurde um das Jahr 1000 erbaut, ihre romanische Struktur ist zum Großteil noch original erhalten.

Von der Seepromenade – die von Palmen gesäumte Passeggiata Morin gehört zu den elegantesten in ganz Ligurien – entdeckt man die schönen Fassaden der Häuser aus dem 19. Jahrhundert jenseits des Viale Italia und gepflegte Gärten. In einem dieser Palazzi war einst ein vornehmes Hotel untergebracht, in dem die Fürsten und Könige des Hauses Savoyen abstiegen, um sich im milden Mittelmeerklima von den anstrengenden Regierungsgeschäften zu erholen. Heute hat hier das Fremdenverkehrsbüro seinen Sitz. Zwischen Turin, dem Regierungssitz der Savoyer, und La Spezia herrschte im vorigen Jahrhundert ohnehin ein ganz besonderes Einvernehmen. Der piemontesische Premierminister verbrachte hier seine Ferien, und Cavour schloß ein kurioses Bündnis mit der Marchesa Virginia Oldoini aus La Spezia. Sie galt als ausnehmend schöne Frau und wurde deshalb von dem piemontesischen Staatsmann nach Paris entsandt, um die Franzosen für die italienische Sache zu gewinnen.

Die Muscheln aus dem Golf können zu verschiedenen Köstlichkeiten verarbeitet werden und sind auf der Speisekarte vieler Restaurants zu finden.

Doch nun ist es an der Zeit, sich ein wenig in der Gastronomie umzutun. Sie können La Spezia nicht verlassen, ohne einmal den Fisch und die Muscheln aus dem Golf probiert zu haben. Wenn Sie miterleben möchten, wie die Einheimischen den fangfrischen Fisch kaufen, dann sollten Sie in den frühen Morgenstunden die Markthallen (Piazza del Mercato Coperto) besuchen. Das Angebot ist schier unermeßlich: Seezungen, Sardinen, Sardellen aus Monterosso, Brassen, Rochen, Drachenköpfe, Seeaale, Barben sowie Miesmuscheln aus Portovenere (Meerdatteln dürfen seit einigen Jahren nicht mehr gefangen werden).

Wenn Sie unter der Sommerhitze schmachten, dann genehmigen Sie sich am besten ein Eis in den zahlreichen Gelaterie der Via Manzoni. Empfehlenswert sind »La Fiorentina« und »Riccardo«. Wenn es Sie nach handfesterer Kost gelüstet, kehren Sie am besten in eine der traditionsreichen Osterie der Via Genova ein (die Salita della Foce mündet direkt in die Via Genova). Dort serviert man Ihnen die typische mes-ciua, einen deftigen Eintopf aus verschiedenen Hülsenfrüchten und Getrei-

Von riesigen Polypen und verbotenen Datteln

Mehrmals hielt sich D. H. Lawrence am Golf von La Spezia auf. In einem Brief an einen Freund schrieb er: »Die Kirche liegt direkt am Wasser. Eine Legende erzählt, daß eines Nachts die Glocke der Kirche plötzlich zu läuten begann. Die Dorfbewohner wachten erschreckt auf, fürchteten sie doch einen Überfall der Piraten auf das alte Fischerdorf. Glücklicherweise entdeckte man schon bald, daß der Urheber dieses Höllenlärms ein großer Polyp war. Er hatte sich einen Spaß daraus gemacht, mit seinen Fangarmen an den Glockenseilen zu ziehen, während er gemütlich auf den Felsen unterhalb der Kirche lag.«

Die Legende von Tellaro, die Lawrence so trefflich schildert, unterstreicht nur einmal mehr die Bedeutung des achtarmigen *Octopus vulgaris* für die Gastronomie Lericis und La Spezias. Im Dezember 1913 schreibt Lawrence beispielsweise: »Im oberen Zimmer, wo man speiste, saßen fünfundzwanzig Personen versammelt. Für diesen Anlaß hatte man neun Hühner geschlachtet, und gleich danach wurden Oktopusse serviert, und zwar jene großen mit Fangarmen von rund einem halben Meter.«

Oktopusse von großen Ausmaßen sind besonders geschätzt. Sie sind so zart wie ihre kleinen Artgenossen und geben darüber hinaus mit ihren langen Tentakeln ein regelrechtes Schauspiel ab. Die Tiere reagieren jedoch äußerst empfindlich auf ihre Umwelt. Salzgehalt des Wassers, Felsschluchten und Plankton sind für ihren unverwechselbaren Geschmack verantwortlich. Bevor man sie kocht, muß man sie gründlich abreiben, um die Schleimschicht zu entfernen. Sie werden zusammen mit frischen Kräutern in sprudelndem Wasser gegart und mit feinstem Olivenöl, etwas Knoblauch und Petersilie, manchmal auch mit etwas Oregano serviert.

Oktopus schmeckt außerdem ausgezeichnet als Schmorgericht mit Kartoffeln oder zu Spaghetti. In den Küstengewässern sind sie verhältnismäßig einfach zu fangen und bilden daher einen festen Bestandteil der Regionalküche.

Noch geschätzter sind – oder, besser gesagt, waren – die Meeresdatteln. Seit ein paar Jahren dürfen die vor dem Aussterben bedrohten Muscheln nicht mehr gesammelt werden. *Lithophaga lithophaga* ist zweifelsohne die begehrteste Muschelart überhaupt. Dank eines besonderen Drüsensystems kann sie die Steine »essen« und verdauen, in deren Schutz sie unbehelligt vor Räubern lange Zeit lebt und sich langsam fortbewegt. Bewundert man das hohe Alter eines Menschen, so sagt man in Lerici: »Ha più anni di un dattero.« (Er ist älter als eine Dattel.) Ihren Namen verdankt die Muschel ihrer Form. Sie sieht wirklich wie eine Dattel aus.

Die Meeresdatteln aus La Spezia wurden zu phänomenalen Suppen verarbeitet. Dazu röstete man Weißbrotscheiben, rieb das Brot mit der Schnittfläche einer Knoblauchzehe ein und legte damit eine Suppenschale aus. Dann wurde die heiße Suppe darübergegossen. Die Muschelschalen wurden vorsichtig mit den Händen geöffnet, und die Zubereitung der Meeresdatteln hatte etwas von einem heiligen Ritual.

Urkunden belegen, daß die Meeresdatteln bereits im Mittelalter eine geschätzte Delikatesse waren.

Die drastische, aber notwendige Gesetzgebung, die den Genuß von Meeresdatteln verbietet, wurde eingeführt, als die irrsinnige Dynamitfischerei die Felsgründe und damit sämtliche Muschelarten vor der Küste La Spezias zu zerstören begann.

desorten. »Caran«, »Negrao« und »La Gira« sind alteingesessene Wirtshäuser im Zentrum der Stadt, aber auch in den Außenbezirken gibt es einige empfehlenswerte Adressen (z. B. das »Aütedo« in Marola, das »Il Moccia« in Pegazzano). Seien Sie allerdings auf der Hut vor den vielen Nepplokalen und Touristenfallen, die in La Spezia, Lerici und Portovenere in den letzten dreißig Jahren wie Pilze aus dem Boden geschossen sind. Tradition und Qualität sind dort meistens Fremdwörter, und die bunten Reklametafeln versprechen weit mehr, als die Lokale zu halten imstande sind. Wenn Sie auf Nummer Sicher

Die Fischerei hat im Golf von La Spezia eine lange Tradition; hier ein Fischkutter vor Anker.

gehen wollen, folgen Sie am besten unseren ausführlichen Empfehlungen, die wir am Ende des Buchs zusammengestellt haben.

Fahren Sie nun mit dem Wagen am Handelshafen und dem Viale San Bartolomeo vorbei in Richtung Osten. Die Werften und Fabriken, Kais und Containerläger erstrecken sich bis nach Muggiano, das einst ein beliebter Badeort war.

Inzwischen haben Sie den Außendamm hinter sich gelassen, und in Höhe der Baia Blu beginnt das Gemeindegebiet von Lerici. Während Sie Richtung Solaro hinauffahren, sehen Sie auf der Meerseite die Burg **San Terenzo** und den Golf, der durch die Dichter so berühmt wurde. Früher hieß das kleine Dorf Portiolo. Später wurde es in San Terenzo umgetauft, nachdem der Heilige während einer Pilgerfahrt nach Rom dort ver-

San Terenzo wirkt mit seinen bunten Häusern sehr pittoresk.

weilt hatte. Es muß sich wohl um ein einfaches Fischerdorf gehandelt haben, das von einer mächtigen Burg beherrscht wurde. Die Entstehungszeit der Burg ist nicht ganz geklärt, doch im Laufe der Zeit wurde die ursprünglich vermutlich einfache Anlage mehrmals umgebaut und verstärkt, um Angriffe der Sarazenen abzuwehren. Jüngere Militärbauten stammen aus dem 16. Jahrhundert. Die Verteidigungsmauern und Wachtürme entbehren jedoch der sonst üblichen Strenge, das Bild wird durch das Meer und die bunte Piazza, an der die Bewohner des Dorfes zusammenkommen, aufgelockert.

Obwohl der dichte Verkehr nicht gerade einladend wirkt, sollten Sie hier kurz haltmachen. Das Dorf besitzt einige äußerst malerische Winkel, die typischen ligurischen Häuser zeigen lebendige und bunte Fassaden. In der kleinen Pfarrkirche aus dem 17. Jahrhundert befindet sich ein Gemälde von Domenico Fiasella, nach seinem Geburtsort auch *il Sarzana* genannt. Er lebte um das Jahr 1600 und besaß einen sehr eklektischen Malstil, der von den verschiedensten Einflüssen, vor allem aber von Caravaggio geprägt war.

Auf der Weiterfahrt Richtung Lerici werden Sie sofort die unverwechselbaren Arkaden und die weiße Fassade der Villa Magni entdecken, in der der englische Romantiker Percy Bysshe Shelley lebte. Er wurde 1792 in Horsham, Sussex, geboren und ertrank 1822 bei einem Bootsausflug nach Viareggio in den Fluten. Shelleys

Freund und Landsmann George Byron folgte ihm an die ligurische Riviera. Die beiden Dichter, denen sich später andere Literaten anschlossen, ließen die Gegend in die Literaturgeschichte eingehen und trugen viel zum Mythos des Golfo dei Poeti bei.

Die Straße nach **Lerici** führt nun direkt am Meer entlang. Sie können die Strecke auch zu Fuß zurücklegen, und wenn Sie nicht gerade im brütendheißen Hochsommer unterwegs sind, ist der Spaziergang sehr angenehm. Die massive Festung bildet den Hintergrund des Szenarios, und mit jedem Schritt treten die Häuser des Orts, die in den klassischen Pastelltönen gehalten sind, deutlicher hervor. Der Bootsverkehr wird mit Kähnen, Motorbooten und Segelschiffen, die vom kleinen Hafen aus in See stechen, immer lebhafter. Einmal mehr wird hier die Rolle Lericis als Fischer- und Badeort deutlich. Wer möchte da nicht gleich zum Hafen hinunterlaufen und sich unter die Fischer und Urlauber mischen, die den Ort bevölkern? Doch zuerst zollen wir einem weiteren Schriftsteller unseren Tribut. Nach einer weiten Kurve vor dem Ort entdecken Sie inmitten eines gepflegten Parks die alte Villa Marigola, die heute der Sparkasse von La Spezia gehört. Hier verfaßte der Flo-

Villa Magni, leicht erkennbar an den Bogengängen und der weißen Fassade, war das Wohnhaus des englischen Dichters Shelley.

rentiner Dramatiker Sem Benelli 1909 sein Stück »La Cena delle Beffe« (dt. »Das Mahl der Spötter«). Er soll es auch gewesen sein, der die Landschaft *Golf der Poeten* taufte. Die Villa dient heute als Veranstaltungsort für Tagungen und Seminare, doch im Juli wird sie wieder zu einem mondänen literarischen Salon, der landesweiten Ruf genießt. Der Schriftsteller und Historiker Arrigo Petacco, der in Portovenere lebt, stellt auf wöchentlichen Veranstaltungen die jeweiligen Bestsellerautoren des Jahres vor (meist donnerstagnachmittags).

TIPS & INFOS
Ausführliche Informationen finden Sie auf Seite 138 ff.

LERICI

10 km von La Spezia
Einwohner: 12 169
Höhe: 10 m ü. d. M.
Postleitzahl: 19032
Vorwahl: 0187

Informationen
Municipio (Rathaus)
Via Roma, 47
Tel. 96 71 34, 96 71 20 u. 96 73 46

Ufficio di Informazione e di Accoglienza Turistica
Via Gerini, 40
Tel. 96 73 46

ÜBERNACHTEN

Campeggio Maralunga
Ortsteil Maralunga
Via Carpanini, 61
Tel. 96 65 89

Campeggio Gianna
Ortsteil Tellaro
Via Fiascherino
Tel. 96 64 11

Doria Park Hotel
Via Doria, 2
Tel. 96 71 24
Gebührenfreier Anruf innerhalb Italiens unter 1670/1 01 41
Fax 96 64 59

Miranda
Ortsteil Tellaro
Via Fiascherino
Tel. 96 40 12, Fax 96 40 32

Endlich erreichen wir die Stadt, die sich in eine wunderschöne Bucht schmiegt. Der Bauboom der letzten zehn Jahre konnte ihrem Charme nichts anhaben, und insgesamt wirkt sie einladender und gefälliger als die bescheidenen Ortschaften beispielsweise der Cinque Terre. Vom Meer aus sieht man viele Häuser in den Hügeln, die das lichte Grün der Olivenhaine unterbrechen. Die Landwirtschaft bevorzugt hier eine Mischkultur. Die Rebzeilen dienen zusammen mit Hecken und Blumen oft als Begrenzungslinien zwischen den einzelnen Grundstücken. Im zeitigen Frühjahr leuchtet die ganze Landschaft im Gelb der Mimosenbäume. Die bunten Farben der Häuser werden wiederaufgenommen von den Booten, die geschützt hinter dem robusten Wellenbrecher liegen und sich im sanften Wasser der Bucht spiegeln. Hoch oben über dem Meer und damit geschützt vor den Angriffen der Sarazenen lag Barbazzano, das vermutlich zu den ältesten Siedlungen der Gegend zählt.

Lerici wurde von den ersten Reisenden und Literaten des 19. Jahrhunderts »entdeckt«. Sie schätzten die Ruhe und das Klima und die unvergleichlich schöne Küstenlandschaft. Man blieb eine Zeitlang und setzte dann seine Reise zu Wasser fort: nach Genua (die Landroute war gefährlich und unwegsam) und in die Toskana (die Straße nach Sarzana wurde erst 1697 eröffnet, und auch dann mußte man noch irgendwie den Fluß Magra überqueren). Der Hafen besaß daher eine große wirtschaftliche Bedeutung für Lerici. Gerade in den Winter- und Frühlingsmonaten diente er wegen des milden Klimas vor allem dem Fremdenverkehr.

Der Rummel in der Vergangenheit scheint die Entwicklung der Stadt nur bis zu einem gewissen Grad beeinflußt zu haben. Lerici wurde zwar zu einem bedeutenden Ferienort, doch die Bewohner haben sich ihre Identität bewahrt. In der Tat kann der Ort auf eine lange Geschichte zurückblicken. Fossilien- und Knochenfunde belegen, daß die Umgebung Lericis eine Art urzeitlicher Jurassic-Park gewesen sein muß. Die Untersuchungen der zahlreichen Ausgrabungsgegenstände dauern derzeit noch an. Sind die Funde einmal ausgewertet, soll in der Burg ein Museum dafür eingerichtet werden, das dann von Schulen und Wissenschaftlern zu Studienzwecken genutzt werden kann.

Es überrascht also kaum, daß sich um das Städtchen zahlreiche Geschichten und Legenden ranken. Shelley beschrieb die Stimmung des Ortes in seinem Gedicht »Lines written in the Bay of Lerici«.

Der Wind, der den Duft der Kräuter und Blumen durch die Luft treibt und die Segel bläht, das Leben der Fischer und Matrosen und die Mär von längst vergangenen Begebenheiten tauchen in veränderter Gestalt wieder auf in den Versen der großen englischen Dichter, die an dieser Küste ein goldenes Refugium und Linderung für ihre romantischen Seelen fanden. Das Stadtleben von Lerici besteht jedoch auch aus ganz konkreten Dingen: aus der harten Arbeit auf offener See, auf den Fischkuttern oder Handelsschiffen. Viele Lericiner segelten

auf allen Weltmeeren, blieben ihrer Heimat aber stets treu. Von der Felsspitze, auf der sich die Burg erhebt, können Sie die schmale Landzunge mit Portovenere auf der gegenüberliegenden Seite des Golfs erkennen. Die beiden Endpunkte des Golfs von La Spezia markierten einst die Grenze zwischen den verfeindeten Seerepubliken Genua (die über Portovenere herrschte) und Pisa (die sich Lericis bemächtigt hatte). Die Pisaner waren es denn auch, die die Festung – vermutlich auf den Überresten einer älteren Anlage – errichten ließen.

Die gewaltige Burg von Lerici.

Man schrieb das Jahr 1241, und die Truppen Genuas waren vor kurzem bei der Insel Giglio geschlagen worden. Doch bereits 1256 bemächtigten sich die Genueser wieder der erstmals 1152 unterworfenen Ortschaft. Dazu wurde in Portovenere ein Abkommen unterzeichnet, das zudem die Überlassung eines Wachturms (der vermutlich dem Turm von Vernazza ähnelte) vorsah. Genua machte sich sofort an die Erweiterung der Burg.

ESSEN

Il delfino
Ortsteil Tellaro
Via Fiascherino, 104
Tel. 96 40 50
Montags geschlossen,
im Sommer kein Ruhetag

Il frantoio
Via Cavour, 21
Tel. 96 41 74
Montags geschlossen,
im Sommer kein Ruhetag

La barcaccia
Piazza Garibaldi, 8
Tel. 96 77 21
Donnerstags geschlossen,
im Sommer kein Ruhetag

La brace
Ortsteil Zanego
Tel. 96 69 52
Montags und dienstags,
im Sommer nur dienstags
geschlossen

La conchiglia
Piazza del Molo, 3
Tel. 96 73 34
Mittwochs geschlossen,
im Sommer kein Ruhetag

La Palmira
Ortsteil San Terenzo al mare
Via Trogu, 13
Tel. 9 71 09 40
Mittwochs geschlossen,
im Sommer kein Ruhetag

La piccola oasi
Via Cavour, 58–60
Tel. 96 45 88
Dienstags geschlossen

Miranda*
Ortsteil Tellaro
Via Fiascherino
Tel. 96 40 12
Montags geschlossen

Die Altstadt von Lerici besticht durch ihre Beschaulichkeit und lädt immer wieder zum Verweilen ein.

In den folgenden Jahrhunderten wurde immer wieder versucht – manchmal auch mit Erfolg –, die Genueser aus dem Golf zu vertreiben. Im frühen 14. Jahrhundert kamen zunächst einmal die Fehden zwischen den Guelfen und Ghibellinen. Dann waren die Franzosen an der Reihe. Sie zogen sich jedoch aus dieser begehrten, aber unbequemen Festung zurück und überließen sie den wohlhabenden Florentinern. Danach fiel die Festung wieder an die Genueser, die ihrerseits wieder von Alfons von Aragonien vertrieben wurden. Die Bewohner von Lerici hatten danach genug. Sie rebellierten und vertrieben die Spanier; dadurch ebneten sie den Genuesern den Weg, die nun Ruhe und Ordnung einkehren ließen und den Ort schützten.

Bei einer Besichtigung der Burg wird die bewegte Geschichte Lericis deutlich. Man erkennt die vielen Umbauten an der Festung, die mehr von strategischen als von künstlerischen Überlegungen diktiert waren. Die mächtige Anlage ist die am besten erhaltene Burg der Gegend, doch nur noch wenige Teile stammen noch von dem ursprünglichen Bau des 13. Jahrhunderts. Die Mauern mußten immer wieder neu befestigt und verstärkt werden, damit sie den immer moderneren Wurfgeschossen und Waffen standhalten konnten. Die letzten bedeutenden Umbauten wurden um die Mitte des 16. Jahrhunderts vorgenommen. Die Festung wirkt streng, der massige fünfeckige Turm gebietet auch heute

noch Respekt. Die Besichtigung der Burg lohnt in vieler Hinsicht. So genießen Sie beispielsweise immer wieder einen wunderschönen Blick durch die Schießscharten hinaus aufs Meer. Auch die Sant'Anastasia-Kapelle in ligurischer Gotik ist sehenswert (sie wurde vermutlich von den Pisanern in Auftrag gegeben).
Die Burg ist problemlos zu erreichen, und im Sommer finden dort auch interessante Gemäldeausstellungen statt. Vor ein paar Jahren wurden einige Räume der Burg in eine Jugendherberge umgewandelt, die entscheidend zur lebendigen Atmosphäre der gesamten Anlage beiträgt.
Von Lerici ging immer schon ein ganz besonderer Zauber aus. Woher der Name kommt, ist ungewiß. Der griechische Naturforscher Ptolemäus, der im 2. Jahrhundert n. Chr. lebte, vermutet einen mythologischen Ursprung. Eros, Sohn von Aphrodite und ihres Geliebten Ares, soll eine Siedlung namens *Ericis Portus* gegründet haben (auch in Sizilien gibt es eine Stadt namens Erice). Eine zweite und vielleicht glaubhaftere Hypothese vermutet den Ursprung des Namens in den üppigen Steineichenwäldern, die Lerici früher umgaben. Daraus könnte sich die Bezeichnung *Mons Ilicis* abgeleitet haben, die beispielsweise in einer Urkunde von 1152 und in einem Text von 1185, als Kaiser Friedrich Barbarossa durch die Gegend reiste, auftaucht.
Um 1286 wurde in geringer Entfernung von der Burg und der befestigten Stadt, aber bereits außerhalb der Stadtmauern, mit dem Bau der Kirche Santi Martino e Cristoforo begonnen. 1524 wurde das Gotteshaus dem heiligen Rochus geweiht, der in der angrenzenden Lunigiana sehr verehrt wird. Gleich neben der Kirche wurde der gedrungene Glockenturm aufgestellt, der mit Reliefs aus dem 16. Jahrhundert geschmückt ist und

Dar Magasin
Via Casamento, 18
Tel. 96 47 08
Mittwochs geschlossen

Ristorante Vecchia Lerici
Piazza Mottino, 10
Tel. 96 75 97
Donnerstags geschlossen,
im Sommer kein Ruhetag

KAFFEE, APERITIF

Bar Enoteca da Franco
Ortsteil Solaro
Via Militare, 72
Mittwochs geschlossen

EIS

Gelateria Ciani
Ortsteil San Terenzo
Via Mantegazza, 5

EINKAUFEN

Exotisches Kunsthandwerk
Malaika
Via Roma, 14

Brot, Gebäck
Panificio Brondi e Cargioli
Via Petriccioli, 58

Forno Calzolari
Ortsteil Pugliola
Via Casini, 34

Pasticceria Orlani
San Terenzo
Lungomare

Wein
Enoteca Franco Baroni
Via Cavour, 18
Sonntags geschlossen,
im Sommer und im Dezember kein Ruhetag

Eine Auslage in Lerici.

GOLFEN

Golf Club Marigola
Via Biaggini, 5
Tel. 97 01 93, Fax 6 55 57

BOOTSAUSFLÜGE

**Navigazione
Golfo dei Poeti**
Imbarcadero lato Sud
Tel. 96 76 76

BOOTS-REPARATUREN

Lorieri rimessaggio
Ortsteil Senato
Tel. 98 85 71

Blick vom Monte Caprione auf den Golfo dei Poeti.

eine hübsche Kulisse für die zentral gelegene Piazza bildet. Hier können Sie sich ein wenig ausruhen und die hübschen, zum Teil guterhaltenen Häuser bewundern, die im typischen Stil der Region gehalten sind. Wenn Sie durch die stillen mittelalterlichen Gassen stromern, werden Sie den Zauber des geschichtsträchtigen und architektonisch interessanten Städtchens erfassen. An den Balkonen der mehrstöckigen Häuser blühen Geranien, kleine Boutiquen und traditionelle Trattorie laden zum Verweilen ein, aus den Küchenfenstern dringt der Duft von frischem Pesto, und immer wieder stehen ein paar Leute bei einem gemütlichen Plausch beisammen. Hier lebt man noch nach einem menschlichen Rhythmus, dem der Trubel am Hafen nur wenig anhaben kann.

Hinter der Piazza Garibaldi führt die Via Petriccioli hinauf zur Kirche San Francesco. Sie wurde im 14. Jahrhundert erbaut, dann aber wieder abgerissen und 1630 durch einen typisch ligurischen Bau ersetzt. Die Barockfassade wurde 1962 restauriert. Sehen Sie sich die Kunstschätze im Kircheninnern an: die Orgel, ein Tafelbild aus dem 15. Jahrhundert, genannt »Madonna di Maralunga«, verschiedene Gemälde aus dem 17. Jahrhundert und vor allem die »Madonna mit Kind und Heiligen« von Fiasella. Dem Sarzana wird außerdem ein Gemälde von 1659 zugeschrieben, während das Marmortriptychon aus der Hand des französischen Bildhauers Dominique Gar stammt, der im 16. Jahrhundert in diesem Teil Liguriens tätig war.

Am Monte Caprione

Die Höhenzüge hinter Lerici, die sich Richtung Montemarcello und Punta Bianca erstrecken, werden allgemein zum Monte Caprione gerechnet, der heute die Grenze zur Gemeinde Ameglia, der Tellaro einst unterstand, bildet. Die Bucht von La Spezia ist gut zu sehen, und doch scheint das Meer hier unendlich weit weg. Hier wird Landwirtschaft betrieben, hier wachsen Ölbäume, Feldfrüchte, Wildkräuter und Pilze.

La Serra (oberhalb von Lerici an der Straße nach Montemarcello gelegen) ist für seine Schneckenspezialitäten bekannt. Am typischsten sind die *Lumache della Serra,* die mit Kräutern und Lorbeer kurz gekocht und dann mit einer Sauce aus Knoblauch, Petersilie, Gewürzen, Tomaten, wildem Fenchel und einem Schuß Weißwein serviert werden. Traditionsgemäß wird diese leicht scharfe Sauce dann mit Weißbrot aufgegessen. Doch nicht nur die Gastronomie macht einen Besuch in La Serra lohnenswert. Hier lebt der Dichter Paolo Bertolani, der seine Heimat in vielen Gedichten besungen hat. Seine Dialektdichtung gewährt Einblick in die geschichtliche und soziale Wirklichkeit Liguriens.

Gebt mir einen Kescher,
eine der besten Steinschleudern,
um in einem kleinen Krieg zu kämpfen,
　dort, bei Càsua,
auch wenn fast keine Sonne scheint.
Doch es reicht auch weniger, auch
　weniger als so viel …
Doch schickt mich nicht aufs Meer
　hinaus,
in jenes Wasser –
denn ich habe das Meer gesehen,
bloß wie eine Hand,
und ganz Fisch,
ganz Fischen,

vor vielen Jahrhunderten: da hat man
die Schafe zum Waschen und zum
　Scheren hingebracht.
Zu jener Zeit haben sich die Familien oft
am Strand niedergelassen und gegessen.

Der Monte Caprione ist auch wegen der sogenannten Cavanei interessant. Dabei handelt es sich um bescheidene Hütten aus unverfugten Steinen, die ein wenig an die Nuraghi auf Sardinien erinnern. Die Cavanei besitzen einen quadratischen oder runden Grundriß und liegen ohne erkennbares Muster auf den Feldern und in den Wäldern verstreut. Ob es sich wohl um Schutzhütten oder Geräteschuppen oder gar um regelrechte Behausungen handelt? Bis heute kennt man nur ihre Zahl, nicht aber ihren Zweck. Nach einer Studie unter der Leitung von Gino Cabano gibt es etwa hundertfünfzig von diesen Hütten. Genaueres können Sie nachlesen in »I cavanei del Monte Caprione«, veröffentlicht von der Associazione di Pubblica Assistenza Croce Rosso-Bianca, Lerici.

Bereits der griechische Gelehrte Strabon hat in seiner »Erdbeschreibung« aus dem 1. Jahrhundert n.Chr. notiert: »Städte sind bei den Ligurern selten. Die meisten von ihnen bewohnen Häuser, die auf den Berggipfeln verstreut liegen und von Erdwällen, von denen man in die Schluchten und Täler blicken kann, von Weiden und Wildbächen umgeben sind. Ihre Behausungen sind aus übereinandergeschichteten Steinen errichtet, doch halten sich die Menschen nur selten dort auf. Sie schlafen nicht in Betten, denn sie sehen in ihnen Gräber für die Lebenden.« Vielleicht beschreibt Strabon hier die allerältesten Vorgänger der rätselhaften Cavanei von Lerici.

Ligurisches Brot für lange Reisen: Schiffszwieback

Aniskekse sind die einzige kulinarische Spezialität Lericis, dafür aber in ganz Italien bekannt. Die Zutaten für diese einfache Köstlichkeit sind Mehl, Zucker, Eier und Anis. Das Eiweiß wird zu Schnee geschlagen, damit die *Anicini,* wie das Gebäck hier heißt, besonders locker geraten. Nach Belieben kann man noch etwas Soda oder Backpulver in den Teig geben. Das italienische Wort für Keks oder Zwieback ist *biscotto,* was wörtlich übersetzt »zweimal gebacken« bedeutet. Dieses Verfahren kam vermutlich im 17. Jahrhundert in Frankreich auf, älter ist jedoch der Zusatz von Gewürzen. Die Verwendung von Zucker ist dagegen wiederum recht neu, denn lange Zeit war er nur den Reichen vorbehalten oder wurde als Krankenkost verwendet.

In einem Wörterbuch aus dem Jahre 1851 steht demnach zu lesen: »Biscotto: Zweimal gebackenes Brot, vornehmlich für Seeleute bestimmt.« Eine Redensart lautet denn auch: »*Imbarcarsi senza biscotto*«, was soviel bedeutet wie: Eine Sache unvorbereitet angehen.

Änliche Gebäckspezialitäten findet man in Genua und anderen Teilen Liguriens. Der Zwieback gehört jedoch ans Meer, er galt als besonderes Brot, das man auf langen Reisen mitführen konnte. In Lerici gibt es dazu natürlich auch eine anrührende Legende: Eine frischvermählte Frau bereitete den Zwieback für ihren Mann vor, der als Kapitän auf einem Schiff Richtung Amerika Dienst tun sollte. Als er auf hoher See die Metalldose mit dem Schiffszwieback öffnete, löste der Duft des Gebäcks Erinnerungen an seine Frau und seine Heimat aus. Der Schiffszwieback wurde zur liebenswerten Gewohnheit. Bei jedem Abschied bereitete die Frau ihrem Mann eine Schachtel mit Anicini, die er auf die lange Reise mitnehmen konnte. Eines Tages jedoch kenterte das Schiff in einem Unwetter, und der Kapitän kehrte nie wieder zurück. Die Frau buk jedoch weiterhin unermüdlich ihren Zwieback. Sie verkaufte ihn am Hafen an junge Matrosen, die sich einschifften, und hielt damit die Erinnerung an ihre große Liebe wach.

Einmal abgesehen von den Legenden, geht die Tradition der Aniskekse vermutlich auf die jüdischen Gemeinden zurück, die seit dem 10. Jahrhundert in der Lunigiana und an der Küste von La Spezia lebten. Besonders während des Passahfestes galten strenge Regeln zur koscheren Ernährung. So ist beispielsweise ein Zuckergebäck vorgeschrieben, das aus Matzemehl, Zucker, Anissaat und Eiern besteht. Mit dem Passahfest feiern die Juden den Auszug der Israeliten aus Ägypten, und während der Feierlichkeiten werden nur ungesäuerte Speisen verzehrt. Matze ist ein ungesäuertes Brot, das gerieben und als Ersatz für gewöhnliches Mehl verwendet werden kann.

In Lerici gab es Mitte des 17. Jahrhunderts eine starke jüdische Gemeinde, die im heutigen Stadtkern zwischen Piazza Garibaldi und der Burg lebte. Der Bischof von Luni, Giovanni Battista Spinola, erkannte das Getto 1676 offiziell an. Vermutlich kannte und schätzte auch die christliche Bevölkerung Lericis das besondere Gebäck.

Weitere Sehenswürdigkeiten im klassischen Sinne hat Lerici nicht zu bieten. Doch die Faszination des Städtchens geht ohnehin von der Stimmung in den Straßen und auf den Plätzen aus, wo alte Traditionen noch lebendig sind.

Wenn Sie hungrig geworden sind, bietet sich in Lerici reichlich Gelegenheit für eine Einkehr. Gehen Sie zum Meer hinunter, und gönnen Sie sich ein Eis, während Sie den Segelbooten und Jachten zusehen, die die berühmte Seefahrertradition Lericis fortführen.

Von der Altstadt sind es nur wenige Minuten in Richtung Südosten bis zur Kreuzung, wo es nach **Maralunga, Fiascherino** und **Tellaro** abgeht. Die Straße folgt ein paar Kilometer der zerklüfteten Steilküste, während eine Parallelstraße weiter oben am Hang nach Montemarcello führt. Das Meer zeigt sich in intensivem Grün und Azurblau, und zwischen dem Macchiagestrüpp entdeckt man hier und da einen kleinen Strand (der von Fiascherino ist besonders schön). Die Villen der Prominenten liegen beneidenswert schön inmitten von Olivenhainen und genießen den freien Blick aufs Meer. Auf dieser Höhe etwa befinden sich auch die Ruinen der alten Siedlung Barbazzano. Im Hintergrund entdeckt man bereits Tellaro mit seiner Dorfkirche, die direkt am Wasser liegt, und den dichtgedrängten Wohnhäusern, deren Fassaden gelb, rosa und grün herüberleuchten – ein liebliches und zugleich anregendes Bild.

Das Dorf ist so klein, daß Sie es in wenigen Minuten erwandern können. Streifen Sie durch die engen und eindrucksvollen Gassen zur Pfarrkirche hinunter, in der ein wertvoller Altarflügel aus dem 16. Jahrhundert zu sehen ist. Die Wellen schlagen an die tiefschwarzen Felsen, die an die Cinque Terre erinnern. Tellaro ist in gewisser Hinsicht ein Anhängsel der Cinque Terre, denn es gilt als das letzte Dorf, das auf die Felsen der Liguria di Levante gebaut wurde. Hier ließ sich in den sechziger Jahren Mario Soldati nieder, Anfang dieses Jahrhunderts verschlug es D. H. Lawrence hierher. 1913 schrieb er in

Tellaro ist ein winziges Dorf am äußersten Zipfel der Liguria di Levante.

Seit hundert Jahren werden vor der Küste La Spezias Pfahlmuscheln gezüchtet.

einem Brief: »Wir sind eine Wegstunde von Shelleys San Terenzo entfernt. Man fährt von Genua – oder Parma – mit der Eisenbahn nach La Spezia, dann überquert man mit dem Schiff den Golf, legt in Lerici an und nimmt sich dann ein Ruderboot, mit dem man langsam die Küste bis nach Fiascherino entlangfährt. Dort befindet sich die Villa, in der wir Quartier bezogen haben.«

Dahinter gibt es nur noch das Meer, die steil abfallenden Berge und die Möwen. Diese Küste bietet sich für einen Bootsausflug geradezu an, denn nur vom Meer aus kann man die steilen Hänge mit den Olivengärten, die Küste und die Felsgrotten auf Meereshöhe richtig bewundern. Im Sommer können Sie sich außerdem ein Bad im relativ sauberen Wasser genehmigen und sich erfrischen. Im Winter dagegen können Sie sich an einem Strand niederlassen und die milden Sonnenstrahlen genießen. Wir empfehlen Ihnen, auch durch die gewundenen Gassen des Dörfchens zu schlendern, das sich eng an die Felsen schmiegt. Entdecken Sie die malerischen Innenhöfe, in denen Glyzinien und Rosmarin wuchern, die kleinen Loggien, Fenster und Portale, die jahrhundertealten und ausgetretenen Treppenstufen, die in den Stein gehauen wurden. Trotz des wahrnehmbaren Fremdenverkehrs – der Ort ist hübsch und nur einen Katzensprung von La Spezia entfernt – und der unvermeidlichen Parkplatzprobleme offenbart Tellaro einen Blick auf das Ligurien, das viele schon verloren geglaubt haben, das sonst nur noch in Folkloreprospekten und historischen Drucken auftaucht. Zauberhafte Eindrücke, die nicht nur in den Gedichten der Romantiker fortleben.

Ein paar steile Haarnadelkurven führen von Tellaro zum Hügelkamm hinauf: Der Weg ist für Autos gesperrt und bietet sich daher für einen Spaziergang zwischen Macchia und Olivenbäumen geradezu an. Mit dem Auto müssen Sie wieder zurück nach Lerici fahren und dort Richtung **La Serra** abbiegen. Der kleine Weiler liegt hoch oben in den Hügeln und blickt über die malerischen Buchten des Golfs. Von La Serra, das für seine kulinarischen Schneckenspezialitäten berühmt ist, führt eine einzigartige Panoramastraße die 8 Kilometer nach Montemarcello. Der Blick reicht vom Golfo dei Poeti bis zu den Apuanischen Alpen. Wir befinden uns hier bereits in der Lunigiana und damit im Einflußbereich der historischen Ortschaften des Magratals Sarzana, Ameglia, Castelnuovo Magra. Die Veränderung der Landschaft ist allerdings kaum spürbar und vollzieht sich so langsam, daß man keine präzise Grenze zwischen Ligurien und der toskanischen Lunigiana ziehen könnte. Offiziell bildet die Punta Bianca, die äußerste Landzunge vor Montemarcello, die Grenze. Ein Wanderweg führt zum Kap hinunter. Im Westen liegen die Buchten Liguriens, im Osten die weiten Sandstrände der Toskana. In der Mitte zeigt sich als geographische Wasserscheide die Magramündung mit ihrer charakteristischen Flora und Fauna (heute ist die Flußmündung ein Naturschutzgebiet).

Nach der Ortschaft **Le Figarole** führt die Straße etwas nach Westen bis nach **Montemarcello**, das bereits der Verwaltung von Ameglia untersteht. Mit seinen kleinen Häuserblocks und den schnurgeraden Gassen, die sich im rechten Winkel kreuzen, wirkt dieser Ort auf der Kammhöhe des Küstengebirges ungewöhnlich regelmäßig, fast wie eine Stadt auf dem Reißbrett. Kehren Sie in der Trattoria »Dai Pironcelli« ein und probieren Sie die mes-ciua, die Lasagne bastarde (aus Weizen- und Kastanienmehl) und die einfachen Sardellengerichte.

Zahlreiche Vogelarten bevölkern die Küste und das Hinterland von La Spezia.

TIPS & INFOS
Ausführliche Informationen finden Sie auf Seite 128f.

AMEGLIA

17 km von La Spezia
Einwohner: 4159
Höhe: 89 m ü. d. M.
Postleitzahl: 19031
Vorwahl: 0187

Informationen
Municipio (Rathaus)
Piazza Sforza, 1
Tel. 67 07 32

ÜBERNACHTEN

Locanda dell'Angelo
Ortsteil Marinella
Viale XXV Aprile, 60
Tel. 6 43 91, Fax 6 43 93

Die Gassen von Montemarcello kreuzen sich im rechten Winkel und schaffen dadurch ein regelmäßiges und geordnetes Ortsbild.
Rechts: Der Hauptplatz von Montemarcello.

Besichtigen Sie die Pfarrkirche mit ihrem hübschen Marmortriptychon aus dem 16. Jahrhundert, und schlendern Sie durch die Straßen Montemarcellos. Der Ort wirkt mit seinen repräsentativen Häusern, den gepflegten Balkonen und schön gearbeiteten Portalen im Vergleich zu den anderen Dörfern der Gegend sehr herrschaftlich.

Die Umgebung von Montemarcello ist als Naturschutzgebiet ausgewiesen. Wanderwege und Maultierpfade führen mitten hinein in die üppige Macchia. Hier liegt eine kleine Siedlung namens Cafaggio, die an den Durchzug des Langobardenkönigs Rothari im Jahre 643 erinnert. Wenn Sie auf den Monte Caprione hinaufsteigen, genießen Sie einen schönen Blick auf den Fluß und die Felder in der Ebene, auf die Colli di Luni und den Apennin sowie in der Ferne die Apuanischen Alpen. Hier werden vor allem Oliven angebaut, und fast alle Bauern stellen ihr eigenes Öl her. Die Mengen sind jedoch so gering, daß davon höchstens ein paar Liter an Freunde verkauft oder verschenkt werden. Der Rest ist für den Eigenbedarf.

Wenn Sie also Öl oder Wein aus der Gegend probieren möchten, müssen Sie sich an die kleinen Bauernhöfe der Umgebung wenden. Konserven gibt es dagegen in der berühmten »Locanda dell'Angelo« von Angelo Paracucchi in Ameglia. Dort bekommen Sie ein reichhaltiges Angebot an Nudelsaucen und Marmeladen, die alle aus ausgesuchten Zutaten und ohne Konservierungsstoffe hergestellt werden.

Die Berge von Montemarcello bieten nicht nur Gelegenheit zu Wanderungen ins Hinterland, sondern auch Richtung Küste. Der Weg zum Meer hinunter ist jedoch

Montemarcello liegt wunderschön hoch oben auf einem Hügel.

schwierig und anstrengend und wird daher nur wenig begangen. Die meisten lassen sich mit einem Boot von Bocca di Magra oder Fiumaretta ans Ufer bringen. Wenn Sie den Küstenstreifen einmal erreicht haben, werden Sie kleine Buchten und einsame Strände entdecken, und nur ein paar Fischer- und Ruderboote durchziehen das unglaublich tiefblaue Meer.

Wenn Sie dagegen der Hauptstraße folgen, erreichen Sie nach wenigen Kilometern den Hauptort **Ameglia**. Das hübsche Städtchen besitzt einen interessanten mittelalterlichen Kern, der hoch oben auf einem Hügel thront, und einen modernen, aktiven und dynamischen Teil, der ins Schwemmland des Magra gebaut wurde.

Nun haben der Fluß, die Apuanischen Alpen, Luni und die Versilia das Meer als wichtigstes Landschaftselement abgelöst. Wir befinden uns somit im klassischen Teil der Lunigiana. Hier hört man nichts mehr von den Rebterrassen, hier hört man kein Seemannsgarn. Dafür gibt es wieder tausend andere Geschichten über die echten Schätze, die in diesen Hügeln verborgen liegen. Das mittelalterliche Stadtbild ist noch gut erhalten. Die Häuser säumen konzentrische Gassen, die sich ringförmig um die Festung aus dem 13. Jahrhundert legen. Der Rundturm stammt sogar noch von einer früheren Fe-

ESSEN

Dai Pironcelli*
Ortsteil Montemarcello
Via delle Mura, 45
Tel. 60 12 52
Mittwochs und mittags geschlossen; an Feiertagen mittags geöffnet

La Ferrara
Ortsteil Bocca di Magra
Via della Pace, 54
Tel. 6 50 82
Montags geschlossen

La Lucerna
Ortsteil Bocca di Magra
Via Fabbricotti, 127
Tel. 60 12 06
Montagabends und dienstags geschlossen,
im Sommer kein Ruhetag

Paracucchi Locanda dell'Angelo**
Ortsteil Marinella
Viale XXV Aprile, 60
Tel. 6 43 91, Fax 6 43 93
Montags geschlossen,
im Sommer kein Ruhetag

SPORT

Corte di Camisano
Via Arena, 1
Tel. 6 57 12

stung aus dem Jahre 1000. In der Altstadt gibt es noch weitere Sehenswürdigkeiten: Besichtigen Sie die Pfarrkirche Santi Vincenzo e Anastasio aus dem 15. Jahrhundert. Sie besitzt ein beeindruckendes Portal, das von Steinmetzen aus Carrara gestaltet wurde. Sehen Sie sich auch das Rathaus, den ehemaligen Palazzetto del Podestà und in der Nähe davon die Ruinen der Burg an.

Folgen Sie nun dem Flußlauf bis **Bocca di Magra**. Die blendendweißen Gipfel der Apuanischen Alpen mit ihren Marmorbrüchen beherrschen die Landschaft zwischen Sarzana und Carrara. In ökologischer Hinsicht bedeutend ist die Magramündung. Die übertriebenen Aushubarbeiten der letzten Jahre haben jedoch das Gleichgewicht zwischen Fluß und Meer entscheidend beeinflußt. Das Salzwasser reicht inzwischen so weit in den Fluß hinein, daß man dort des öfteren Seefische wie Seebarsch und Brassen fangen kann. Am Flußufer befinden sich Docks, Molen und Ausbesserungswerften. Bocca di Magra war bereits vor vielen Jahren als Urlaubsort bekannt. Dort hielten sich mit Vorliebe die berühmten Intellektuellen Italiens auf: Giulio Einaudi, Cesare Pavese, Elio Vittorini, Vittorio Sereni, Franco Fortini, Carlo Emilio Gadda, Salvatore Quasimodo und Eugenio Montale. Heute trifft man auf Leute wie Indro Montanelli oder andere herausragende Vertreter des italienischen Journalismus.

Die Überreste einer römischen Villa aus dem 1. Jahrhundert n. Chr. südwestlich von Bocca di Magra geben Anlaß zu der Vermutung, daß sich hier einst der Hafen von Luni befunden haben könnte. Diese Hypothese läßt sich allerdings nur schwer nachweisen. Der Transport der Marmorblöcke aus Carrara auf dem Fluß hätte erhebliche Probleme bereitet. Fest steht nur, daß Bocca di Magra seit jeher äußerst beliebt ist. Dazu beigetragen haben nicht zuletzt die interessante Landschaft, das Angebot an fangfrischen Fischen sowie die heitere und gelassene Atmosphäre des Städtchens. In den Restaurants bekommt man Heuschreckenkrebse, Meeräschen, Tin-

Die Häuser kleben an den Felsen und sind nur vom Meer aus zugänglich.

tenfische und Rochen sowie alle sonstigen Fische, die das Verbraucherherz begehrt.

Bocca di Magra und der Fluß werden von der Klosteranlage Santa Croce del Corvo beherrscht, die Sie unbedingt besichtigen sollten und die Kennern der »Göttlichen Komödie« bekannt sein dürfte. Dante Alighieri hat sich mit Sicherheit 1306 im Magratal aufgehalten, doch das Zitat des Klosters in seiner Dichtung *(la Macra che per cammin corto parte lo genovese toscano)* beruht auf einer bestimmten Begebenheit. Der Dichter soll einem Mönch des damaligen Benediktinerklosters eine Abschrift seines *Inferno* gegeben haben, die Uguccione della Faggiola überbracht werden sollte.

Seit etwa vierzig Jahren gehört die Anlage nun den Karmelitern. In Santa Croce ist ein wertvolles Holzkreuz zu sehen; seine Herkunft ist ungewiß, man vermutet jedoch, daß es aus Byzanz stammt.

Wenn Sie in Bocca di Magra essen gehen wollen, empfiehlt sich das »La Lucerna« direkt am Fluß. Dort bekommen Sie einfache, dafür aber authentische Fischgerichte.

Falls Sie nach Lerici zurückfahren möchten, könnten Sie einen Umweg über Romita Magra und Pugliola machen und in Solaro in der Bar-Enoteca »Lanata« auf ein Glas Wein oder Grappa einkehren.

Die Mündung des Magra, der die Grenze zwischen Ligurien und der Toskana bildet; im Hintergrund die Apuanischen Alpen.

Palmaria, Tino und Tinetto

Ausgangs- und Zielort:
PORTOVENERE

Voraussichtliche Dauer des Ausflugs:

 ½ TAG

Der ideale Ausgangsort für einen Ausflug zu den Inseln Palmaria, Tino und Tinetto ist der kleine Hafen von Portovenere, von dem die Ausflugsdampfer ablegen. In Palmaria legen die Boote entweder am Pier Terrizzo oder am Pier Pozzale an. Die Inseln Tino und Tinetto unterstehen nach wie vor der italienischen Marine, die auch den Zugang zu den Inseln regelt.

Morphologisch gesehen bilden die drei Inseln, die ursprünglich *I tre fratelli* (die drei Brüder) hießen, den Fortsatz des Küstengebirges von Portovenere. Auf Palmaria befanden sich die Steinbrüche für den Portoveneremarmor, die heute allerdings aufgelassen und von dichtem Macchiagestrüpp überwuchert sind. Die Westseite der Insel ist wegen der hohen Steilfelsen, die unvermittelt ins Blickfeld treten, so interessant. Mit einem kleinen Boot vom Meer aus zugänglich ist die eindrucksvolle Grotta Azzurra (Blaue Grotte). Etwa dreißig Meter über dem

Meeresspiegel liegt in einer Steilwand die Grotta dei Colombi (Taubengrotte), die bereits in prähistorischer Zeit bewohnt war.

Palmaria war im frühen Mittelalter heftig umkämpft. Zwischen dem 5. und 6. Jahrhundert befand sich hier das Kloster San Giovanni, doch später zogen die Mönche auf die ruhigere Insel Tino, wo sie mehr Muße zum Gebet und zur Meditation fanden.

Das einzigartige Mikroklima läßt auf Palmaria eine üppige Vegetation gedeihen: Aleppokiefern, Myrten, Erdbeerbäume, Buchen, feuerbeständige Zistrosen (die die gewaltigen Waldbrände unbeschadet überstanden), Steineichen, wilder Spargel, Kapernbüsche, Rauten, Thymian, Ölbäume. Auf Wanderwegen können Sie die Insel in gut drei Stunden umrunden. Die etwa sechs Kilometer lange Wanderung ist wegen der intakten, wilden Schönheit der Landschaft sehr zu empfehlen. Auch auf Tino gibt es die weißen und hohen Steilwände zu sehen, die gegen Westen zum offenen Meer hin abfallen. Dadurch, daß der Zugang zur Insel stark eingeschränkt ist, können hier auch seltene Tier- und Pflanzenarten überleben.

In diese heitere Landschaft eingebettet liegen die Ruinen der Abtei San Venerio, die im 11. Jahrhundert auf den Überresten eines Sakralbaus aus dem 7. Jahrhundert errichtet wurde. Das Kloster wurde immer wieder von den Sarazenen bedroht, so daß die Klostergemeinschaft Anfang des 15. Jahrhunderts die Insel verließ und nach Le Grazie auf dem Festland übersiedelte.

Eine unterseeische Felsenbarriere verbindet Tino mit der noch kleineren Insel Tinetto. Dort stehen die Ruinen eines Klosters, das vermutlich Nonnen vorbehalten war und zeitgleich mit San Venerio entstand. Im Frühjahr 1995 wurde dort ein phantastisches Projekt gestartet, das auf einer Idee des Malers Giuliano Tomaino und des Bildhauers Claudio Costa beruht. Man will eine Bronzeplastik von gewaltigen Ausmaßen (sie soll die Weihnachtsszene darstellen) errichten und sie zu Werbezwecken etwa zwanzig Meter tief vor der Küste von Tino und Tinetto verankern.

Ein Leitfaden
Der Duft der Stille

Eine liebliche Landschaft. Die sanft geschwungenen Hügel und der breite Fluß kontrastieren mit den wilden Bergpässen, die in die Toskana und in die Emilia hinüberführen. Die Ruhe der Landschaft und der Menschen, die Stille in den Wäldern und in den halbverlassenen Dörfern ist das auffallendste Merkmal der Val di Vara. Das Tal ist das längste in ganz Ligurien, in einer Region, in der die Berge sonst direkt ins Meer stürzen. Benannt ist das Tal nach dem Fluß Vara.

Der Wasserlauf ist etwa sechzig Kilometer lang und für das Tal von großer Bedeutung. Er nimmt die Wasser der zahlreichen kleinen Gießbäche und Nebenflüsse auf und mündet nach seinem Weg durch dichte Wälder, in denen Steinpilze gedeihen, bei Sarzana in die Magra. Der Fluß ist fischreich, und viele Angler versuchen hier ihr Glück. In den Feuchtgebieten, an den Ufern und im Wasser wachsen und leben interessante Pflanzen und Tiere, so daß die Regionalverwaltung den Einzugsbereich des Flusses zu einem Parco Fluviale, einem Wasser- und Naturschutzgebiet erklärt hat.

Das Varatal ist, wie Sie selbst bereits bei einem kurzen Besuch feststellen werden, ein bedeutender Faktor für die gesamte Provinz. Im Tal liegen fünfzehn von insgesamt zweiunddreißig Gemeinden. Dabei handelt es sich freilich oft um winzige Verwaltungseinheiten, aber jede von ihnen besitzt eine lange Tradition und Geschichte, auf die sie stolz ist. In einem Weiler bei Zignago fand man beispielsweise 1827 den ersten Menhir aus der umfangreichen Sammlung, die heute in den Museen von La Spezia und Pontremoli ausgestellt ist. In Pieve steht eine Kirche aus dem Hochmittelalter, während Dragnone jedes Jahr am 8. September Zielort einer Marienwallfahrt ist.

Das Varatal ist einfach zu erreichen (bis Brugnato geht sogar die Autobahn). Es ist umgeben von vielen hohen Berggipfeln, so zum Beispiel vom 1640 Meter hohen Monte Gottero, der in den Partisanenkriegen eine bedeutende Rolle spielte. Das angenehm frische Klima und die erholsame Landschaft machen das Tal zu einem idealen Urlaubsziel: Die selten befahrenen Straßen sind ideal zum Reiten und Radeln, die Wälder bieten sich für Wanderungen geradezu an.

Allgemein wird das Tal hauptsächlich von Urlaubern auf der Durchreise besucht, die sich ansonsten auf die berühmten Badeorte der Cinque Terre oder des Golfo dei Poeti konzentrieren. Nach einer befriedigenden Mahlzeit oder einem angenehmen Spaziergang kehren viele Leute gern hierher zurück, auch wenn die Infrastruktur (Unterkunft etc.) vielleicht noch ein wenig zu wünschen übrigläßt. Das weite Becken des Vara bietet viel Sehenswertes: Die romanischen Brücken, die alten Pfarrkirchen und Klöster, die Burgen und Festungen zeugen von einer bewegten Vergangenheit. Die Region stand unter der Herrschaft der Este, der Feschi, der Doria, der Bischöfe von Luni, der Malaspina und vieler anderer Geschlechter. Fehden und erbitterte Kämpfe waren an der Tagesordnung. Die Bevölkerung wußte sich jedoch darauf einzurichten. Viele Dörfer, auch die winzig kleinen, weisen architektonische Merkmale auf, die zur Abwehr unliebsamer Eindringlinge gedacht waren. Einige Bauten stellen regelrecht historische Fundstücke dar, während hier und dort auf dem Land verstreut alte Skulpturen stehen, die bösen Zauber abwehren sollten (z. B. in Groppo di Sesta Godano).

Der Oberlauf des Flusses ist mit seinen Stromschnellen ein gutes Trainingsgelände für Kanuten, aber auch für Angler, denn in den natürlichen Bassins leben Aale, Forellen, Barben und Aitel. Auf den umliegenden Wiesen blühen im Frühjahr Narzissen und Ginster.

Die Küche hier ist herzhaft, und selbst die unvermeidlichen Zugeständnisse an die oft banale Gastronomie unserer Tage können dem authentischen Duft eines hausgebackenen Brots nichts anhaben. Sie bekommen das Hausbrot in den Trattorien zu Wurstwaren und Käse serviert. In günstigen Jahren werden hier immense Mengen an Steinpilzen getrocknet und dann zu köstlichen Saucen verarbeitet.

In Varese Ligure schließlich bekommen Sie eine echte Spezialität zu kaufen: süßes Kastanienmehl, mit dem Sie Kuchen und Castagnaccio (einen Fladen) zubereiten können, aber auch Tagliatelle, die dann mit einer Sauce aus Lauch und Schafskäse angerichtet werden. Die wilden Kräuter verwendet man für die Füllung der typischen Ravioli, zu denen dann das klassische Fleischragout serviert wird. Bei den Hauptspeisen triumphiert natürlich, wie im gesamten ligurischen Hinterland, Kaninchenfleisch, das in allen nur erdenklichen Variationen zubereitet wird (fritiert, gefüllt, in Tomaten- und Pilzsauce, mit Oliven). Vielleicht haben Sie ja Appetit bekommen und kehren in einer Osteria ein?

Von La Spezia nach Carro und Brugnato

Ausgangs- und Zielort:
LA SPEZIA

Länge:
50 KM

Voraussichtliche Dauer:
 1 TAG

Von La Spezia nach Carro und Brugnato
durch La Foce, Santo Stefano di Marinasco, Riccò del Golfo, Pignone, Borghetto di Vara, Carro und Brugnato.

Abstecher:

 NACH SESTA GODANO UND VARESE LIGURE

 NACH ZIGNANGO, ROCCHETTA DI VARA, CASONI, CALICE AL CORNOVIGLIO

Val di Vara
Durch das Hinterland

Eine Durchwanderung des gesamten Varatals würde nicht zuletzt wegen der Vielseitigkeit der Region den Rahmen dieses Führers sprengen. Wir beschränken uns deshalb auf einige besonders empfehlenswerte Teilgebiete, die Sie je nach Belieben, Zeit und Reiseplan ansteuern können. Vielleicht verleitet Sie ja auch ein kurzer Halbtagesausflug, eine detailliert geplante Besichtigungstour anzuschließen. Das Varatal hat für alle

Blick ins Varatal.

Interessensgebiete etwas zu bieten: geschichtliche Zeugnisse, ein relativ intaktes Ökosystem, Waldlandschaften, kleine Dörfer, gute Küche, eine authentische Bevölkerungsstruktur und vor allem Entspannung.

Sie beginnen mit Ihrer Tour im Stadtkern von La Spezia und folgen zunächst der Staatsstraße Richtung Genua. Die wichtige Verkehrsader durchquert das volkstümliche Stadtviertel La Chiappa und führt dann in einigen Haarnadelkurven nach **La Foce** hinauf, von wo aus Sie ein weites Panorama über den Golf, den Hafen und die

TIPS & INFOS
Ausführliche Informationen finden Sie auf Seite 136

LA SPEZIA
LA FOCE

ESSEN

Al negrao
Via Genova, 428
Tel. 70 15 64
Montags geschlossen

Antica Osteria Da Caran
Via Genova, 1
Tel. 70 37 77 u. 70 56 73
Dienstags geschlossen

Il Moccia
Ortsteil Pegazzano
Via Chiesa, 30
Tel. 74 35 62
Mittwochs geschlossen

Im Varatal gibt es noch alte Bauerndörfer mit schönen Steinhäusern.

Stadt genießen. Gönnen Sie sich auf der Paßhöhe also ruhig eine kurze Pause. Halten Sie sich dann nach rechts in Richtung Sarzana und Follo. In wenigen Augenblicken erreichen Sie die Pfarrkirche **Santo Stefano di Marinasco**. Die Kirche wurde um 950 gebaut, und vom 13. bis 15. Jahrhundert reichte ihr Einflußbereich von La Spezia bis nach Riomaggiore. In späteren Jahrhunderten wurde die Kirche immer wieder umgebaut, doch nicht zuletzt dank der wunderschönen Lage beeinträchtigen diese nicht immer geglückten Änderungen kaum den Gesamteindruck.

Etwas unterhalb von Santo Stefano liegt das Hotel-Restaurant »Schiffini«. Zuvorkommender und dabei familiärer Service machen das Haus zu einer empfehlenswerten Adresse.

Kehren Sie nun Richtung La Foce zurück, und biegen Sie links in eine alte Heerstraße ein, die zu den Ausläufern des Monte Parodi führt. Im Frühling und im Sommer gehen hier die Einwohner von La Spezia gern wandern. Sie genießen die frische und angenehm kühle Luft und das intakte Naturschutzgebiet. Von hier erreichen Sie außerdem einen gut ausgestatteten Trimm-dich-Pfad mit fünfzehn Stationen und die Wanderwege von Tramonti. Wenn Sie Hunger verspüren, bietet sich die Osteria »Paradiso« mit ihrer herzhaft-rustikalen Küche für eine Einkehr an. Geschichtlich interessante Zeugnisse am Monte Parodi sind die alte Festung Carpena, die aller Wahrscheinlichkeit nach von La Spezia errich-

tet wurde; in Paradiso sind die Ruinen der Kirche San Martino Vecchio zu sehen (die »neue« Kirche steht in Biassa).
Die Val di Vara nimmt schließlich mit **Riccò del Golfo** und Val Graveglia ihren Anfang. Die Brücke hinter La Foce, wo die Straße leicht bergab führt, sieht nicht unbedingt sehr vertrauenerweckend aus, doch sie ist absolut sicher. Links geht es nach Valdipino und Riccò. Nicht weit davon liegt **Ponzò**, das wie Carpena von Festungsanlagen umgürtet ist und im Mittelalter eine

La Gira
Ortsteil La Foce
Via Genova, 630
Tel. 70 01 87
Dienstags geschlossen,
an Feiertagen geöffnet

Alte Osterie in La Foce

An der alten Straße, die von La Spezia nach Genua führt, standen früher zahlreiche Gasthäuser, in denen sich die Reisenden stärken und ihre Pferde wechseln konnten. Die älteren Bewohner La Spezias könnten unendlich viele Anekdoten erzählen, die sich in jenen Gasthäusern zugetragen haben. Es handelte sich um Poststationen, um Osterie, die sich in Ausstattung und Speisenangebot kaum voneinander unterschieden. Da sie hauptsächlich Gäste auf der Durchreise versorgten, boten sie auch außerhalb der normalen Essenszeiten stärkende Gerichte an. In den Governmenträumen standen viele Tische, und bei schönem Wetter konnte man sich auch im Wirtsgarten beispielsweise an Käse und Bohnen laben. Der Wein war meist etwas säuerlich, aber er floß in Strömen und machte Stimmung.

Vieles davon ist trotz der gewaltigen Veränderungen der letzten Jahrzehnte auch heute noch in einer echten Osteria zu spüren. Am Fuße des Gaggiola, nur wenige Kilometer außerhalb der Stadt, steht noch die »Antica Osteria Da Caran«. Etwas weiter draußen entdeckt man das Schild des »Negrao«. Wenn die Haarnadelkurven nach La Foce steiler werden und La Spezia in der Tiefe liegt, erblickt man den beeindruckenden Bau des »La Gira«. In der Eingangshalle des »La Gira« spielt man heute immer noch Karten, im Obergeschoß wird gegessen. An den Wänden hängen die vergilbten Fotografien längst vergangener Etappen des Giro d'Italia.

»Caran«, »Negrao«, »Gira«. Das Speisenangebot der drei erztypischen Lokale unterscheidet sich kaum. Es genügt, wenn Sie nach dem Ruhetag entscheiden, wohin Sie gehen. Die Küche bietet in erster Linie Hausmannskost mit Tagliatelle ai funghi oder al pesto, der berühmten mes-ciua, Gemüsekuchen (Kartoffeln, Lauch, Artischocken, Mangold, Zucchini), gefülltem Kohl in Sauce, Minestrone mit Pesto, Schnecken, eingelegten oder gebackenen Pilzen, Kaninchen (in Weißwein mit Oliven und Pinienkernen, alla cacciatora, gebraten, gefüllt), Klipp- oder Stockfisch mit Polenta, Miesmuscheln (alla marinara oder gefüllt). Gebackener oder eingelegter Stockfisch ist ein Klassiker. Freitags ist ohnehin Fischtag, und da werden dann je nach Marktangebot Barben und Sardellen serviert. Unbedingt probieren sollten Sie die gefüllten und gebratenen Sardellen, die auf sieben verschiedene Arten zubereitet werden. Zum Dessert gibt es hausgemachte Mürbteigkuchen, zarte Reistorten oder Pudding.

Traditionelle Küche gibt es auch im »Il Moccia« (in Pegazzano), »Il Rossetto« (Via dei Colli), »Aütedo« (in Marola), wo Sie sich an der reichhaltigen Regionalküche der Riviera di Levante gütlich tun können.

Grenzlandgastronomie

Das Varatal ist die wichtigste Verbindung zwischen der Riviera di Levante und der Provinz Genua in Ligurien und den Nachbarregionen Toskana und Emilia. In der Küche des Tals sind daher Einflüsse aus all jenen Gebieten zu spüren. Varese Ligure gehörte beispielsweise bis 1923 zur Provinz Genua, und so bereitet man dort die Corzetti (breite Bandnudeln) genauso zu wie in der Regionalhauptstadt. Heute kennt man zwei Spielarten dieser Nudelsorte. Für den Hausgebrauch bereitet man einen Nudelteig zu und trennt dann mit den Fingern ein haselnußgroßes Stück davon ab. Dieses Teigkügelchen wird dann mit den Händen zu einer Acht geformt und getrocknet.

Die Methode von Varese Ligure dagegen geht auf mittelalterliche Traditionen zurück: Der Teig wird ausgerollt und mit einem Ausstechförmchen in fünf bis sechs Zentimeter große Kreise geteilt. In die Kreismitte wird dann mit einem Stempel ein Muster gedrückt. Jedes Adelsgeschlecht hatte seinerzeit sein besonderes Erkennungszeichen, meist prägte man sogar das Familienwappen in die Teigwaren. Nach der damaligen Gesetzgebung mußten die professionellen Nudelbäcker ihr Firmenzeichen aufprägen, um Fälschungen vorzubeugen.

Die so vorbereiteten Corzetti werden getrocknet und danach in sprudelndem Salzwasser gekocht. Man serviert sie mit den typischen Nudelsaucen des ligurischen Hinterlands, d. h. mit einem kräftigen Sugo aus Schweinefleisch oder mit Pilzen, aber auch mit Pesto schmecken sie vorzüglich.

Wenn Sie sich bis ins obere Varatal vorwagen, dann empfehlen wir Ihnen dringend den Besuch des Klosters San Filippo Neri. Die dortigen Nonnen hüten nämlich einen gastronomischen Schatz, der in der Gegend seinesgleichen sucht. Klöster sind seit jeher Stätten der Meditation und des Gebets gewesen, aber auch einer besonders ausgefeilten Kochkunst gewesen. Es gibt kaum ein Kloster, das nicht einen hauseigenen Klosterlikör, ein Elixier oder selbstgebrautes Bier anbietet. Die Spezialität von San Filippo Neri sind getrocknete Pilze, die wegen ihrer Qualität seit Jahrhunderten in Italien und im Ausland einen ausgezeichneten Ruf genießen.

Der Komponist Gioacchino Rossini, der als Feinschmecker und für seine Leidenschaft für getrocknete Pilze bekannt war, ließ sie sich sogar regelmäßig nach Paris schicken und nannte sie Trüffeln und Foie gras ebenbürtig. Die Nonnen von Varese Ligure erhielten 1884 auf einer Ausstellung in Turin sogar die Silbermedaille für ihre »ausgezeichnet getrockneten Pilze, die auch nach dem Kochen noch ihren hervorragenden Geschmack bewahren«, wie die Urteilsbegründung lautete. Die Steinpilze wurden in spezielle Schatullen verpackt, in denen das feine Aroma der Pilze nicht verlorenging.

Die kulinarisch versierten Klosterschwestern waren lange Zeit auch berühmt für ihre sogenannten *sciuette*, süßes Mandelgebäck in Blütenform. Unzählige Male wurde versucht, das Geheimrezept der Nonnen nachzuahmen, doch das Original ist nach wie vor unerreicht. Die *sciuette* aus dem Kloster bestechen durch ihre Leichtigkeit, Luftigkeit und auch durch die Genauigkeit, mit der sie geformt werden. Wer sie einmal probiert hat, wird sie nie mehr vergessen. Seit die italienische Steuergesetzgebung vor ein paar Jahren Registrierkassen und Quittungen für jede Art von Handel verbindlich vorschrieb, stellten die Nonnen leider den Verkauf von Mandelplätzchen ein. Das Rezept ist nach wie vor geheim – aber vielleicht bringen sie ja den Engeln ein paar Plätzchen mit, wenn sie zum Himmel auffahren ...

wichtige Station für Pilger und Reisende darstellte. Links liegen, nur einen Steinwurf entfernt, die Cinque Terre. Doch die Landschaft ringsum läßt nicht im geringsten vermuten, daß das Meer so nahe ist.
In Pian di Barca verlassen Sie die Staatsstraße. Folgen Sie nun den Hinweisschildern nach Pignone, und machen Sie unterwegs einen Abstecher nach **Corvara**. Der bewohnbare Turm, der unter dem Kosenamen *la lumaca* (die Schnecke) bekannt ist, ist eines der wenigen Überbleibsel einer äußerst bewegten Vergangenheit. Gino Bellani, einer der großen Exponenten der zeitgenössischen italienischen Kunst, hat diesen Ort und seine Umgebung in vielen Bildern festgehalten, die sich durch ihre feinfühlige Farbgebung auszeichnen.
Das Dorf **Pignone** wurde vermutlich bereits in vorrömischer Zeit gegründet. Sicher ist, daß der Ort seit

TIPS & INFOS
Ausführliche Informationen finden Sie auf Seite 147

PIGNONE

18 km von La Spezia
Einwohner: 711
Höhe: 189 m ü. d. M.
Postleitzahl: 19020
Vorwahl: 0187

Informationen
Municipio (Rathaus)
Via Battaglione
Pontremolese, 2
Tel. 88 78 03 u. 88 80 44

ÜBERNACHTEN

Agriturismo Cinque Terre
Ortsteil Gaggiolo
Tel. 88 80 87

Vielseitig und verführerisch sind die ligurischen Gebäcke.

langem besiedelt ist. Nach dem Durchzug von König Rothari und den Langobarden im Jahre 643 wurde die Pfarrei zu einem wichtigen Zentrum für die Bevölkerung der gesamten Umgebung, ja sogar für die Cinque Terre. Kaiser Heinrich VII. machte während seiner Reise von Genua in die Toskana hier Station. Hübsche und begehrte Fotomotive sind der römische Aquädukt, die Brücke und die herrliche steinerne Loggia.
Nächstes Etappenziel ist **Borghetto di Vara**. Die Strecke dorthin ist kurvenreich, aber dafür kaum befahren. In erster Linie wird die Straße von Hobby- und Profirennradfahrern als Trainingsstrecke genutzt. In den Grotten von Cassana wurden Knochenfunde aus prähistorischer Zeit gemacht. Während Sie so dahinfahren, ändert sich das Landschaftsbild allmählich, und das Varatal zeigt

Käse aus dem Val di Vara.

Oben: San Filippo Neri in Varese Ligure.
Unten: Ein schönes Portal in Castello di Carro.

sich in immer wieder neuer Gestalt. In Borghetto angelangt, haben Sie mehrere Möglichkeiten: Die Staatsstraße Via Aurelia bringt Sie nach Passo del Bracco und weiter nach Sestri Levante. Unterwegs können Sie einen Abstecher zur Wallfahrtskirche von Roverano machen, von der es nicht mehr weit bis zur Autobahneinfahrt Carrodano ist. Die Landschaft ist hier vor allem wegen der seltenen Pflanzen, die am Fluß gedeihen, interessant. Die Provinzverwaltung hat die Bedeutung dieses Ökosystems erkannt und (zumindest auf dem Papier) einen sogenannten *Parco Fluviale*, ein Naturschutzgebiet, das den Fluß entlangläuft, eingerichtet. Hier sollen die wenigen noch verbliebenen Exemplare der rosa Stelzvögel, der seltenen Flußkrebse und die einzigartige Ufervegetation, in deren Schutz die Wildschweine trinken und suhlen, geschützt werden. Wer sich eingehender informieren will, findet alles Wissenswerte über den Park in der *Guida al Parco Fluviale* (einschließlich Mündungsbecken der Magra), die vor kurzem bei Luna Editore in La Spezia erschienen ist.

Wenn Sie auf der Aurelia entlangfahren, kommen Sie hinter Carrodano und Mattarana an die Kreuzung nach **Carro** und damit zum Herzstück des oberen Varatals. Im Rathaus von Carro wurde vor kurzem ein Mineralienmuseum eröffnet. Im Ortsteil Castello können Sie noch die Zeugnisse Genueser Herrschaft besichtigen. Je weiter Sie hinauffahren, um so wilder wird die Landschaft und um so kurvenreicher die Straße, die dem zerklüfteten Ambiente mit Gießbächen und Felsvorsprüngen folgt.

Theoretisch könnten Sie von Carro aus nach Maissana und Varese Ligure weiterfahren. Das ist allerdings ein Abenteuer. Kehren Sie statt dessen vielleicht lieber in eine nette Osteria ein. In Cornice ist die »Taverna dei golosi« zu empfehlen. Folgen Sie dafür von Carro aus den Hinweisschildern bis zur Kreuzung mit der Staatsstraße nach Varese Ligure und Brugnato. Biegen Sie rechts nach Piano d'Isola und Cornice ab. Von Carrodano aus ist die Strecke ein Kinderspiel, wenn Sie von Brugnato kommen, ist die Abzweigung nach Cornice nur schwer zu sehen (plötzliche Linkskurve). Die Straße führt bergab durch einen üppig grünenden Wald, nicht weit von der Straße rauscht der Wildbach Mangia.

Rätselhafte Menhire

Das Museo Civico in La Spezia und das Museum in der Burg Piagnaro bei Pontremoli sind berühmt für ihre Sammlung von Menhiren aus der Lunigiana. Bis heute bleiben die Menhire ein Rätsel, doch zumindest bestehen aufgrund der Analogien zu Funden in anderen Gegenden Europas ein paar Vermutungen über die Gründe ihrer Entstehung.

Gegen Ende des 3. Jahrtausends v. Chr. begannen einige europäische Völker, für uns unentschlüsselbare Steinmonumente zu errichten. Die seltsamen Skulpturen standen allein oder in Gruppen an den verschiedensten Stellen, die heute aufgrund der in der Zwischenzeit erfolgten Landschaftsveränderungen kaum mehr aufzufinden sind.

Diese außergewöhnlichen Steinmonumente tragen heute allgemein Bezeichnungen, die aus dem Bretonischen stammen, da vor allem in der Bretagne zahlreiche Exemplare stehen. Man bezeichnet sie als *Dolmen*, wenn die Konstruktion aus senkrecht in den Boden gerammten Tragsteinen und einem waagrecht darübergelegten Deckstein besteht. Von *Menhiren* spricht man im Falle von einzelnen Stelen, die eine eigenständige Funktion besitzen (abgeleitet vom keltischen Wort *men*, Stein).

Die anthropomorphen Stelen findet man in verschiedenen Ländern Europas und in mehreren Regionen Italiens, doch die Vorkommen in der Lunigiana sind aufgrund ihrer Menge und Formenvielfalt einzigartig. Interessant ist dabei, daß sich die Stelen auf ein relativ eng umgrenztes Gebiet beschränken (fast ausschließlich in der Provinz Massa-Carrara). Darüber hinaus vermutet man, daß viele Menhire noch in den Wäldern vergraben liegen oder schlichtweg als Baumaterial für die alten Steinhäuser verwendet wurden und deshalb noch auf ihre Wiederentdeckung warten.

Und ihre Bedeutung?

Alle Stelen tragen menschliche Züge (Mann oder Frau). Einige Figuren tragen eine Axt oder ein Messer oder beide Werkzeuge. Die beinah »serienmäßige« Wiederholung gewisser Details läßt an heilige Motive oder an Symbole denken. Man schließt daraus, daß diese Stelen religiöse Bedeutung besaßen oder Elemente des Totenkults waren. Megalithische Heiligenfiguren also, die das Ausdrucksverlangen einer hochentwickelten Kultur unterstreichen. Es war sicher kein leichtes Unterfangen, mit den primitiven Werkzeugen der damaligen Zeit Stein zu bearbeiten und zu glätten. Die Fertigung der Stelen muß also durch einen starken emotionalen Drang und eine wichtige soziale Funktion motiviert gewesen sein.

Der erste Fund wurde 1827 in Zignago im Varatal gemacht. Im weiteren Verlauf der Entdeckungen konnte man drei Typologien ausmachen, die sich nach der Kopfform und nach dem Verhältnis von Kopf und Rumpf unterscheiden. Je nach Entstehungszeit, die um mehrere Jahrhunderte differieren kann, lassen sich ebenfalls charakteristische Elemente erkennen. Während die Megalithen aus der Frühzeit kaum bearbeitet wurden, zeigen sich später sehr detaillierte und künstlerisch hochentwickelte Figuren. Zwei Menhire wurden während der Bauarbeiten zum Arsenal in La Spezia zehn Meter unter dem Meeresspiegel geborgen.

Die rund sechzig Stelen, die man bis heute gefunden hat, sind zweifelsohne für die Wissenschaft von großem kulturhistorischem Interesse.

Varese Ligure ist der Hauptort des Varatals und war seit jeher Handelsknotenpunkt.

TIPS & INFOS
Ausführliche Informationen finden Sie auf Seite 131

CARRO

43 km von La Spezia
Einwohner: 678
Höhe: 450 m ü. d. M.
Postleitzahl: 19012
Vorwahl: 0187

Informationen
Comunità Montana Alta Val di Vara
Tel. 86 12 92 u. 86 11 01

Municipio (Rathaus)
Palazzo Comunale
Tel. 86 10 05

MUSEEN

Museo Mineralogico della Val di Vara
Palazzo Comunale
Tel. 86 10 05

Brugnato ist eine Ausnahmeerscheinung für das Varatal, denn es liegt nicht an einem Hang, sondern in der Ebene. Der Ort erhielt bereits am 11. April 999 kraft eines kaiserlichen Dekrets das Stadtrecht und wurde in der Folge Abts- und Bischofssitz. Die Pfarrkirche ist den Heiligen Petrus, Laurentius und Colombanus geweiht und konnte zumindest in Grundzügen ihre schlichte romanische Architektur bewahren. Sie besitzt einen ungewöhnlichen zweischiffigen Grundriß mit zwei Absiden. Sie wurde an der Stelle eines älteren Gotteshauses im 11. Jahrhundert als Klosterkirche errichtet. Die Ortschaft Brugnato besticht durch ihre hübschen Plätze und Arkaden. Von oben betrachtet, besitzt sie dieselbe scherenförmige Anlage wie Varese Ligure. Der Kreuzgang des Klosters San Colombano, die Stützbögen der alten Römerbrücke über den Vara, der historische Kern von Bozzolo, das von seiner erhobenen Lage die gesamte Ebene beherrscht, unterstreichen die strategische Bedeutung und bewegte Geschichte von Brugnato. Kulinarische Spezialität aus Brugnato sind die *canestrelli*, Mürbteigkringel mit Anis- oder Fenchelsaat.

Die Autobahn bringt Sie nun am schnellsten wieder nach La Spezia zurück. Wenn Sie noch ein wenig Zeit haben, können Sie noch einen Abstecher nach **Beverino** mitten im Parco Fluviale machen. Die Besichtigung Beverinos lohnt sich vor allem wegen des wunderschönen Bogens in der Stadtmauer, durch den Sie Zugang zur Stadt erhalten, und wegen der schönen Bauten um Santa Croce.

Ein Museum für die Menschen

Das Bauernmuseum von Càssego geht auf die Initiative des Geistlichen Sandro Lagomarsini zurück. Wenden Sie sich an den Pfarrer des kleinen Weilers bei Varese Ligure, wenn Sie das Museum besichtigen wollen. Die Idee zu dem Museum wurde Anfang der siebziger Jahre geboren, als man in Italien nur wenig über die Funktion und Bedeutung eines Heimatkundemuseums wußte.

Das Projekt verfolgte einen bestimmten sozialen Zweck. Seit langem hatte der Pfarrer eine Nachmittagsbetreuung für die Kinder der Bauern und Schäfer im Tal eingerichtet, was ihm die offene Ablehnung vieler Bewohner des Tals eintrug. Indem die Schüler die Vergangenheit für zukünftige Generationen erkundeten, sollten sie, so Don Sandro, zunächst einmal ein Bewußtsein für ihre eigene Identität entwickeln. Die Suche nach altem Arbeitsgerät und Zeugnissen aus alter Zeit wurde mit großer Sorgfalt durchgeführt. Dank der Unterstützung einiger Universitätsprofessoren konnte nach einem wissenschaftlichen Verfahren gearbeitet werden. Das Museum öffnete schließlich 1975 seine Pforten.

Die Exponate dokumentieren die verschiedenen Tätigkeiten der Menschen im Varatal: Eine Weinpresse und Keltergeräte, eine Apfelpresse von den Ausmaßen eines Baumstamms für die Cidreherstellung, dann Gerätschaften für die Getreideernte, für die Milchgewinnung und Käseherstellung. Wie in vielen Apenninentälern lebten die Menschen im Winter hauptsächlich von Kastanien und Kastanienmehl. So sieht man, wie aus dem Mehl Brot gebacken wurde, Tagliatelle, Focacce und Castagnacci bereitet wurden. Dann gibt es alles über Maismehl zu sehen. Es geht weiter mit dem Thema Wolle (ein paar Jahre lang gab es sogar eine Spinnerei). In den Räumen des Museums sieht man Stangen, Pfannen aus Holz und Terrakotta, Kämme für die Beerenernte, Körbe und Kiepen, Trockenstellagen, Harpunen zum Fischen in den Wildbächen, Siebe, Sicheln und Klingen jeder Größe. Und hinter alldem erkennt man die Geschichten einfacher Menschen mit ihren Freuden und ihren Sorgen und mit ihrer ganz eigenen Würde.

TIPS & INFOS
Ausführliche Informationen finden Sie auf Seite 131

BRUGNATO

27 km von La Spezia
Einwohner: 1150
Höhe: 115 m ü. d. M.
Postleitzahl: 19020
Vorwahl: 0187

Informationen
Municipio (Rathaus)
Piazza del Municipio
Tel. 89 41 10 u. 89 70 98

ESSEN

La Marina
Via Antica Romana, 9
Tel. 89 42 50
Sonntags geschlossen

EINKAUFEN

Süßes
Panificio Bertorelli
Piazza Martiri

Sesta Godano und Varese Ligure

Ausgangsort:
BRUGNATO

Zielort:
VARESE LIGURE

Länge:
32 KM

Voraussichtliche Dauer des Ausflugs:

 1 TAG

Unsere Adreßempfehlungen zu Sesta Godano und Varese Ligure finden Sie auf Seite 153.

Von Brugnato (Ausfahrt an der Autobahn A12 Genua–Livorno) nehmen Sie die Staatsstraße und folgen den Hinweisschildern nach Sesta Godano und Passo delle Cento Croci.

Sesta Godano ist eine Verwaltungseinheit mit dreizehn Gemeinden, von denen jede einzelne eine eigene Geschichte und eine ganz besondere Identität besitzt. Die beiden wichtigsten Gemeinden Sesta und Godano haben der Verwaltungsgemeinschaft zu ihrem Namen verholfen. Sesta ist bereits auf Landkarten aus dem 11. Jahrhundert zu entdecken, während in Godano eine Burg lag, die den Verkehr in die toskanische Lunigiana über den Passo del Rastello kontrollierte. Spuren aus alter Zeit finden sich auch in Cornice, Mangia, Rio und besonders in Groppo, einem elliptisch angelegten Städtchen mit einer Festung und den berühmten Figuren zur Abwehr allen möglichen Unheils. In Airola vor dem Monte Gottero liegt eine Wallfahrtskirche, die Mitte des 15. Jahrhunderts errichtet wurde. Ganz abgeschieden in den Hügeln liegen die Steinhäuser von Chiusola und Ornetto und, auf der gegenüberliegenden Seite, Scogna.

Die Staatsstraße nach **Varese Ligure** ist in gutem Zustand und führt durch eine herrlich grüne Landschaft. Vor dem Hauptort des Varatals liegt San Pietro Vara, in dem hauptsächlich Landwirtschaft und Viehzucht betrieben werden. Die Kirche aus dem 16. Jahrhundert birgt ein schönes Triptychon, das dem ligurischen Künstler Luca Cambiaso (16. Jahrhundert)

Die Burg der Fieschi geht auf das 14. Jahrhundert zurück und ist wegen ihres runden Turms bemerkenswert.

zugeschrieben wird und den heiligen Petrus zwischen dem heiligen Paulus und Johannes dem Täufer zeigt.

Von San Pietro Vara können Sie Abstecher nach Tavarone oder aber nach Cembrano und Ossegna und weiter nach Maissana an der Grenze zu Chiavari unternehmen. Hier verbringen viele Genueser Familien ihren Sommerurlaub.

Kurz vor dem Ortseingang nach Varese entdecken Sie auf der rechten Seite die Molkereigenossenschaft, die ausgezeichneten Käse herstellt (der Käse ist dort und in den Läden im Dorf erhältlich). Varese ist gewissermaßen der natürliche Hauptort des oberen Varatals. Zum einen kann es auf eine lange Geschichte zurückblicken (bereits 1031 urkundlich erwähnt), zum anderen diente es praktisch immer schon als Umschlagplatz aller möglichen Naturprodukte aus dem Tal: Wolle, Leder, Wurstwaren, Käse, Holz, Mehl, Werkzeuge für die Einheimischen, aber auch für Händler und Reisende aus der Nachbarregion Emilia und der Provinz Genua. Symbol für die ruhmreiche Vergangenheit Vareses ist die Burg der Fieschi mit ihrer runden Torre del Piccinino, die die Ortschaft und die Piazza mit den beeindruckenden Arkaden aus dem 14. Jahrhundert beherrscht. Direkt gegenüber der Burg liegt die Barockkirche Santi Teresa d'Avila e Filippo Neri. Sie besitzt zwei Glockentürme, was für die Gegend sehr ungewöhnlich ist, sowie im Innern ein schönes Chorgestühl, eine Orgel und einige Gemälde von gewissem Wert. Bedeutendere Kunstwerke sind in der Kirche San Giovanni Battista zu sehen.

Die Piazza des Borgo Rotondo in Varese Ligure.

Dienstags wird Markt gehalten, und an den Ständen können Sie Spezialitäten aller Art erstehen: getrocknete Pilze, Kastanienmehl, kleine Käselaibe, Würste, Gebäck. Ein anschließender Bummel durch die Gassen der Altstadt verdeutlicht die bäuerliche Tradition Vareses. Eine überzeugende Kostprobe der Regionalküche liefert das Restaurant im Hotel »Gli amici« (bestellen Sie die Crocchini fritti oder die hervorragende Forelle vom Grill).

Wenn Sie sich eingehender mit der Kultur und Geschichte der Gegend befassen wollen, wenden Sie sich an den Pfarrer Don Sandro Lagomarsini. Er wird Ihnen das Museum von Càssego aufschließen (hinter Scurtabò an der Straße zum Passo del Bocco).

Sie können unsere Tour auch mit einem Ausflug zum Passo delle Cento Croci abschließen und durch das einsame Taglietotal fahren.

Von Zignago nach Calice al Cornoviglio

Ausgangsort:
BRUGNATO

Zielort:
CALICE AL CORNOVIGLIO

Länge:
30 KM

Voraussichtliche Dauer des Ausflugs:

 1 TAG

Unsere Adreßempfehlungen zu Zignago und Rocchetta finden Sie auf den Seiten 155 bzw. 151f.

Verlassen Sie Brugnato in Richtung Rocchetta di Vara, wo Sie auf die Wildbäche Veppo (sehr reich an Forellen) und Suvero stoßen. An diesen beiden Wasserläufen soll gegen Ende des 3. Jahrtausends v. Chr. (Bronzezeit) eine Siedlung entstanden sein, auf die vermutlich das heutige Zignago zurückgeht. Zignago, wie es sich heute präsentiert, wurde im 13. Jahrhundert gegründet und umfaßt neben dem Hauptort die Gemeindeteile Pieve, Vezzola, Serò, Sassetta, Imara, Valgiuncata und Topriana.

In Pieve liegt die Gemeindeverwaltung von **Zignago,** die Sie mit aktuellen Informationen über die Geschichtsforschung im Tal versorgt (Tel. 86 50 75 und 86 52 67). Von Pieve führt eine Straße zur Marienwallfahrtskirche Dragnone, wo sich jedes Jahr am 8. September Hunderte von Pilgern einfinden.

Die Strecke von **Rocchetta** nach **Suvero** legen Sie in wenigen Minuten zurück. Die mächtige Burg der Malaspina, einem einflußreichen Adelsgeschlecht aus der Lunigiana, können Sie kaum übersehen. So faszinierend Landschaft und Geschichte auch sein mögen, legen Sie in der klassischen »Trattoria Ferrantini« in Veppo eine Pause ein. Den nötigen Appetit können Sie sich bei einem Ausflug in den 150 Hektar großen Wald von Suvero erwandern. Empfehlenswert ist auch das Restaurant des Hotels »Cuccaro Club« am Waldrand.

Die Straße nach Casoni ist kurvenreich, lohnt aber wegen des majestätischen Naturschauspiels. Hier bietet sich der Bauernhof »Agriturismo Volpi« für eine Einkehr an. Über ein Verbindungsstück, das durch Casoni führt, können Fernwanderer die Alta Via dei Monti Liguri erreichen. Diese Höhenroute ist insgesamt 400 Kilometer lang und verläuft entweder auf halber Höhe oder über die Hügel- und Bergkämme von Caparana (in der Gemarkung Bolano am Südrand des Varatals, wo der Vara in den Magra mündet) bis nach Ventimiglia und in die Seealpen hinein.

Von Casoni ist es nicht weit bis nach Montereggio in der Toskana, das für seine Buchkunst und für seine Testaroli (eine Nudelspezialität) bekannt ist.

Unser Ziel ist jedoch **Calice al Cornoviglio,** das von einer trutzigen Burg überragt wird. Ihr wuchtiger Verteidigungsturm flößte sogar den ansonsten furchtlosen Truppen aus Genua Respekt ein. (Besichtigungszeiten erfragen Sie im Rathaus, Tel. 93 63 09.)

Eine alte Brücke über den Crovana, ein Nebenfluß des Vara.

Tips & Infos
Ausführlicher Adreßteil

Hotels, Restaurants, Osterie, Weinkellereien, Bars, Cafés, Läden, Werkstätten, Ferien auf dem Bauernhof, von Arcigola Slow Food ausgewählt

Essen und Trinken

Trattoria Roma	Restaurant mit guter Küche
Trattoria Roma★	Restaurant mit bemerkenswert guter Küche
Trattoria Roma★★	Restaurant mit ausgezeichneter Küche, nicht versäumen

 Restaurant, das uns besonders gut gefällt aufgrund seines gemütlichen Ambientes, der traditionellen Küche und der unverfälschten Gastfreundschaft

AMEGLIA

Vorwahl: 0187

ÜBERNACHTEN

Locanda dell'Angelo
Ortsteil Marinella
Viale XXV Aprile, 60
Tel. 6 43 91, Fax 6 43 93
Vier Sterne, 37 Zimmer mit TV und Frigobar
Preise: 230 000 Lire mit Vollpension, 180 000 Lire mit Halbpension
Kreditkarten: alle

In der Locanda von Angelo Paracucchi genügt alles, von den komfortabel eingerichteten Zimmern bis zu den Verlockungen der Küche, den höchsten Ansprüchen. Garantiert ein stilvolles Ambiente.

ESSEN

Dai Pironcelli★
Ortsteil Montemarcello
Via delle Mura, 45
Tel. 60 12 52
Mittwochs und mittags (ausgenommen Feiertage) geschlossen
Betriebsferien: variabel
Plätze: 30
Preise: 45 000–50 000 Lire
Keine Kreditkarten

Von der Einrichtung bis zum Speisenangebot ist alles echt: eine der wenigen, alten Osterie, die es noch gibt. Dies ist das Verdienst von Fabrizio Corradeghini, der diese echte Osteria Stück für Stück selbst geschaffen hat. Zu Recht zufrieden mit seinem Ergebnis, kümmert er sich heute um die Gäste sowie um den kleinen, aber sorgfältig bestückten Weinkeller und überwacht die Präsentation der meist traditionellen Speisen. Beginnen Sie mit Speck aus Colonnata und Focaccia, Hühnerlebern mit Kümmel, zarten eingelegten Möhren, Artischockensuppe oder Gemüsekuchen. Dann folgen die üppigen Primi mit Lasagne aus Weizen- und Kastanienmehl mit Pesto, Mesciua, Tortelli mit Ricotta und Zucchini. Typische Hauptgerichte Liguriens sind beispielsweise in Milch geschmorter Stockfisch, Tintenfische mit Artischocken, Sardellen-Gemüse-Torte und Kaninchenbraten. Schokoladen- oder Birnen-Quark-Kuchen und ein ausgezeichnetes Destillat bilden den krönenden Abschluß.

La Ferrara
Ortsteil Bocca di Magra
Via della Pace, 54
Tel. 6 50 82
Montags geschlossen,
Mitte August kein Ruhetag
Betriebsferien: drei Wochen im September/Oktober
Plätze: 80
Preise: 45 000–65 000 Lire
Kreditkarten: alle

Die Lage des Restaurants von Duilio Cecchini ist wirklich beneidenswert: mitten im Grünen, unweit des Flusses Magra und auch nicht weit vom Meer entfernt, was sich denn auch im Speisenangebot niederschlägt: Gemischte Fischplatte, Tagliatelle del corsaro, Barben in Weißwein und, auf Vorbestellung, Fischsuppe. Regionale und Fischspezialitäten werden täglich außerdem in drei verschiedenen Menüs angeboten: »Menu del viaggiatore«, »della Ferrara« und »del marinaio«. Nicht auf der Speisekarte stehen die besonderen Spezialitäten, die Duilio je nach Marktangebot frisch aussucht. Im Weinkeller lagern ordentliche Weine, die gut zu den Speisen passen.

La Lucerna
Ortsteil Bocca di Magra
Via Fabbricotti, 127
Tel. 60 12 06
Montagabends und dienstags geschlossen,
im Sommer kein Ruhetag
Betriebsferien: zwischen Anfang Dezember und Anfang März
Plätze: 40 und 40 im Freien
Preise: 50 000–65 000 Lire
Kreditkarten: AE, CartaSi

Die Küche ist das Reich von Carla Giannoni, während im Service ihre Schwester Saura und deren Kinder arbeiten. Die eigentliche Seele des Lokals ist jedoch Francesco Ferro, der aus Sizilien stammt und zusammen mit seinem Sohn Piero in der Kellerei La Colombiera in Castelnuovo Magra Vermentino, Albachiara und Terrizzo keltert. Im »La Lucerna« wird vor allem Fisch angeboten: gefüllte Miesmuscheln, Sarde a beccafico, Tagliolini mit Adlerfischen, Steinbutt und gebratener Fisch, geschmorter Rochen, Tintenfische, gemischte Grillplatten. Im Sommer können Sie auf der geräumigen Terrasse am Flußufer speisen. Wenn sie gerade angeboten wird, sollten Sie sich die herrliche Pizza aus dem Holzofen munden lassen.

Paracucchi Locanda dell'Angelo ★★
Ortsteil Marinella
Viale XXV Aprile, 60
Tel. 6 43 91, Fax 6 43 93
Montags geschlossen,
im Sommer kein Ruhetag
Betriebsferien: im Januar
Plätze: 80
Preis: 120 000 Lire
Kreditkarten: alle

Angelo Paracucchi gilt auch im Ausland als herausragender Vertreter der italienischen Gastronomie (er betreibt sogar in Paris ein Restaurant). Angelo stammt aus Umbrien, lebt und arbeitet aber seit mehr als zwanzig Jahren in Ligurien. Die Küche orientiert sich an regionalen Grundstoffen (Gemüse und Fisch von allererster Güte), welche dann mit der Angelo eigenen Kreativität und Leidenschaft für Olivenöl zu absoluten Gaumengenüssen verarbeitet werden. In der Küche sind auch Einflüsse aus Fernost zu spüren (exotische Früchte, östliche Verarbeitungstechniken). Seine »Insalata della salute« aus Fisch, Krustentieren, Gemüse und Obst ist dann auch die Sublimation seiner Küchenphilosophie, die Wissenschaft mit Freude am Zubereiten zu vereinen weiß. So sieht man ihn beispielsweise oft köstliche Spaghetti mit Meeresfrüchten vor den Augen der Gäste zaubern. Im Februar werden Kochkurse abgehalten (rechtzeitige Voranmeldung notwendig). Aus Angelos »Werkstatt« kommen die Essige (der Himbeeressig ist berühmt), Nudeln, Konserven und Saucen, die vor Ort zum Verkauf stehen und in alle Welt exportiert werden.

SPORT

Corte di Camisano
Via Arena, 1
Tel. 6 57 12

Unweit von Lerici und Sarzana liegt mitten im Grünen eine Sportanlage mit Reitbahn, Tennisplätzen (überdacht und im Freien) und zwei Schwimmbädern. Zum Erfrischen geht's dann in die Bar oder ins Restaurant.

ARCOLA

Vorwahl: 0187

ESSEN

'R Mesueto
Ortsteil Masignano
Tel. 98 61 90
Nur nach Voranmeldung geöffnet
Plätze: 30
Preis: 70 000–80 000 Lire
Keine Kreditkarten

Das Restaurant wird nach etwas ungewöhnlichen Kriterien geführt. Man kocht nur auf Vorbestellung und auch nur für zehn bis dreißig Personen. Erst dann werden Mario und Adriana Sie im Hause der Biassoli, das dem Schriftsteller Mario Tobino so ans Herz gewachsen war, empfangen. Gastfreundschaft ist für die beiden eine Berufung, und so werden sie es Ihnen an nichts fehlen lassen. Vom Wein – weißer und roter Colli di Luni Vermentino aus eigener Herstellung – bis zu den Speisen, die von Adriana zubereitet werden: Gemüsekuchen, Marubini (Ravioli mit einer Füllung aus Zucchini und Kaninchenfleisch), Aufläufe, Tauben, Kaninchen und Perlhuhn kommen wie das Gemüse aus dem Familienbetrieb und werden im Holzofen gegart. Auch die Desserts sind hausgemacht.

WEINKELLEREIEN

Fattoria Il Chioso
Ortsteil Baccano
Tel. 98 66 20

Graf Nino Papirio Picedi Benettini ist Ingenieur und in der Baubranche tätig. Aber seine Familie hat sich immer für die Landwirtschaft begeistern können. So besitzt er heute das große Gut Chioso in Arcola und die Meierei Ceserano im Herzen der toskanischen Lunigiana. Er stellt einen ausgezeichneten Vermentino sowie im Mischsatz einen weißen und roten Colli di Luni DOC her. Neueste Kuriosität des Hauses ist ein ebenso interessanter wie süffiger Rotwein namens Ciliegiolo. In der ersten Septemberwoche wird im Park der Villa Chioso das Weinfest von Arcola gefeiert, wo man die Weine und traditionellen Speisen der Gegend probieren kann. Die Kellerei ist dienstags für den allgemeinen Publikumsverkehr geöffnet (im August geschlossen).

Andrea Spagnoli
Ortsteil Masignano
Tel. 98 71 60

Masignano bietet für den Weinbau ideale Voraussetzungen, und so gibt es im Ort zahlreiche kleine Winzer, die ihren Wein in der Regel aber nicht selber abfüllen. Eine Ausnahme bildet der junge Andrea Spagnoli, der einen guten Vermentino keltert. Wenn Sie den Betrieb, wo auch Olivenöl und andere Spezialitäten hergestellt werden, besuchen wollen, vereinbaren Sie direkt mit Spagnoli einen Termin.

Vorwahl: 0187

ESSEN

Il Rigoletto **
Quartiere Matteotti, 29
Tel. 40 98 79
Montags geschlossen
Betriebsferien: variabel
Plätze: 35 und 15 im Freien
Preis: 55 000–65 000 Lire
Kreditkarten: alle

Wer von der Autobahn Parma–Mare kommt, kann an der Ausfahrt Aulla eigentlich nicht vorbeifahren. Denn Gianni ist ein hervorragender Koch, und Fulvia, seine Frau, hat eine beachtliche Weinkarte zusammengestellt. Die beiden bieten eine kreative Küche mit Spezialitäten vom Meer und vom Festland: Mit Auberginentimbale, Schwertfisch mit Rosinen und Pinienkernen, Calamaretti mit Ricotta und Tomaten geht es los. Es folgen gebratene Kaninchenhäppchen in Kapern- und Olivensauce, Polenta mit Krebscoulis, Ravioli mit verschiedenen Füllungen. Der Speck aus Colonnata wird vom besten Betrieb der Gegend (Marino Giannarelli) geliefert. Vielleicht serviert man Ihnen warme hausgemachte Crostini dazu, selbstgebackenes Brot und Focaccia stehen ohnehin auf dem Tisch. Von den Antipasti bis zu den Desserts (ausgezeichnet die Schokoladenmousse auf Apfeltartelettes) reiht sich eine köstliche Überraschung an die andere. Beschließen Sie Ihr Mahl mit einem der sorgfältig ausgesuchten Destillate.

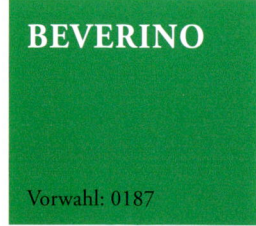

Vorwahl: 0187

ESSEN

Molino dei Rossi
Ortsteil Memola
Tel. 88 30 69
Dienstags geschlossen
Betriebsferien:
15. Januar bis Ende Februar
und zwei Wochen
im September
Plätze: 120 und 60 im Freien
Preis: 35 000 Lire
Keine Kreditkarten

Die Forellen kommen direkt aus dem Fischteich in der Nähe, die Tagliatelle, Pilze, Kaninchen, Walnüsse, Würste und Käsesorten stammen ebenfalls aus dem Varatal. Die Weine sind bestenfalls durchschnittlich, da im Tal nur wenig Weinbau betrieben wird und die Trauben in der Regel von Großhändlern aufgekauft werden.

BONASSOLA

Vorwahl: 0187

ÜBERNACHTEN

La Francesca
Ortsteil La Francesca
Tel. 81 36 20, Fax 81 33 61
Vier Sterne,
52 Appartements
Tennisplätze, Restaurant,
2 Bars
Preise: 180 000 Lire für ein
Wochenende im 3-Personen-
Appartement, 300 000 Lire
für ein 8-Personen-Appartement in der Nebensaison
Keine Kreditkarten

Das gut ausgestattete Feriendorf ist sehr schön gelegen. »La Francesca« besteht aus kleinen Bungalows (alle mit Heizung und Telefon) für 3, 4, 6 oder 8 Personen. Wäsche kann auf Anfrage gestellt werden. Für die Gäste stehen zwei Tennisplätze, Bocciabahnen und Spielplätze zur Verfügung. Im Sommer höhere Preise.

BRUGNATO

Vorwahl: 0187

ESSEN

La Marina
Via Antica Romana, 9
Tel. 89 42 50
Sonntags geschlossen
Betriebsferien: drei Wochen
im August
Plätze: 100
Preis: 30 000 Lire
Keine Kreditkarten

Margherita Rebecchi ist die Seele dieses Dorfgasthauses, in dem Sie Cannelloni, gefüllte Sardellen, Perlhuhn mit Zitronenaroma, Kutteln alla parmigiana und Polenta mit Pilzen bekommen. Freitags gibt es traditionsgemäß Stockfisch. Zum Dessert empfehlen sich Mürbteigkuchen und Reisauflauf.

EINKAUFEN

Süßes
Panificio Bertorelli
Piazza Martiri
Tel. 89 41 44

Bereits im Jahre 999 erhielt Brugnato das Stadtrecht, und vielleicht ist das Rezept für die berühmten und typischen Canestrelli (Kekskringel) genauso alt. In der Bäckerei Bertorelli werden sie aus Mehl, Zucker, Schmalz, Milch, Anis und Eiern sowie Backpulver gemacht, aber jede Familie hat ihr eigenes Rezept, das oft über viele Generationen weitervererbt wurde. Weitere Leckereien im Laden: Tarallucci al burro, Biscotti del Lagaccio und eine Variante des Genueser Pandolce.

CARRO

Vorwahl: 0187

MUSEEN

**Museo Mineralogico
della Val di Vara**
Palazzo Comunale
Tel. 86 10 05

Das Museum ist Paolo Onofrio Tiragallo gewidmet, der einer der bedeutendsten Mineralienkundler Liguriens war. Die Sammlung basiert hauptsächlich auf den Beständen eines gewissen Professor Salatti, der sie der Gemeinde von Carro als Schenkung vermachte. Zu sehen sind zahlreiche Mineralien aus der Gegend, in der es viele Steinbrüche und Minen gibt, aber auch aus anderen Teilen Liguriens und Italiens. Das Museum, das mit der Unterstützung des Fremdenverkehrsvereins von Carro und dem Centro Studi Val di Vara eingerichtet wurde, gewährt einen guten Einblick in die Traditionen des Varatals. Obwohl das Museum erst im Frühjahr 1995 eröffnet wurde, plant man bereits eine Erweiterung, um die umfangreichen Bestände unterzubringen. Einen Besichtigungstermin können Sie mit der Gemeinde vereinbaren.

CASTELNUOVO MAGRA

Vorwahl: 0187

ÜBERNACHTEN

Agriturismo La Cascina dei Peri
Via Montefrancio, 71
Tel. 67 40 85
6 Zimmer mit Bad
Preise: 75 000 Lire für Vollpension, 65 000 Lire für Halbpension

Montefrancio liegt in den Hügeln oberhalb von Lerici und Sarzana inmitten von Weingärten, Olivenhainen und Wäldern. Von der Terrasse des Gutshofs reicht der Blick bis zum Fluß Magra und zum Meer hinunter. In der Cascina werden Ziegen, Enten, Perlhühner und Kaninchen aufgezogen, wird Wein gekeltert, Olivenöl gepreßt und Wurst gemacht. Die Besitzer Giovanni und Mariangiola Peri sind erfahrene Land- und Gastwirte, denn sie bieten bereits seit mehr als zwanzig Jahren Ferien auf dem Bauernhof an.

ESSEN

Al castello da Marco
Via Provinciale, 247
Tel. 67 42 41
Montags geschlossen
Betriebsferien: zwei Wochen im September, eine im Januar
Plätze: 50
Preise: 35 000–45 000 Lire
Keine Kreditkarten

Setzen Sie sich im Sommer auf die wunderschöne Terrasse, von der aus Sie einen Blick über das ganze Magratal genießen, und laben Sie sich an den ligurischen Köstlichkeiten, die in schier endloser Folge aufgetragen werden: Man beginnt mit Wurstwaren (eine Art Preßkopf und Speck aus Colonnata), es geht weiter mit Gemüsekuchen, Crostini und gefülltem Gemüse. Als Primi kommen die traditionellen Lasagnette mit Taubenragout, Tortelli in Walnußsauce, Tagliatelle mit Pilzen oder Pesto auf den Tisch. Traditionsgemäß auch die Hauptspeisen: Gefüllte Kalbsbrust, mit Saisongemüse gefülltes Kaninchen, Kaninchen in Weißwein mit Pinienkernen und schwarzen Oliven, Stockfisch mit Polenta und gesottenes Huhn (beide nur auf Vorbestellung). Zum Dessert empfehlen wir Ihnen die Reistorte »alla carrarina« (mit einer Unzahl von Eiern). In guten Jahrgängen können Sie hier das hauseigene Olivenöl auch zum Mitnehmen kaufen.

Da Armanda★
Piazza Garibaldi, 6
Tel. 67 44 10
Mittwochs geschlossen
Betriebsferien: im Juni und zwischen Weihnachten und Neujahr
Plätze: 80
Preise: 50 000–65 000 Lire
Kreditkarten: CartaSi

Wenn Sie bei »Armanda« essen wollen, müssen Sie zwei Dinge beherzigen: Rechtzeitig einen Tisch reservieren und durch die Altstadt von Castelnuovo Magra bummeln, wobei Sie sich das mittelalterliche Kastell der Bischöfe von Luni und die »Kreuzigung« von Bruegel in der Pfarrkirche ansehen. Das »Armanda« genießt einen ausgezeichneten Ruf für seine Gemüsekuchen, seine duftige Focaccia, den Stockfisch im Backteig, die knusprigen Panigacci mit Olivenöl und Parmesan, den gefüllten Kopfsalat, die Tortelli und Ravioli, den Minestrone al pesto, den gefüllten Kaninchen- und Lammbraten sowie die Nierchen in Knoblauch- und Petersiliensauce; samstags gibt es Kutteln. Die Auswahl an Weinen und Spirituosen ist relativ umfangreich (eine Karte gibt es nicht, aber die Flaschen sind ausgestellt). Als Digestif empfehlen wir den Chinarindenlikör der Farmacia Clementi in Fivizzano.

Mulino del cibus
Ortsteil Canale
Via Canale, 46
Tel. 67 61 02
Montags geschlossen
Keine Betriebsferien
Plätze: 60 und 22 im Freien
Preis: 25 000 Lire, ohne Wein
Keine Kreditkarten

Die Mahlsteine und die Räderwerke der alten Mühle, in der die Enoteca untergebracht ist, funktionieren noch, und in der kühlen Jahreszeit prasselt im alten Kamin ein behagliches Feuer. Das Lokal ist abends ab 20 Uhr geöffnet und bietet Ihnen eine Auswahl an über 250 Weinen aus der näheren Umgebung und dem übrigen Italien, das Hauptaugenmerk liegt dabei auf den großen Rotweinen. Dazu reicht man Gemüsekuchen aus dem Holzofen, erstklassige Wurstwaren und Käsespezialitäten (z.B. Speck aus Colonnata von Marino Giannarelli) und Süßspeisen aus handwerklicher Herstellung von Franco Camboli. Probieren Sie auch den Seccone, ein rustikales Fladenbrot mit getrockneten Früchten, das nach einem Geheimrezept gebacken wird. Anfahrt: Von Sarzana fahren Sie die Via Aurelia Richtung Carrara und nehmen dann die Abzweigung nach Castelnuovo Magra.

FOLLO

Vorwahl: 0187

ÜBERNACHTEN

Agriturismo Carnèa
Ortsteil Carnèa
Via San Rocco, 10
Tel. 94 70 70
6 Zimmer,
davon eines mit Bad
Preise: 75 000 Lire für Vollpension, 60 000 Lire
für Halbpension
Keine Kreditkarten

Der Bauernhof liegt ruhig, aber günstig (Autobahnausfahrt Vezzano Ligure) zwischen der Stadt und der Valdurasca und der Val di Vara. Die Besitzer Donata und Ugo sind mit viel Enthusiasmus bei der Sache, backen selbst Brot, machen Konfitüren und Konserven aus den Erzeugnissen ihres Biohofs und verwenden Kräuter und Gemüse aus eigenem Anbau für ihre Speisen.

EINKAUFEN

Bootsbedarf
Murphy e Nye
Greti di San Martino
Ortsteil Pian di Follo
Tel. 55 83 65 u. 55 83 05
Fax 55 86 91 u. 55 84 44

Die Fabrik für Segel, Bootsbedarf und Kleidung nahm an den Abenteuern der Moro di Venezia beim America Cup teil und hat hier einen Direktverkauf für maritime Jacken und Blousons, Hosen, Pullover und Hemden.

FRAMURA

Vorwahl: 0187

ÜBERNACHTEN

Agriturismo Foce del prato
Via Foce del prato
Tel. 81 02 23
4 Zimmer mit Bad
Preise: 65 000 Lire für Vollpension, 55 000 Lire
für Halbpension
Keine Kreditkarten

Framura gehört verwaltungstechnisch zwar nicht mehr zu den Cinque Terre, hat aber viel mit diesen Ortschaften gemeinsam. Foce del prato ist ein Bauernhof, auf dem Öl und Wein hergestellt, Kaninchen und Lämmer aufgezogen werden und Gemüse angebaut wird. Die Küche (nach Voranmeldung sind auch auswärtige Gäste willkommen, Preise zwischen 25 000 und 45 000 Lire) bietet, was auf dem Hof erwirtschaftet wird: Ravioli, Pansotti, Gnocchi, Tagliatelle, Minestrone, Kaninchen, Lammbraten, süße Focaccia und Crostata.

LA SPEZIA

Vorwahl: 0187

MUSEEN

Musei Civici
Ubaldo Formentini
Via Curtatone, 9
Tel. 73 95 37
Öffnungszeiten:
8.30–13.15 Uhr,
14.30–19.15 Uhr,
montags geschlossen
Führungen nach Voranmeldung

Das Museum besteht aus mehreren Abteilungen, die durch Schenkungen zusammengetragen wurden. Am interessantesten ist sicher die Sammlung der jungsteinzeitlichen Stelen. Zu sehen sind außerdem Ausgrabungsgegenstände aus der alten Römersiedlung Luni, die der Lunigiana zu ihrem Namen verholfen hat.

Museo Navale
della Marina Militare
Arsenale Militare
Tel. 78 30 16 u. 77 07 50
Öffnungszeiten: Di., Mi.,
Do., Sa. 9–12 Uhr,
14–18 Uhr,
Mo., Fr. 14–18 Uhr, sonn- und feiertags geschlossen

Das in seiner Art einzigartige Museum besitzt umfangreiche Sammlungen von Ankern und Galionsfiguren. Hochinteressant sind außerdem die Schiffsmodelle und die Exponate zur Geschichte der italienischen Marine. Sehenswert auch die Apparate, mit denen der Physiknobelpreisträger Guglielmo Marconi seine Experimente durchführte.

Museo Lia
Via del Prione, 234
Tel. 73 11 00
Öffnungszeiten:
Di.–So. 10–18 Uhr
Juni–Aug. variabel

1996 wurde dieses Museum mit der sehenswerten Sammlung des Kunstliebhabers Amadeo Lia eröffnet. Untergebracht sind die Werke in den Räumen eines ehemaligen Klosters: Gemälde, Skulpturen, Miniaturen und wertvolle archäologische Funde. Darunter Werke von Lorenzetti, Pontormo, Tizian, Tintoretto und vermutlich ein früher Raffael.

ÜBERNACHTEN

Hotel Corallo
Via Crispi, 32
Tel. u. Fax 73 13 66
Zwei Sterne, 25 Zimmer mit Bad, Telefon und TV
Gartenterrasse mit Barservice
Preise: 45 000–120 000 Lire pro Zimmer
Keine Kreditkarten

Das Hotel in günstiger Lage ist familiär geführt und vor allem sehr ruhig.

Hotel Ghironi
Via Tino, 62
Tel. 50 41 41, Fax 52 47 24
Vier Sterne, 7 Zimmer mit Bad, 40 Zimmer mit Dusche, alle mit TV, Kühlschrank und Telefon, 4 Studio-Appartements
Garten, Parkplatz, Garage
Preise: Übernachtung mit Frühstück 130 000–190 000 Lire pro Zimmer, 220 000 Lire für das Appartement (vier Personen) einschließlich Frühstück
Kreditkarten: alle

Der moderne Bau ist günstig in der Nähe der Autobahnausfahrt La Spezia gelegen (von der Stadt kommend auf der linken Seite). Das Ambiente ist behaglich, der Residence-Service sehr zweckmäßig. Die Appartements haben zwei Zimmer und Bad.

Albergo Ristorante Schiffini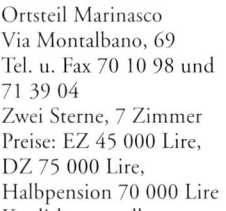
Ortsteil Marinasco
Via Montalbano, 69
Tel. u. Fax 70 10 98 und 71 39 04
Zwei Sterne, 7 Zimmer
Preise: EZ 45 000 Lire, DZ 75 000 Lire, Halbpension 70 000 Lire
Kreditkarten: alle

Die rustikale, aber behagliche Unterkunft in den Hügeln hinter La Spezia bietet ein schönes Panorama über den Golf und die umliegende Landschaft. Idealer Ausgangspunkt für Ausflüge: Zur alten Pieve di Marinasco ist es nicht weit, mit dem Auto können Sie Richtung Follo und in das Valdurasca fahren, außerdem nach La Foce und zum Monte Parodi, nach Riccò del Golfo und ins Varatal. Zum Hotel gehört noch ein eigenständiges Restaurant (40 000–45 000 Lire, dienstags geschlossen), in dem Signora Vanda und ihr Sohn Alessandro vornehmlich nach traditionellen Familienrezepten, aber mit einer kreativen Note kochen: Insalata del sole (Krabben, Rucola, Mais und Parmesan), Gemüsekuchen mit Käseschmelze, Wurstwaren (Speck, Preßkopf, Salami) mit Silberzwiebeln und selbst eingelegten Artischockenherzen, Gnocchetti aus Kartoffel- und Karottenteig, Kornsuppe, Filet mit Gemüse und Balsamessig. Vom nahe gelegenen Meer kommen frischer Fisch und Muscheln. Das Angebot an Desserts und Weinen ist angemessen, die Weinauswahl und den Service besorgt Sommeliere Barbara.

ESSEN

All'incontro
Via Sapri, 10
Tel. 2 46 89
Sonntags geschlossen
Betriebsferien: variabel
Plätze: 50
Preise: 45 000–55 000 Lire
Kreditkarten: alle

Ein ansprechendes, familiäres Restaurant für eine gemütliche Mahlzeit. Der junge Wirt und Koch Mirko Caldino bietet unter anderem eine Suppe aus Venus- und Miesmuscheln, Risotto mit Scampi und Erbsen, Linguine mit Artischockenherzen und Venusmuscheln, Seeschwalbenfische in Tomatensauce, Kalbsmedaillons mit Kapern, Mokka-Pannacotta und Krokantmousse an. Die Weinauswahl muß noch überarbeitet werden, doch inzwischen können Sie schon einmal einen interessanten Colli di Luni und den Vermentino von Spagnoli in Masignano probieren. Ordentliches Angebot an ausländischen Spirituosen. Nicht zuletzt die vernünftige Rechnung wird den Restaurantbesuch zu einem erfreulichen Erlebnis machen.

Aütedo
Ortsteil Marola
Viale Fieschi
Tel. 73 60 61
Montags geschlossen
Betriebsferien: September
Plätze: 80
Preise: 25 000–40 000 Lire
Keine Kreditkarten

Mittwochs gibt es Pizza aus Sojamehl, donnerstags Paella, aber an den anderen Tagen gibt es die traditionellen Spezialitäten: Muscheln, Crostini, Wurstwaren, Kaninchen und Stockfisch sowie Gerichte mit Dinkel. In dem außergewöhnlichen Lokal brodelt es geradezu vor Aktivitäten rund ums

Essen, wozu z.b. auch die Sammlung alter Rezepte aus La Spezia gehört, die Leser an die Tageszeitung Il Secolo XIX geschickt haben. Mit »Aütedo« bezeichnet man in La Spezia die typischen Pergolen, unter denen man stundenlang beisammensitzt und sich unterhält.

La luna
Ortsteil Campiglia
Piazza della Chiesa, 2
Tel. 75 80 51
Dienstags und mittags geschlossen, jedoch nicht im Sommer
Betriebsferien: 7.–31. Januar
Plätze: 35 und 20 im Freien
Preise: 40 000–60 000 Lire
Kreditkarten: alle

Mirko Zaninetti hat das »La luna« im Sommer 1994 übernommen. Das Speisenangebot ist eine geglückte Kombination von Kreativität und Tradition (der Koch Fabrizio Saccomani stammt aus La Spezia). Die Karte wechselt alle zwei Wochen und nennt Fisch- und Fleischgerichte. Die superfrischen Zutaten werden sorgfältig ausgewählt und kommen in den einfachen und zugleich raffinierten Gerichten wunderbar zur Geltung. Pobieren Sie Käseflan in Paprikasauce, Crêpes mit Brokkoli und Pesto, Ravioli mit Fischfüllung, Wolfsbarsch mit Avocado. Die Desserts sind beachtlich, die Weine hinken dem Speisenangebot allerdings hinterher (was keine Nachlässigkeit, sondern Absicht ist). Neben dem Restaurant wird derzeit gerade eine Kneipe eröffnet, in der man dann auch mittags kleine Häppchen und Tagesgerichte bekommen kann.

La pettegola ★
Via del Popolo, 39
Tel. 51 40 41
Sonntags geschlossen
Betriebsferien: 1.–10. Januar und zwei Wochen im August
Plätze: 50
Preise: 50 000–60 000 Lire
Kreditkarten: alle

Maria Teresa Saiu leitet mit viel Geschick dieses Restaurant im Stadtviertel Canaletto, das von der Autobahn in wenigen Minuten zu erreichen ist. Die Küche orientiert sich an der Jahreszeit: So gibt es z.b. im Frühjahr zu Fisch und Krustentieren Saubohnen, im Herbst erstklassige weiße Trüffeln. Mit leichter und doch sicherer Hand bereitet die Patronne täglich zarte Polenta vom Grill mit Meeresfrüchten, Venus- und Miesmuschelsuppe, grüne Gnocchi mit Seeteufelcreme, Karottenklößchen mit Steinpilzen. Wer lieber Fleisch ißt, wird vom Filet mit Artischocken oder an Balsamessig oder à la niçoise keineswegs enttäuscht sein. Desserts wie aus dem Bilderbuch, vom Bonet mit Marsalacreme bis zum Vanille-Halbgefrorenen. Die Weinkarte ist gut bestückt, Maria Teresas Weiterbildung zur Sommeliere ist unverkennbar.

Osteria Paradiso
Ortsteil Paradiso
Monte Parodi, 95
Tel. 75 80 44
Dienstags geschlossen
Betriebsferien: Januar
Plätze: 70
Preise: 30 000–40 000 Lire
Keine Kreditkarten

Authentische Speisen, zuvorkommender Service, familiäres Ambiente zeichnen die Osteria Paradiso vor vielen anderen Lokalen La Spezias aus. Das Lokal liegt idyllisch am Monte Parodi und ist daher wie geschaffen für Urlauber, die einmal nicht am Strand brutzeln wollen. Der Eigentümer Paolo bedient, beaufsichtigt aber auch die Küche und weiß über die Regionalküche bestens Bescheid. Man beginnt mit guten Wurstwaren, zu denen in Öl eingelegtes Gemüse und Pilze gereicht werden. Es folgen die traditionellen Primi des Hinterlands (Ravioli mit Fleischsauce, Tagliatelle mit Steinpilzen, Minestrone). Zum Hauptgang gibt es dann Kaninchen paniert und gebraten oder geschmort, Lamm, gebackene Holunderblüten, Zicklein. Freitag ist traditionsgemäß ein fleischloser Tag, und so ißt man gefüllte Miesmuscheln, Stockfisch und Sardellen. Die Desserts sind rustikal und wie die Nudeln hausgemacht. Ein paar gute Weine ergänzen das vergnügliche Mahl, für das ein anständiger Preis verlangt wird. Sonntags bäckt Paolo eine herrliche Focaccia, die mit Wurst gefüllt und im Freien unter den Bäumen verzehrt wird.

Parodi ★
Via Amendola, 210
Tel. 71 57 77
Sonntags geschlossen
Betriebsferien: August
Plätze: 40
Preise: 80 000–100 000 Lire
Kreditkarten: alle

1995 bekam das »Parodi« als erstes Restaurant der Stadt einen Michelinstern. Von den zahlreichen Spezialitäten sollten Sie keinesfalls versäumen: Tavolozza di mare (drei Fischvorspeisen nach der Saison), Barbenfilets mit Pinienkernen und Majoransauce, Foie gras an Ramandolo, Kalbskopf mit Zwiebelchen und Balsamessig, Hummer mit rosa Sauce und Schnittlauch, Ravioli von Wachtelbohnen in Rosmarinbutter, Fisch vom Rohr nach der Art von Taggia oder in leichter Tomatensauce, Garne-

len »alla zarina«, Hummersuppe, Filet in verschiedenen Zubereitungen. Die Käseauswahl ist hervorragend, die Desserts (Bayerische Creme, Halbgefrorenes und Sorbet) ausgezeichnet. Betreut werden Sie dabei vom Patron Giuliano höchstpersönlich.

Sandalion
Corso Nazionale, 350
Tel. 52 08 47
Montags geschlossen
Betriebsferien:
im September/Oktober
Plätze: 30
Preise: 45 000–60 000 Lire
Kreditkarten: alle

Typisch sardische Küche bekommt man auf dem Festland eher selten, doch das »Sandalion« von Vincenzo Simbula bietet echte Spezialitäten wie Pane frattau, das man knabbert, bis die Gnocchetti serviert werden. Danach gibt es Fleisch und Fischgerichte: Hummer ist an der Tagesordnung (die Rechnung fällt dann natürlich höher aus), aber auch Zicklein oder der typische Porceddu sind zu haben. Schöne Auswahl an sardischen Weinen, allen voran Cannonau und Vermentino.

Toracca Country Club
Orsteil la Foce
Via Carpena, 7
Tel. 70 02 32
Mittwochs geschlossen,
im Sommer kein Ruhetag
Betriebsferien: variabel
Plätze: 50
Preise: 50 000–60 000 Lire
Keine Kreditkarten

Der schöne Gutshof von Ugo Toracca liegt nur wenige Minuten von der Stadt entfernt mitten im Grünen. Das Mittagessen wird in kleinen, geschmackvoll restaurierten Speisezimmern serviert, wobei die Möbel eine behagliche Atmosphäre verbreiten. Man ißt in

erster Linie Festlandspezialitäten, nicht zuletzt, weil das Kleinvieh und das Gemüse aus dem eigenen Betrieb kommen. Zu den Wurstwaren reicht man Sgabei (gebratene Fleckchen aus Brotteig), danach werden verschiedene Suppen, grüne Polenta, geschmorte Kutteln, Tortelli mit Kräuterfüllung, Crêpes mit wildem Spargel, überbackene Ravioli, Pappardelle mit Pilzen, Wildgerichte und hausgemachte Desserts angeboten. Tischreservierung ratsam.

Trattoria toscana Da Dino
Via Da Passano, 17
Tel. 73 54 35 u. 73 61 57
Fax 73 61 57
Sonntagabends und montags
geschlossen
Betriebsferien: an Weihnachten und zwei Wochen im Juli
Plätze: 65 und 60 im Freien
Preise: 40 000–45 000 Lire
Kreditkarten: AE, CartaSi,
EC, MC, Visa

Cinzia, im Service, und Toni Orzincolo, am Herd, führen ihr Restaurant, das bei den Einheimischen immer schon sehr beliebt war, effizient und familiär. Das wichtigste Arbeitsgerät ist nach wie vor der Holzofen, wo Fleisch und Fisch ihr unvergleichliches Aroma bekommen. Die Rohstoffe – vor allem Gemüse, Pilze und Fisch – sind immer superfrisch und werden nach dem Lauf der Jahreszeiten ausgesucht. Hier eine Speisenauswahl: Lasagnette mit Scampi oder Garnelen und Artischocken oder Spargel, geschmorte Tintenfische mit Erbsen, fritierte Jungfische, geschmorte Kutteln, Rotbarben in Grießteig, Fischtopf mit Kartoffeln, Tomaten und Rucola aus dem Holzofen. Ausgezeichnet die Desserts von Toni (der auch als Sommelier fungiert): Halbgefrorenes, Zuppa inglese, Obstkuchen, Zuccotto.

SPEZIALITÄTEN AUS LA SPEZIA

Trattorie, in denen täglich absolute Klassiker aus der Küche La Spezias angeboten werden, gibt es viele. Wir nennen Ihnen hier die Adressen von ein paar Lokalen, in denen Sie – je nach Saison – fast immer Sardellen, Miesmuscheln, mes-ciua, Stockfisch, Tagliatelle und Gemüsekuchen bekommen. Freitags werden dort traditionell keine Fleischgerichte serviert. Die Preise bewegen sich zwischen 30 000 und 35 000 Lire für eine normale Mahlzeit.

Al negrao
Via Genova, 428
Tel. 70 15 64
Montags geschlossen

EIS

La conca d'oro
Via Veneto, 183
Tel. 50 10 30

Eis, Halbgefrorenes und Torten sind die Spezialitäten des Hauses, das bereits seit zwanzig Jahren besteht. Das Eis stammt aus eigener Herstellung, das Fruchteis wird mit superfrischen Zutaten zubereitet. Die Torta Delizia, ein Halbgefrorenes aus Sahne, Nougat und Bitterschokolade, müsssen Sie einfach probieren. Weitere Leckereien: Kuchen mit Beeren, Solaria (Nougat, Meringen und Sahneeis). Gut auch die Pinolate (mit Pinienkernen) und die Sachertorte.

Gelateria La Fiorentina
Via Manzoni, 27
Tel. 3 42 13

Handwerkliches Können und frische Grundzutaten machen das Eis dieser Gelateria zum besten in der ganzen Stadt. Das Eis wird vor den Augen der

Kunden geschlagen. Besonders köstlich schmecken das Creme- und Fruchteis oder die zarten Sorbets, die man an den Kaffeehaustischen genießen kann. Zuccotto und Eistorten kann man zum Mitnehmen kaufen.

EINKAUFEN

Farinata, Focaccia, Pizza
La Pia
Via Magenta, 12
Tel. 73 99 99

Auch unter dem Namen »La centenaria« (Die Hundertjährige) bekannt, ist das La Pia die berühmteste Bäckerei der Stadt und daher zu jeder Tageszeit überfüllt. Kunden jeden Alters stehen Schlange für die Pizzatranchen, die Focaccia und die unvergleichlich duftige Farinata. Das Lokal hat 40 Plätze, und wenn Sie Glück haben, erwischen Sie einen davon und können die Köstlichkeiten gleich vor Ort verspeisen.

Brot, Gebäck
Gianfranco Casalini
Via Genova
La Chiappa

Der Begründer dieser Bäckerdynastie war einst ein berühmter Fußballer. Seine Frau Marisa Secchi führt eine Feinkosthandlung an der Piazza Garibaldi, in der es Spezialitäten und frische Nudeln zu kaufen gibt. An vielen wichtigen Plätzen der Stadt gibt es Filialen von Casalini, das Brot kommt jedoch aus einer einzigen Backstube. In den Bäckereien selbst werden Focaccia, Gemüsekuchen und Nudeln zubereitet und verkauft. Ein Sohn, Eugenio, kümmert sich um die Leitung des Unternehmens: Brotbacken und die Eröffnung weiterer Filialen in der Umgebung. Hier die wichtigsten Adressen: Corso Cavour,

Via del Prione, Piazza Cavour, Via Chiodo, Via del Carmine, Via Pisa.

Panificio Condotti
Via Roma, 38
Tel. 2 95 77

Alba und Roberto führen ihre Bäckerei auf handwerklicher Basis und backen Brot, das sie in vielen verschiedenen Varianten anbieten, und Süßes mit derselben Sorgfalt. Die duftigen Crackers sind beachtlich, ebenso die Focaccia mit Rosmarin oder Käse, die süßen und salzigen Reisaufläufe, die neapolitanische Pastiera und die übrigen Spezialitäten, die sich die beiden jeden Tag neu einfallen lassen.

Panificio Rizzoli
Via Fiume, 108
Tel. 74 31 68

Die Familie Rizzoli führt ihre Bäckerei in einem sehr typischen Stadtviertel von La Spezia bereits seit über zwanzig Jahren. Viele schwören, daß es hier die beste salzige Focaccia überhaupt gibt. Daneben backen die Rizzolis verschiedene Sorten Brot und einen ausgezeichneten Kranzkuchen.

Pasticceria Fiorini
Piazza Verdi, 25
Tel. 73 93 74

Die Konditortradition der Familie wird von einer Generation zur nächsten weitervererbt, so auch einige geheime Familienrezepte wie z. B. für die Torta Fiorini (Obst und Mandeln in herrlich weichem Teig) und den klassischen Pandolce aus Genua. Sehr beliebt ist außerdem der Blätterteigkuchen mit Mandeln.

Kunsthandwerk
Le cose nostre
Via Sapri, 62
Tel. 77 04 70

Le cose nostre (unsere Sachen) ist ein geschickt gewählter Name. Denn die Geschäftsinhaberinnen Ombretta, Federica und Manuela entwerfen selbst die Formen und Farben für Lampen aus mundgeblasenem Glas, die in den Glaserwerkstätten von Empoli gefertigt werden. Das Sortiment wird ständig überarbeitet und folgt stets dem allerneuesten Trend. In der Tat also exklusiv.

Wein
Arrigoni Vini Liguri
Via Sarzana, 224
Tel. 50 40 60

Riccardo Arrigoni setzt die Tradition seiner Familie (die das Weingut Pietraserena in San Gimignano besitzt) fort und widmet sich den Weinen der Region, vor allem aber dem Wein aus La Spezia. Sein Betrieb keltert Trauben für den Sciacchetrà, Cinque Terre Bianco, Colli di Luni Vermentino und andere Erzeugnisse. Am bekanntesten ist wohl sein Giumin, der seit einigen Jahren auch in anderen Landesteilen erhältlich ist. Nach Voranmeldung Besuch der Kellerei möglich.

FÄHR-VERBINDUNGEN

Corsica-Elba-Sardinia Ferries
Piazzale Fiorillo/Molo Italia
Tel. 77 80 97, Fax 73 60 02

Navarma-Moby Lines
Via Tolone, 14
Tel. 2 18 44 u. 2 18 55

Beide Reedereien unterhalten regelmäßige Fährverbindungen nach Korsika, Sardinien und Elba.

Navigazione Golfo dei Poeti
Via Mazzini, 21
Tel. 73 29 87, Fax 73 03 36

Viele Kreuzfahrten im Golf von La Spezia, Verbindungen nach La Spezia, Portovenere und zu den Cinque Terre.

LEIVI

Vorwahl: 0185

ESSEN

Ca' Peo**
Strada Panoramica
Tel. 31 90 90
Montags und dienstagmittags geschlossen
Betriebsferien: November
Plätze: 36
Preise: 85 000–95 000 Lire
Kreditkarten: AE, DC, Visa

Seit Jahren ist das »Ca' Peo« eines der berühmtesten Restaurants in ganz Ligurien. Sein Ruf gründet auf dem ausgewogenen Angebot an traditionellen und elegant-kreativen Speisen: neben angestammten Spezialitäten wie gefüllter Kopfsalat in Brühe und Tomaxelle (eine Art Rouladen) gibt es so Raffiniertes wie Ravioli mit Seebarbenfüllung, Teigflecken mit Tintenfischschwärze und Sauce vom Seeigel, Tortelli mit Zucchinifüllung an Lauch, Hummersuppe, karamelisierte Entenbrust in Gewürzen, Scampi mit kroß gebratenem Gemüse, Balsamessig und Olivenöl. Die Desserts: Sahne-Schokoladen-Parfait mit Mandelkeksen in Mokkasauce, flambierte Äpfel mit Rosinen, Pinienkernen und Maroneneis, Amarettomeringe an Rosenessenz. Nicht nur diese Köstlichkeiten, für die Signora Bianco verantwortlich zeichnet, sondern auch die großzügigen Fenster und die stilvolle Einrichtung mit echten Antiquitäten laden zum Verweilen ein. Die Weine aus Ligurien, dem übrigen Italien und dem Ausland, darunter einige echte Jahrgangsperlen, sowie die Spirituosen verdienen Beachtung. Jedes Jahr organisiert Franco Solari außerdem den »Ronseggin d'ou«, eine Promotionveranstaltung für ligurische Weine. Das Restaurant verfügt außerdem über sechs Gästezimmer und ein Appartement.*

LERICI

Vorwahl: 0187

ÜBERNACHTEN

Campeggio Maralunga
Ortsteil Maralunga
Via Carpanini, 61
Tel. 96 65 89
Zwei Sterne
Von Juni bis September geöffnet

Campeggio Gianna
Ortsteil Tellaro
Via Fiascherino
Tel. 96 64 11
Drei Sterne
Von Ostern
bis 30. September geöffnet

Zwei gute Adressen für alle Urlauber, die gern im Freien übernachten.

Doria Park Hotel
Via Doria, 2
Tel. 96 71 24
Gebührenfreier Anruf innerhalb Italiens: 1670/1 01 41
Fax 96 64 59
Drei Sterne, 42 Zimmer
mit Frigobar, TV und Telefon
Privatparkplatz
Preise: EZ 125 000 Lire,
DZ 170 000 Lire
Kreditkarten: AE, DC, Visa

Das vor kurzem renovierte Hotel liegt günstig im Herzen der Altstadt von Lerici, die Zimmer sind ruhig und komfortabel ausgestattet. Besitzer und Personal sind zuvorkommend und hilfsbereit. Je nach Saison werden auch Sonderarrangements mit Ausflügen oder Diners in den besten Lokalen der Gegend angeboten.

Miranda
Ortsteil Tellaro
Via Fiascherino
Tel. 96 40 12, Fax 96 40 32
Zwei Sterne, 6 Zimmer
mit Bad, TV und Telefon
Bar, Restaurant
Preise: Halbpension
140 000 Lire
Kreditkarten: alle

Angelo Cabani ist zweifelsohne eine wichtige Persönlichkeit in der Gastronomie der Gegend. Dieselbe Sorgfalt, die er bei der Zubereitung seiner Speisen walten läßt, widmet er auch der Führung seines kleinen und behaglichen Hotels. Die Zimmer sind besonders geschmackvoll eingerichtet, einige Möbelstücke sind sogar sehr wertvoll. Die Aussicht über den Golfo dei Poeti und die Inseln vor Portovenere ist ohnehin überwältigend. Die Locanda ist also eine zuverlässige Adresse für Gourmets.

ESSEN

Il delfino
Ortsteil Tellaro
Via Fiascherino, 104
Tel. 96 40 50
Montags geschlossen,
im Sommer kein Ruhetag
Betriebsferien: variabel
Plätze: 60
Preise: 30 000–60 000 Lire
Keine Kreditkarten

Das Lokal ist eine Kombination aus Pizzeria und echtem Speiserestaurant. Hier bekommen Sie klassische Küche mit ausgezeichnetem Fisch (das Angebot reicht von Sardellen bis Riesengarnelen), mit dem Sie sich Ihr ganz persönliches Menü zusammenstellen können. Wählen Sie dann Ihren Lieblingswein aus der beachtlichen Weinkarte. Aber selbst die Pizza ist hier nicht einfach nur eine Pizza, denn Padrone Gianfranco Davico verwendet ausschließlich echten und hervorragenden Büffelmozzarella.

Il frantoio
Via Cavour, 21
Tel. 96 41 74
Montags geschlossen,
im Sommer kein Ruhetag
Betriebsferien: zwei Wochen
im Juli
Plätze: 45
Preise: 60 000–70 000 Lire
Kreditkarten: alle

Das Meer spielt die Hauptrolle im Angebot dieses Restaurants, das in einer alten Ölmühle untergebracht ist: Farro alla marinara, Gnocchetti in Fisch- oder Hummersauce, Pappardelle mit Scampi und Artischocken, geschmorter oder gebackener Fisch. Von den Desserts empfehlen wir besonders den Affogato al caffè (die italienische Variante des Eiskaffees). Zuverlässige Weine und Spirituosen.

La barcaccia
Piazza Garibaldi, 8
Tel. 96 77 21
Donnerstags geschlossen,
im Sommer kein Ruhetag
Betriebsferien: zwei Wochen
im November
Plätze: 40
Preise: 50 000–70 000 Lire
Kreditkarten: alle

Der Wirt Massimo Lorato kann auf eine lange Erfahrung in der Gastronomie Lericis zurückblicken, und er versteht es wirklich wie kaum ein anderer, mit Fischen, Krusten- und Schalentieren umzugehen. Seine Tochter Nicoletta, die übrigens eine beachtliche Weinkarte zusammengestellt hat, hat die Kochleidenschaft vom Vater geerbt und leitet heute das Lokal. Ihr Freund Alessandro betreut die Gäste. Beginnen Sie Ihr Mahl mit delikaten Antipasti: Insalata di mare, Oktopus, Seeteufel auf Bohnenpüree, und wählen Sie von der umfangreichen Speisekarte anschließend unter folgenden Primi und Hauptgerichten: gefüllte Miesmuscheln, Gnocchetti mit Meeresfrüchten, Tagliolini mit Krebsfleisch, Hummersuppe, Risotto, Fischravioli »alla marinara«, Scampi und Riesengarnelen in Tomatensauce, Fisch vom Rohr oder Grill, fritierter Fisch (je nach Jahreszeit und Marktangebot). Dazu gibt es gute Weine in Hülle und Fülle.

La brace
Ortsteil Zanego
Tel. 96 69 52
Montags und dienstags,
im Sommer nur dienstags
geschlossen
Betriebsferien: zwei Wochen
im Mai/Juni und
im Oktober/November
Plätze: 45
Preise: 40 000–45 000 Lire
Keine Kreditkarten

Das »La brace« ist vor kurzem in neue Räumlichkeiten umgezogen. Am Speiseangebot hat sich jedoch nichts geändert. Nach wie vor gibt es als Antipasto gemische Wurstwaren, als Primo hausgemachte Nudeln nach emilianischen Rezepten und zum Hauptgang Fleisch und Gemüse vom Grill.

La conchiglia
Piazza del Molo, 3
Tel. 96 73 34
Mittwochs geschlossen,
im Sommer kein Ruhetag
Betriebsferien: im Januar
Plätze: 36 und 90 im Freien
Preise: 60 000–70 000 Lire
Kreditkarten: alle

Das kleine Restaurant hat in Lerici Geschichte gemacht. In den beiden Speisezimmern haben schon viele berühmte Leute gesessen und die schier unendliche Folge von köstlichen kalten und warmen Antipastini genossen: Calamaretti, Scampi mit Gemüse, Krebse mit Radicchio. Danach gibt es Risotto mit Tintenfischschwärze, gemischte Grillplatten, gemischtes Fritiertes und Apfelkuchen. Getrunken wird dazu guter Wein. Massimo Lorato betreut zusammen mit erfahrenen Gastronomen in seiner Verwandtschaft die Wein- und Speisenauswahl.

La Palmira
Ortsteil San Terenzo al mare
Via Trogu, 13
Tel. 9 71 09 40
Mittwochs geschlossen,
im Sommer kein Ruhetag
Betriebsferien: im Januar
Plätze: 65
Preis: 40 000 Lire
Kreditkarten: AE, CartaSi, Visa

Das »Palmira« im typischen Fischerdorf San Terenzo ist eine Institution. Das kleine Lokal liegt in einer kleinen Gasse versteckt, doch jeder wird Ihnen den Weg dorthin beschreiben können. Im »Palmira« essen Sie rustikal: Küchlein aus Bianchetti und Zucchini (zur passenden Jahreszeit), Salat aus Dinkel und Tintenfischen, Spaghetti in Folie, geschmorte Tintenfische mit gerösteter Polenta, fritierte Meeresfrüchte, gute Desserts. Die Weinauswahl ist begrenzt.

La piccola oasi
Via Cavour, 58–60
Tel. 96 45 88
Dienstags geschlossen
Betriebsferien: variabel
Plätze: 18 und 30 im Freien
Preis: 28 000 Lire
Keine Kreditkarten

Ein ungewöhnliches und gemütliches Lokal. Auf Voranmeldung bekommen Sie hier auch außerhalb der üblichen Essenszeiten einen köstlichen Imbiß serviert. Die Küche ist geradlinig und bietet echte Spezialitäten aus La Spezia und dem übrigen Ligurien: Wurstwaren, Sardellen, Sgabei, Testaroli (oder Panigacci, eine Art Crêpes aus Mehl und Wasser), gefüllte Kalbsbrust, hausgemachte Süßspeisen, Zitronenlikör. Im Sommer wird das bescheidene Platzangebot mehr als verdoppelt, wenn sich der Innenhof in eine echte »kleine Oase« verwandelt, in der man gemütlich sitzen und den in Karaffen servierten Wein genießen kann.

Miranda*
Ortsteil Tellaro
Via Fiascherino
Tel. 96 40 12
Montags geschlossen
Betriebsferien:
im Januar/Februar
Plätze: 35
Preise: Degustationsmenüs (ohne Wein) zu 50 000 und 80 000 Lire

Patron Angelo Cabani verteidigt seit vielen Jahren seinen wohlverdienten Michelinstern mit einer kreativen Küche, die sich vor allem bemüht, die typischen Eigenheiten der Rohstoffe zu betonen. Krustentiere, Fische und Muscheln werden sorgfältig zu beachtlichen Gaumengenüssen verarbeitet. Delikate Saucen und die Kombinationen von Meeresfrüchten und Gemüse garantieren den Erfolg. Ehefrau Giovanna zeichnet für die hervorragenden Desserts verantwortlich. Angelo seinerseits besitzt eine ausgeprägte Leidenschaft für gute Weine. Er wählt sie mit äußerster Sorgfalt aus, wobei er sich auf rote Jahrgangsweine konzentriert, die bei seiner internationalen Stammkundschaft sehr gefragt sind. Doch auf der Karte finden Sie fast alle berühmten Marken, die übrigens zu zivilen Preisen angeboten werden.

Dar Magasin
Via Casamento, 18
Tel. 96 47 08
Dienstags geschlossen
Betriebsferien: variabel
Plätze: 35 und 20 im Freien
Preis: 40 000 Lire, ohne Wein
Keine Kreditkarten

Fabrizio Bernardini serviert seine Gästen Spezialitäten der Region, die in der Küche von seinem Vater und Onkel sorgfältig zubereitet werden. Im Saal hat er die Unterstützung von seiner Verlobten und seiner Schwester. Als Antipasti gibt es Sardellen mit Knoblauch und Schnittlauch, verschiedene Gemüsekuchen, in der Saison Saubohnen mit Thunfisch und gefüllte Zucchiniblüten. Die Pasta wird hier noch hausgemacht. Bodenständige Hauptgänge, hervorragend die überbackenen Oktopus mit Gemüse und entbeintes Coniglio in umido.

Ristorante Vecchia Lerici
Piazza Mottino, 10
Tel. 96 75 97
Donnerstags, vom 15. Juli bis 15. Aug. Freitagmittag geschlossen,
im Sommer kein Ruhetag
Betriebsferien:
2. bis 25. November
Preis: 70 000–90 000 Lire
Kreditkarten: alle

Das Restaurant liegt am Fuß der gewaltigen Burg. Serviert wird auf der eleganten Terrasse mit Blick auf schöne Altstadtfassaden: Zuppetta di Cipolle und Frutti di Mare, Langusten, Scampi mit Bohnencreme, Oktopuspaste, Tagliatelline mit Hummer und Zitrone, Fische aus dem Ofen. Köstliche Dolci. Gute Weinkarte. Padrone Carlo Mastrodonato führt auch das »L'acquamarina«, ein empfehlenswertes Restaurant am Strand.

TIPS & INFOS

KAFFEE, APERITIF

**Bar Enoteca
da Franco**
Ortsteil Solaro
Via Militare, 72
Mittwochs geschlossen
Betriebsferien: erste Septemberhälfte und eine Woche im März
Plätze: 25
Kreditkarten: CartaSi, Visa

Unter den Freunden guter Weine und guten Essens genießt Franco Lanata hier an der Riviera di Levante inzwischen einen sagenhaften Ruf. Das Renommé des Wirts, der von allen eigentlich nur mit seinem Spitznamen »Biscotto« gerufen wird, hat seine Berechtigung. Er war einer der Slow-food-Pioniere in der Gegend, hat den Slow-food-Gedanken publik gemacht und erntet nun die Früchte seiner Bemühungen. Und seit jeher bereitet er in seiner Enoteca die legendären belegten Brötchen, die zu den ausgesuchten Weinen serviert werden. Die Bar offeriert tagsüber kleine Häppchen und Kaffee, abends trinken die Gäste, die sich hier treffen, um endlos zu diskutieren und zu plaudern, Wein. Wenn Sie sich mit Franco über Sport unterhalten, sollten Sie bedenken, daß er ein eingefleischter Fan der Genueser Fußballmannschaft Sampdoria ist.

EIS

Gelateria Ciani
Ortsteil San Terenzo
Via Mantegazza, 5
Tel. 97 22 97

Frische Milch, Zucker und Eier lautet das Grundrezept für den Sospiro (Seufzer), ein zartes und superleichtes Eis, das seinem Namen alle Ehre macht – Sie werden vor seliger Zufriedenheit seufzen, wenn Sie es einmal probiert haben. Auch die weniger berühmten Sorten der Gelateria Ciani sind sehr zu empfehlen, Sahne- und Fruchteis sind von hervorragender Qualität.

EINKAUFEN

Exotisches Kunsthandwerk

Malaika
Via Roma, 14
Tel. 96 52 90

Seit vielen Jahren pilgern die Liebhaber exotischer Kunsthandwerksgegenstände hierher. Von Schnickschnack über Modeschmuck und Lederwaren bis zu Kleidung gibt es hier alles aus den entferntesten Ländern.

Brot, Gebäck

Neben den typischen süßen und salzigen Gebäck der Gegend sind drei Spezialitäten und drei zuverlässige Adressen zu empfehlen: Die Biscotti di Lerici, eine Art Schiffszwieback mit Anis gibt es im »Panificio Brondi e Cargioli«, Via Petriccioli, 58, Tel. 96 72 19. Den Apple pie beommen Sie im »Forno Calzolari«, Ortsteil Pugliola, Via Casini, 34, Tel. 96 59 72, während eine köstliche Variante des englischen Königskuchens in der »Pasticceria Oriani«, Lungomare San Terenzo, Tel. 97 13 72, erhältlich ist.

Wein

Enoteca Franco Baroni
Via Cavour, 18
Sonntags geschlossen, im Sommer und im Dezember kein Ruhetag
Betriebsferien: zwei Wochen im Oktober
Plätze: 14
Kreditkarten: AE, CartaSi, Visa

Franco Baroni gilt in seinem Fach – er ist Sommelier – als Pionier. In der Tat widmet er sich seit vielen Jahren der edlen Kunst der Weinberatung, seine besondere Liebe gilt den Weinen aus La Spezia. Darüber hinaus bietet er in seiner Weinhandlung in der Altstadt von Lerici viele andere hochwertige Erzeugnisse an. Seit ein paar Jahren kann man in seinem Ladenlokal (14 Sitzplätze) auch gefüllte Focaccia, Gemüsekuchen, gemische Salate, Wurst und Käse essen und beispielsweise einen Cinque Terre Vermentino dazu trinken. Ehefrau Daniela Toracca und Tochter Alessandra leisten fachkundige Unterstützung.

GOLFEN

Golf Club Marigola
Via Biaggini, 5
Tel. 97 01 93, Fax 6 55 57

9-Loch-Platz, Driving Range, Ausrüstung kann gemietet werden. Bar und Restaurant.

BOOTSAUSFLÜGE

**Navigazione
Golfo dei Poeti**
Imbarcadero lato Sud
Tel. 96 76 76

Wenigstens einmal sollte man auf den Golf hinausfahren. Während der schönen Jahreszeit verkehren Linienschiffe und Charterboote (etwa gleich teuer) zwischen Portovenere, Palmaria und den Cinque Terre. Vom Meer aus genießen Sie einen einmaligen Blick auf die atemberaubende schöne Küstenlandschaft. Abfahrt von La Spezia, Lerici, Portovenere, Monterosso, Vernazza, Manarola und Riomaggiore.

BOOTS-REPARATUREN

Lorieri rimessaggio
Ortsteil Senato
Tel. 98 85 71

Carlo Lorieri ist ein Freund guter Weine und deftiger Küche, seine Hauptbeschäftigung ist jedoch das Überholen von Booten und die Vermietung von Liegeplätzen. Er arbeitet sorgfältig und kompetent. Seine Werft liegt am Fluß Magra und ist auf dem Landweg über Romito Magra zu erreichen.

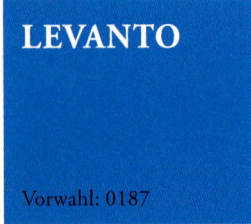

LEVANTO

Vorwahl: 0187

AUSSTELLUNGEN

**Mostra Permanente
della Cultura Materiale**
Piazzetta Massola, 4
Tel. 80 72 65, 80 84 96 u. 81 77 76
Öffnungszeiten: im Sommer täglich 21–23 Uhr, im Winter nur nach Vereinbarung

Die Ausstellung ist in einem Gebäude aus dem 15. Jahrhundert untergebracht, das zur Anlage der Kirche Sant'Andrea gehört. Die Eröffnung der ständigen Ausstellung geht auf das Werk einiger Freiwilliger zurück, die sich 1980 zu einem Verein zusammengeschlossen haben. Zu sehen sind vor allem alte Gerätschaften, die die Arbeit der Bauern in der Umgebung von Levanto illustrieren.

ÜBERNACHTEN

Hotel Palace
Corso Roma, 12
Tel. 80 81 43, Fax 80 86 13
Drei Sterne,
43 Zimmer mit Bad
Fernsehraum
Preise: Vollpension
70 000–100 000 Lire, Halbpension 65 000–90 000 Lire
Von März bis Oktober geöffnet
Keine Kreditkarten

Das gemütliche Hotel in günstiger Lage (nur etwa hundert Meter vom Meer entfernt) wird liebevoll von der Familie Pilotti geführt.

Albergo Stella Maris
Via Marconi, 4
Tel. 80 82 58, Fax 80 73 51
Zwei Sterne, 7 Zimmer mit Bad, Frigobar und TV,
7 Zimmer in einer Dependance
Preise: Halbpension
120 000 Lire, in der Dependance 105 000 Lire;
Übernachtung mit Frühstück im DZ 120 000 Lire
Kreditkarten: alle

Das Haupthaus ist im alten Palazzo Vanoni untergebracht. Alle sieben Zimmer sind mit Fresken an den Wänden geschmückt und im Originalstil eingerichtet. Die Zimmer in der Dependance an der zentral gelegenen Piazza Staglieno sind modern. Die Gäste werden höflich und zuvorkommend betreut.

ESSEN

Araldo
Via Jacopo, 24
Tel. 80 72 53
Dienstags geschlossen,
im Sommer kein Ruhetag
Betriebsferien: November
Plätze: 40
Preise: 50 000–60 000 Lire
Kreditkarten: CartaSi, DC, Visa

Binnen kurzer Zeit hat sich der junge Lorenzo Perrone in die vordersten Ränge der ligurischen Gastronomie vorgearbeitet. Er versteht es, mit Fleisch und Fisch umzugehen, und interessiert sich sehr für Wein, was er mit seiner außergewöhnlichen Karte unter Beweis stellt. Wir empfehlen Krebse in Backteig mit Zucchinicreme, Scampi mit Spargel, Taglierini mit Bohnenpesto und Krebsen, Wolfsbarsch in Gemüsesauce, Goldbrasse auf ligurische Art. Die Weinkarte ist, wie gesagt, gut bestückt und interessant. Araldo, der im Service von seiner Schwester Sabina unterstützt wird, bietet täglich zu einem vernünftigen Preis ein Degustationsmenü an, das fünf Gänge und die jeweils dazu passenden Weine umfaßt. Das Lokal ist elegant und besitzt reich freskierte Gewölbedecken.

WEINKELLEREIEN

**Cooperativa Agricoltori
Vallata di Levanto**
Ortsteil Le Ghiare
Tel. u. Fax 80 08 67

Die Produktion der Genossenschaftskellerei beläuft sich auf rund achtzigtausend Flaschen. Der Lievantù bianco (ein Mischsatz aus 60 % Albarolatrauben und 40 % Vermentino und Bosco) ist das Aushängeschild des Betriebs, der die Trauben von rund hundert Mitgliedern verarbeitet. Die

Weingärten liegen zwischen Mesco und Montale an den Hängen oberhalb von Levanto. Eine weitere Genossenschaft widmet sich der Verarbeitung von Oliven aus der Umgebung. Besichtigung der Kellerei nach Voranmeldung möglich.

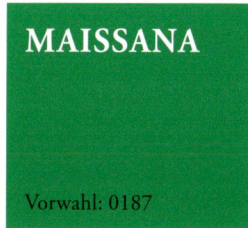

MAISSANA

Vorwahl: 0187

ÜBERNACHTEN

Albergo Ristorante Belvedere
Ortsteil Ossegna
Tel. 84 56 11
Ein Stern, 16 Zimmer
Preise: 50 000 Lire für Zimmer mit Bad und Vollpension, 45 000 Lire ohne Bad, Halbpension 35 000 Lire
Kreditkarten: alle

Maissana war bis vor wenigen Jahren dafür bekannt, daß eine im Vergleich zur Bevölkerung ungewöhnlich hohe Anzahl junger Männer das Priesteramt anstrebte. Doch nicht nur der Glaube, auch der Aberglaube mit packenden Hexengeschichten, die teilweise noch heute erzählt werden, ist hier zu Hause. Seien Sie jedoch unbesorgt, die Ruhe und die grüne Landschaft bieten ebenso wie die Küche des Hauses angenehme Entspannung. Zu den Spezialitäten gehören Gnocchi, Pansotti, gemischtes Frittiertes und zur Jagdzeit geschmortes Wildschwein und Wildhasenbraten.

Agriturismo Giandriale
Ortsteil Tavarone-Giandriale
Tel. 84 02 79
3 Zimmer mit Bad
Preise:
Vollpension 70 000 Lire,
Halbpension 50 000 Lire
Keine Kreditkarten

Giandriale erstreckt sich über ein rund 130 Hektar umfassendes Naturschutzgebiet mit Wäldern und Weiden und liegt in 600 Meter Höhe an der Grenze der Provinzen Genua und La Spezia. Wir sind im Varatal, von der Autobahnausfahrt Sestri Levante sind es weniger als 30 Minuten. Die Nähe zur Natur wird Ihnen hier nicht fehlen, Pferde und Rinder spazieren frei herum, und auch Sie können Felder und Wälder durchstreifen oder sich ein Mountainbike mieten. Die Küche (25 000–30 000 Lire für eine komplette Mahlzeit) paßt zur Umgebung: Gnocchi al pesto, Ravioli mit Rucola, Gemüsekuchen, Hackbraten. Auf dem Bauernhof werden Gemüse und Honig aus eigener Herstellung verkauft.

MONTE-ROSSO AL MARE

Vorwahl: 0187

ÜBERNACHTEN

Albergo degli amici
Via Buranco, 36
Tel. 81 75 44 u. 81 75 74
Fax 81 74 24
Drei Sterne, 40 Zimmer mit Bad, TV und Telefon
Bar, Restaurant
Preise: Halbpension
60 000–90 000 Lire, Vollpension 70 000–100 000 Lire,
DZ (nur in der Nebensaison) 100 000 Lire
Kreditkarten: AE, CartaSi, Visa

Rina Moggia ist die Inhaberin dieses familiären Hotels, das in einem sehr typischen und ruhigen Viertel Monterossos liegt. Meer und Felder sind nicht weit. Das Hotel sieht wie ein echtes ligurisches Haus aus, und echt ligurisch ist denn auch die Küche, die viel mit Pesto und Sardellen arbeitet. Die Urlauber, die das Haus vom Frühjahr bis in den Spätherbst hinein belagern, wollen es auch so.

Foresteria del Santuario di Soviore
Ortsteil Soviore
Tel. 81 75 18
20 Ein- oder Zweizimmerappartements für 4 oder 6 Personen mit Kochnische und Bad
Preise: Einzimmerappartement 65 000–70 000 Lire, Zweizimmerappartement 85 000–90 000 Lire
Keine Kreditkarten

Der charakteristische Gebäudekomplex grenzt an den Aussichtsplatz vor der Wallfahrtskirche von Soviore. Er beherbergt eine Bar, eine Trattoria (dienstags geschlossen) und vermietet kleine Ferienappartements für 4 und 6 Personen. Die Cinque Terre werden vor allem an Ostern und im August von Urlaubern geradezu überschwemmt, aber auch in der Nebensaison empfiehlt sich die rechtzeitige Reservierung. Bettwäsche und Handtücher selber mitbringen.

Hotel La Spiaggia
Ortsteil Fegina
Lungomare Fegina, 98
Tel. 81 75 67, Fax 81 70 75
Ein Stern, 20 Zimmer
mit Bad und Telefon
Garten, Privatstrand
Preise: Vollpension
80 000–100 000 Lire, Halbpension 75 000–85 000 Lire,
EZ 120 000 Lire
Kreditkarten: alle

Andrea Poggi (er spricht mehrere Sprachen) betreibt dieses Hotel im neueren Teil der Ortschaft (unweit vom Parkplatz von Fegina) und zählt zu den bekanntesten Persönlichkeiten der Cinque Terre. Er besitzt eine beeindruckende Sammlung von Zeitungsartikeln und Zeugnissen über seinen geliebten Heimatort. Zusammengetragen hat er sie mit Hilfe seiner ausländischen Besucher und Journalisten, die wahrscheinlich auch dank des gut bestückten Weinkellers zur Mitarbeit gewonnen werden konnten. Wenn Sie rechtzeitig reservieren, können Sie eines der 15 Zimmer mit Meerblick bekommen.

Hotel Palme
Ortsteil Fegina
Via IV Novembre, 18
Tel. 82 90 13 u. 82 90 37
Vier Sterne, 49 klimatisierte Zimmer mit Bad, Telefon und Frigobar
Spiele- und Fernsehzimmer
Von März bis Oktober geöffnet
Preise: 110 000–200 000 Lire pro Zimmer
Kreditkarten: AE, CartaSi, DC, Visa

Große Palmen stehen vor der Eingangshalle im weitläufigen Garten, wo man abends angenehm kühl sitzen kann. In unmittelbarer Nähe zum Meer und am Wanderweg zum Mesco gelegen.

Albergo Pasquale
Via Fegina, 4
Tel. 81 74 77 u. 81 75 50
Fax 81 70 56
Drei Sterne, 16 Zimmer
mit Bad, TV, Telefon, Klimaanlage, Meerblick
Preise:
Vollpension 110 000 Lire,
Halbpension 100 000 Lire
Kreditkarten: CartaSi, Visa

Das Hotel geht auf die Bucht und den kleinen Hauptplatz des Fischerdorfs hinaus, und nicht weit davon beginnen die Treppenstufen zum Kapuzinerkloster. Die ganze Szenerie ist wie aus dem Bilderbuch. Im Hotel erhalten Sie auch Informationen über den Circolo Culturale Radici, einen Art Heimatkundeverein für Monterosso und die Cinque Terre.

Hotel Porto Roca
Via Core, 1
Tel. 81 75 02, Fax 81 76 92
Vier Sterne, 42 Zimmer mit Satellitenfernsehen, Frigobar, Klimaanlage, Balkon und Meerblick
Bar, Restaurant, Privatstrand
Preise:
Halbpension 180 000 Lire,
Vollpension 210 000 Lire,
DZ 270 000 Lire
Kreditkarten: alle außer DC

Das herrliche Hotel unter der Leitung von Guerrina Arpe liegt an einem der schönsten Küstenabschnitte der Cinque Terre, am Anfang des Wanderwegs, der von Monterosso nach Vernazza führt, und nicht weit von den Weingärten in Corone entfernt. Die Zimmer sind größtenteils direkt in den Fels getrieben und allesamt schön eingerichtet. Das Haus selbst liegt in einem Park mit üppig grünender Vegetation. Der ideale Ort für Entspannung und Erholung. Im Restaurant bekommt man klassische Fischgerichte und die Spezialitäten, die man von einem großen internationalen Hotelrestaurant erwartet. Die Weinauswahl ist gut. Neben dem Cinque Terre, Vermentino und Terrizzo della Colombiera aus La Spezia sind viele berühmte italienische Rotweine zu haben.

Villa Steno
Via Roma, 109
Tel. 81 70 28 u. 81 83 36
Fax 81 70 56
Drei Sterne, 16 Zimmer
mit Bad, TV und Telefon
Parkplatz
Im Winter geschlossen
Preise: Übernachtung
mit Frühstück 80 000
bis 200 000 Lire
Kreditkarten: CartaSi, Visa

Die Villa Steno liegt im Grünen, im ruhigsten Teil der Altstadt und präsentiert eine in zartem Rosa getünchte Fassade. Sie verfügt über 16 Zimmer für 1–4 Personen.

ESSEN

Da Peo
La Tana dei Pescatori
Via XX Settembre, 32
Tel. 81 83 84
Mittwochs geschlossen,
im Sommer kein Ruhetag
Betriebsferien: einige Tage
im November
Plätze: 35 und 15 im Freien
Preise: 50 000–60 000 Lire
Kreditkarten:
die bekannteren

Eines der wenigen Restaurants von Monterosso al Mare, die auch im Winter geöffnet haben. Das Lokal liegt im alten Kern des Fischerdorfs. Der Wirt Peo stammt aus Genua und hat die Gastronomie von der Pike auf gelernt, hat auf Schiffen und im Ausland gearbeitet. Die Primi mit Fischsaucen oder Meeresfrüchten sind in Ordnung, der Fisch in Salzkruste einfach ausgezeichnet. Zur passenden Jahreszeit gibt es hier sogar die rohen Bianchetti, die man sonst nur noch selten findet. Das Ambiente ist ansprechend, und vor allem im Winter, wenn das Lokal weniger überlaufen und die Preise (die je nach Fisch ohnehin schwanken) etwas niedriger sind, könnte eine Einkehr interessant werden. Neben Cinque Terre Bianco sind einige gute italienische Flaschenweine zu haben.

Il gigante
Via IV Novembre, 9
Tel. 81 74 01
Dienstags geschlossen,
im Sommer kein Ruhetag
Betriebsferien: von November bis Ende Februar
Plätze: 110 und 40 im Freien
Preise: 45 000–60 000 Lire
Kreditkarten: alle

Über viele Jahre bildeten Claudio Gaione und das »Gigante« eine glückliche Einheit. Jetzt hat der Padrone das Restaurant seinen Mitarbeitern überlassen. Glücklicherweise sieht es so aus, als ob alles beim alten bliebe und Fischgerichte weiter die Karte dominieren: warme und kalte Antipasti wie das Pfännchen mit Muscheln und Krustentieren, Spaghetti mit Muscheln oder mit Oktopus, Fritti misti und Fisch aus dem Ofen. Hausgemachte Dolci.

Il pirata
Ortsteil Fegina
Via Molinelli, 6–8
Tel. 81 75 36
Mittwochs geschlossen,
im Sommer kein Ruhetag
Betriebsferien: von Ende Oktober bis Ende März
Plätze: 25 und 25 im Freien
Preise: 45 000–50 000 Lire
Keine Kreditkarten

Jimmy Viscardi, der zuvor in der renommierten »Taverna Napoleone« in Sarzana gearbeitet hat, betreibt seit zwei Jahren das »Il pirata« und hat frischen Wind in das Restaurant gebracht. Er läßt, bei allem Respekt für die traditionelle Fischküche, auch neue Elemente in sein Speisenangebot einfließen. Hier ein paar Beispiele: marinierter Sägefisch, Krabben mit Pesto und Melone, Mes-ciua mit kleinen Tintenfischringen, Ravioli mit Wolfsbarsch-Zucchini- oder Tintenfisch-Füllung, Spaghetti mit Sardellen, Gnocchi mit Scampi und Spargel, Seeschwalbenfisch vom Rohr mit schwarzen Oliven. Im Keller lagern zuverlässige Weine. Jimmy unterhält sich auch gern mit seinen Gästen. Bringen Sie also etwas Muße mit.

La cambusa
Via Roma, 6
Tel. 81 75 46
Im Sommer immer geöffnet
Betriebsferien: den ganzen Winter
Plätze: 90 und 40 im Freien
Preis: 60 000 Lire
Kreditkarten: alle

Die zentral gelegene Via Roma im alten Ortsteil ist eine malerische Folge von Tischen, die vor den Restaurants im Freien aufgestellt werden. »La cambusa«, von Familie Fossani geführt, ist sicher eines der bekanntesten Lokale in der Straße. Die Küche zeichnet sich durch Beständigkeit aus: Insalata di mare, Sardellen in verschiedenen Zubereitungen, Penne und Spaghetti mit Krebsen oder Meeresfrüchten, Fisch vom Rohr und gemischte Grillplatten. Zu trinken gibt es einen Grechetto oder einen Orvieto, den die Familie Fossani von ihren Winterferien in Umbrien mitbringt.

PIZZA

Wer ißt im Sommer, zumal im Urlaub, nicht gern auch mal eine Pizza? Hier ein paar zuverlässige Lokale, in denen Sie auch Spaghetti mit Meeresfrüchten, leckere Antipasti und gemischte Grillplatten bekommen.

La taverna
Ortsteil Fegina
Via Molinelli, 6
Tel. 81 74 02
Mittwochs geschlossen,
im Sommer kein Ruhetag

Miki
Ortsteil Fegina
Tel. 81 76 08
Dienstags geschlossen,
im Sommer kein Ruhetag

KAFFEE, APERITIF

Bar Centrale
Via Garibaldi, 10
Tel. 81 76 90

Der Inhaber Lorenzo Fossani ist der Bruder von Pepi, dem Wirt des »La cambusa«. Die Bar liegt am Dorfplatz, nicht weit von Rathaus und Marina. An Sommerabenden läßt man sich hier gern auf ein Eis oder einen Kaffee nieder und lauscht dem Klavierspieler oder sieht den Darbietungen auf der Freilichtbühne zu. An den schattigen Tischen ist es selbst tagsüber angenehm kühl.

Latteria Giuliana
Ortsteil Fegina
Lungomare Fegina
Tel. 81 74 91

Das Interieur der Latteria ist schlicht und spartanisch, aber der Service ist äußerst flink, so daß noch Zeit für ein kleines Schwätzchen bleibt. Man kann auch draußen an den Tischchen sitzen, die sich beinah in den Tischen des Hotels Baia und des Restaurants »Il gabbiano« verlieren. Hier kann man Zeitung lesen und dazu ausgezeichneten Kaffee trinken oder eine Focaccia mit Olivenöl verspeisen.

IMBISS UND SNACKS

Bar della Stazione
Via Fegina

Ab 6 Uhr morgens geöffnet. Während man eine Tasse ordentlichen Espresso genießt, kann man auf das Meer hinausschauen oder den Möwen zusehen, die auf dem Strand umhertippeln. Beginnen Sie Ihren Tag mit gesalzener Focaccia, Brötchen oder einer Brioche. In einem Nebenraum werden auch kleine Snacks serviert.

EINKAUFEN

Geschenkartikel
La gazza ladra
Piazza Matteotti, 6
Tel. 81 70 68

Der Laden von Alessandra Pampari liegt an einem belebten Platz in der Nähe der Arkaden von Buranco und ist vor allem bei Touristen sehr beliebt. Sie finden hier von Ledertaschen und Stoffbeuteln über Kleidung und Nippes bis zu alten Spielen, Karten, Modeschmuck und Kuriositäten so ziemlich alles. Die Auslagen werden häufig umdekoriert, so daß man schon aus purer Neugier immer wieder vorbeischaut.

Brot, Pizza, Focaccia
Focacceria Il Frantoio
Via Gioberti, 1
Tel. 81 83 33

Die winzige Bäckerei in einer kleinen Gasse von Monterosso macht Gemüsekuchen, Pizza, Farinata und Pasta fritta (sgabei) zum Mitnehmen.

Il fornaio di Monterosso
Ortsteil Fegina
Tel. 81 74 20

Die Hauptfiliale liegt in der Via Roma, bei Urlaubern bekannter ist das Geschäft in Fegina. Neben den verschiedenen Sorten Brot empfehlen wir Ihnen: Pizza, Focaccia mit Zwiebeln, Oliven oder Thunfisch oder die Focaccia biscottata, die an Trockenkekse oder Zwieback erinnert.

Wein
Cantina du Sciacchetrà
Via Roma, 7
Tel. 81 78 28

Gianluigi Contardi ist kürzlich von Fegina in das historische Zentrum von Monterosso gezogen. Die Räumlichkeiten sind sehr alt, und bei den Restaurierungsarbeiten kamen interessante Details zutage. In der Enoteca werden Weine aus den Cinque Terre, von der ligurischen Küste und den Colli di Luni zur Degustation angeboten.

ORTONOVO

Vorwahl: 0187

MUSEEN

Museo Archeologico Nazionale
Ortsteil Luni
Luni scavi
Tel. 6 68 11
Öffnungszeiten: im Sommer
9–12 Uhr, 15–19 Uhr,
im Winter 9–12 Uhr,
14–17 Uhr
Montags geschlossen

Wenn Sie sich in Lerici aufhalten, sollten Sie unbedingt einmal die 20 Minuten mit dem Auto zu den Ruinen der Römerstadt Luni fahren. Das wohldurchdachte Museum, das zur Ausgrabungsstätte gehört, zeigt Amphoren, Münzen, Statuetten und Statuen. Die Ausgrabungen haben das Amphitheater, die Domus mit wertvollen Mosaiken, den Dianatempel, das Forum, den Cardo maximus und andere Bauten, die die Bedeutung Lunis als Hafenstadt während der Kaiserzeit unterstreichen: von hier wurden die Marmorblöcke aus den Apuanischen Alpen nach Rom verschifft.

Typische Liköre
Liquoreria Mediterranea
Via Larga
Tel. 66 16 00

Fiorella Stoppa stellt auf rein handwerklicher Basis und ohne Farb- und Konservierungsstoffe Liköre von einem unverwechselbaren Duft und Geschmack und großer Finesse her. Die Liköre werden aufgesetzt und sind in den Geschmacksrichtungen Zitrone, Mandarine, Orange, Zedratzitrone, Basilikum, Erdbeere, Waldfrüchte, Pfirsich erhältlich. Die Produktion orientiert sich an den Jahreszeiten und ist aufgrund der hohen Nachfrage schnell ausverkauft.

PIGNONE

Vorwahl: 0187

ÜBERNACHTEN

Agriturismo Cinque Terre
Ortsteil Gaggiolo
Tel. 88 80 87
5 Zimmer ohne Bad
Preise: Vollpension 62 000 Lire, Halbpension 50 000 Lire, Übernachtung mit Frühstück 29 000 Lire
Keine Kreditkarten

In der Val di Vara bietet sich gleich hinter dem Küstengebirge der Cinque Terre eine Übernachtungsmöglichkeit in bescheidenen Zimmern, in einem großen Zelt oder aber in vier Kanadierzelten. Der Agriturismo ist während der Schulferien geöffnet und stellt Mountainbikes und Pferde für

Ausflüge in die nähere Umgebung zur Verfügung. Wer sich nur erholen möchte, dem seien die kulinarischen Spezialitäten des Hauses empfohlen: Lasagne al pesto aus hausgemachten Nudeln, Fleischgerichte (Kaninchen und Hühner werden auf dem Hof aufgezogen). Zum Verkauf angeboten werden Honig, Zitronen, Konfitüren, Wein und Olivenöl aus eigener Herstellung.

PORTO VENERE

Vorwahl: 0187

ÜBERNACHTEN

Hotel Belvedere
Via Garibaldi, 26
Tel. 79 06 08
Drei Sterne, 19 Zimmer mit Bad, TV, Frigobar
Preise: Vollpension 110 000–130 000 Lire, Halbpension 85 000–110 000 Lire
Kreditkarten: alle

Man braucht nur über die Straße zu gehen, und schon ist man am Meer. Das klassische Hotel, in das man gern zurückkehrt, ist seit 1894 im Besitz der Familie Della Croce.

Hotel della baia
Ortsteil Le Grazie
Via Lungomare, 111
Tel. 79 07 97
Drei Sterne, 32 Zimmer mit Bad, TV und Telefon
Schwimmbad
Preise:
Vollpension 125 000 Lire, Halbpension 105 000 Lire
Kreditkarten: CartaSi, Visa

Le Grazie ist ein Fischerdorf mit einer unvergleichlich heiteren Atmosphäre und daher für einen Erholungsurlaub wie geschaffen (nutzen Sie auch das hoteleigene Freibad). Der Sommelier Valter Borghini hat dem Hotel neue Impulse gegeben, er setzt verstärkt auf die Qualität des Speiseangebots, das auf allerfrischesten Zutaten basiert. Fisch spielt natürlich die Hauptrolle, aber auch die hausgemachten Nudeln und Ravioli werden Ihnen lange in Erinnerung bleiben. Die Preise für eine Mahlzeit bewegen sich zwischen 50 000 und 65 000 Lire.

Locanda Lorena
Isola Palmaria
Via Cavour, 4
Tel. 79 23 70
Ein Stern,
8 Zimmer ohne Bad
Von April bis September geöffnet
Preise: 85 000 Lire für Halbpension, 60 000–110 000 Lire für das Zimmer
Kreditkarten: CartaSi, Visa

Die einfache Pension liegt beneidenswert schön unweit der Anlegestelle für die Linienschiffe nach La Spezia und Portovenere. Hier können Sie sich wirklich vom Alltagsstreß erholen. Wandern Sie durch die üppige Vegetation der Insel, oder gehen Sie angeln. Und finden Sie sich mit der etwas spartanisch gehaltenen Pension ab. Das Restaurant (40 000 bis 60 000 Lire für eine komplette Mahlzeit) bietet – was sonst? – Fischküche.

Royal Sporting Hotel
Ortsteil Seno dell'Olivo
Tel. 79 03 26, Fax 52 90 60
Vier Sterne, 62 Zimmer
mit Bad, Frigobar, TV,
Klimaanlage
Meerwasser-Swimmingpool,
Tagungsräume, Tennisplätze,
Privatstrand
Von April bis Oktober
geöffnet
Preise: 200 000 Lire für Vollpension, 120 000–250 000
Lire für das Zimmer
Kreditkarten: alle

Ein modernes Hotel, das über alle Annehmlichkeiten verfügt und an einem der schönsten Küstenabschnitte von ganz Italien liegt. Genießen Sie den Panoramablick von der »Bucht des Ölbaums« über die Inseln und das offene Meer.

ESSEN

Antica Osteria del carugio
Via Capellini, 66
Tel. 79 03 92
Donnerstags geschlossen,
im Sommer kein Ruhetag
Betriebsferien: im November
Plätze: 50
Preis: 25 000 Lire
Keine Kreditkarten

Die ideale Einkehr für einen Imbiß oder eine einfache Mahlzeit mit ligurischen Fischspezialitäten: Sardellen, Oktopussalat, gefüllte Miesmuscheln, mes-ciua und Focaccia. Die Osteria liegt im Herzen einer alten und schmalen Gasse, dem carugio, und wenn Sie die einmal gefunden haben, können Sie die Osteria nicht verfehlen.

Da Iseo
Calata Doria, 9
Tel. 79 06 10
Mittwochs geschlossen,
im Sommer kein Ruhetag
Betriebsferien:
im Januar/Februar
Plätze: 80 und 70 im Freien
Preise: 60 000–70 000 Lire
Kreditkarten: alle

In einem Urlaubsort wie Portovenere muß auch die Gastronomie auf Massenansturme gefaßt sein. Das »Da Iseo« ist ein gut eingefahrener Betrieb, den auch große Scharen von Urlaubern nicht erschrecken. Antipasti di mare aller Art – vor allem mit Miesmuscheln und Garnelen –, Spaghetti mit Fischsauce, Pennette mit Garnelen, gemischte Grillplatten, Fisch vom Rohr mit Kartoffeln, Fritiertes und hausgemachte Desserts stellen auch anspruchsvolle Kunden zufrieden. Und wundern Sie sich nicht, wenn am Nachbartisch die italienische Prominenz Platz nimmt – die gute Küche hat auch sie erobert.

Da Pietro
Ortsteil Le Grazie
Via Lungomare, 69
Tel. 79 00 19
Mittwochs geschlossen,
im Sommer kein Ruhetag
Betriebsferien: zwischen
Mitte November und
Dezember
Plätze: 100 und 80 im Freien
Preis: 50 000 Lire
Keine Kreditkarten

Pietro, genannt »Il palombaro« (der Taucher), führt sein Lokal seit über zwanzig Jahren mit gleichbleibendem Engagement. Überzeugen Sie sich selbst anhand von Spaghetti mit Meeresfrüchten oder mit Krebsfleisch, Fisch vom Rohr oder vom Grill. In der schönen Jahreszeit können Sie im Freien sitzen und auf die Bucht hinausblicken, in deren ruhige

Wasser sich die Fischerboote bei rauher See zurückziehen.

La Marina - Da Antonio
Piazza Marina, 6
Tel. 79 06 86
Donnerstags geschlossen
Betriebsferien: März
Plätze: 70 und 50 im Freien
Preise: 50 000–60 000 Lire
Kreditkarten: alle außer AE

Das Speiseangebot von Antonio ist typisch für die Lokale der Gegend: Die Antipasti bestehen aus Salaten von Meeresfrüchten oder gefüllten Miesmuscheln, die Primi werden mit Garnelen, Scampi oder Pesto serviert, und zum Hauptgang gibt es gemischte Grillplatten. Alles ist sorgfältig zubereitet, die Atmosphäre ist familiär. Je nach Marktangebot bereitet Antonio auch einen ausgezeichneten Schwertfisch in einer Sauce aus Weißwein, Kapern, Oregano und Olivenöl zu.

Taverna del Corsaro*
Calata Doria, 102
Tel. 79 06 22
Dienstags geschlossen,
im Sommer kein Ruhetag
Betriebsferien: zwei Wochen
im Juni
Plätze: 60
Preise: 65 000–75 000 Lire
Kreditkarten: alle

Mit seinem Steinbeißer in Basilikum verrät Pasquale Maietta seine Vergangenheit in Kampanien. Der Koch hat jedoch hier im Golf von La Spezia die Liebe seines Lebens gefunden und sich deshalb hier niedergelassen. Signora Angela kümmert sich um die Primi, Tochter Brunella um die Desserts. Der Service und der Weinkeller obliegen Sohn Antonello, der 1990 zum besten Profi-Sommelier Italiens gekürt wurde. Die sorgfältige Auswahl der Weine gehört hier zum Alltag. Das Lokal diente denn auch als optimales Sprungbrett für die neuen Weine aus den Cinque Terre und den Colli di Luni, außerdem verfügt es über ein schier unendliches Angebot an Hochprozentigem. Die Speisen sind den Getränken durchaus ebenbürtig. Die Auswahl der Antipasti ändert sich täglich und reicht von Kreativem bis zu Traditionellem (gefüllte Miesmuscheln, gegrillte Sardellen, Salate aus Meeresfrüchten). Von den Primi sind besonders die Fischrisotti und die ausgezeichneten Lasagne bastarde (aus zwei verschiedenen Mehlsorten) mit Sauce vom Seeschwalbenfisch zu empfehlen. Fisch gibt es in den verschiedensten Versionen (besonders lecker die Goldbrasse vom Rohr mit schwarzen Oliven). Denkwürdig sind schließlich die Tranchen vom Wolfsbarsch, dessen zartes Fleisch durch einen Hauch extrafeines Olivenöl angenehm betont wird. Von der Veranda blickt man auf die Insel Palmaria, für stimmungsvolles Ambiente ist also gesorgt.

KAFFEE, APERITIF

Bar Lamia
Calata Doria

Vincenzo Lamia ist nicht nur Gourmet, sondern auch ein absoluter Experte in Sachen hochwertiger Weine und Spirituosen. Und die Perlen, die er mit großer Sorgfalt zusammengetragen hat, stehen den Kunden neben Eis, Aperitifs und Espresso zur Verfügung. Die Bar liegt nicht weit vom kleinen Hafen und hat auch ein paar Tische im Freien.

EINKAUFEN

Farinata, Focaccia, Pizza
La Pizzaccia
Via Capellini, 96-98
Tel. 79 27 22

Renato stammt aus Brescia und war eigentlich nach Portovenere gekommen, um hier eine Diskothek zu eröffnen. Dann hat er Francesca geheiratet und etwas ganz anderes gemacht. In ihrem winzigen Ladenlokal verkaufen die beiden nun mit der tatkräftigen Unterstützung Ciccis außergewöhnliche Focaccia (mit Pesto, mit Erbsen, mit Walnußsauce, mit viererlei Käsesorten, aber ohne Wurst). Genauso phantasievoll gestaltet sich die Pizza, auf der meist verschiedene Gemüse und Käse zu finden sind. Am späten Nachmittag gibt es dann königliche Farinata (zu anderen Tageszeiten nur auf Vorbestellung). Inhaber und Kunden träumen noch von einer kleinen Bank und ein paar Stühlen, auf denen man sich eines Tages wird niederlassen können.

RIO-MAGGIORE

Vorwahl: 0187

ÜBERNACHTEN

Hotel Villa Argentina
Via De Gasperi, 170
Tel. u. Fax 92 02 13
Zwei Sterne, 15 Zimmer mit Bad
Restaurant, Bar
Preise: Halbpension
75 000–85 000 Lire
Kreditkarten: AE, CartaSi, Visa

Nachdem Bernardo Cappellini und Giovanna Bonanni mit viel Erfolg das nahe gelegene Restaurant »Ripa del Sole« führten, entschlossen sich die beiden, auch ein Hotel zu eröffnen, das ihnen ebenfalls viel Lob einträgt. Die Eingangshalle ist eine regelrechte Kunstgalerie, ein Teil der Zimmer hat eine Terrasse mit einmaligem Blick über Riomaggiore und Montenero (ideal zum Sonnenbaden). Wer tagsüber gern wandert oder ans Meer geht, ist mit der Halbpension bestens beraten. Wenn Sie Ihren Besuch rechtzeitig ankündigen, reserviert man Ihnen auch gern eine der charakteristischen Ferienwohnungen in der Altstadt.

Villaggio Marino Europa
Orsteil Spiaggione
di Corniglia
Tel. 81 22 79
Zwei Sterne, 47 Vierbettbungalows
Preise: 100 000 Lire für die erste Nacht, für jede weitere Nacht 80 000 Lire
Keine Kreditkarten

Das Feriendorf liegt zwar auf dem Gemeindegebiet von Riomaggiore, rein landschaftlich gesehen gehört es jedoch zu Corniglia. Die Vierbettbungalows haben Küche, Kühlschrank, Duschen mit kaltem Wasser (die Warmwasserduschen gehen extra) und Toilette. Bei günstiger Witterung ist die Anlage ab Ostern geöffnet. In der Nebensaison kann man die Bungalows auch nur für wenige Tage mieten, in der Hauptsaison beträgt der Mindestaufenthalt zwei Wochen. In den Sommermonaten muß man außerdem mit Preisaufschlägen rechnen.

Marina Piccola
Via Discovolo, 28
Ortsteil Manarola
Tel. 92 01 03, Fax 92 09 66
Drei Sterne, 10 Zimmer mit Frigobar und Telefon
Preise:
Vollpension 115 000 Lire,
Halbpension 90 000 Lire
Kreditkarten: alle

Das Schild sagt eigentlich schon alles: Das Marina Piccola befindet sich direkt an dem Platz, wo es zum Strand von Manarola mit seinen typischen schwarzen Felsen hinuntergeht. Das ganze Jahr über wird das Hotel von Gästen unterschiedlichster Provenienz besucht. Die meisten Gäste sind auf der Durchreise, doch verweilen sie gern für ein Fischmenü (45 000–60 000 Lire) auf der Veranda. Die Zutaten werden direkt vor der Küste gefischt und gehören, angefangen bei den Sardellen, zum Besten, was die Gegend zu bieten hat. Genießen Sie die Salate mit Tintenfischen und Miesmuscheln, die Spaghetti mit Meeresfrüchten, die Marmor- und Goldbrassen vom Grill oder aus dem Rohr.

ESSEN
Gli ulivi
Ortsteil Volastra
Tel. 92 01 58
Dienstags geschlossen,
im Sommer kein Ruhetag
Betriebsferien: zur Weinlese und zur Olivenernte
Plätze: 50
Preise: 60 000–70 000 Lire
Kreditkarten: AE, CartaSi, Visa

Volastra verdeutlicht die komplexe Formation der Cinque Terre, wo Olivenbäume und Weinreben nebeneinander gedeihen und das Landschaftsbild (und hier auch das Wirtshausschild) bestimmen. Hier wird denn auch der Wein aus der Genossenschaft in Groppo ausgeschenkt, der gut zu gebratenen Sardellen und Paprikaschoten, aber auch zu marinierten Sardellen und Salaten aus Meeresfrüchten paßt, die übrigens den mäßigen modernen Kreationen vorzuziehen sind. Halten Sie sich auch bei den folgenden Gängen an Meeresspezialitäten wie Spaghetti ai frutti di mare und Goldbrassen.

Ripa del Sole
Via De Gasperi, 4
Tel. 92 01 43
Montags geschlossen,
im Sommer kein Ruhetag
Betriebsferien: zwei bis drei Wochen im November
Plätze: 90
Preise: 35 000–45 000 Lire
Kreditkarten: AE, CartaSi, Visa

Das Lokal liegt wunderschön und besitzt wie das nahe gelegene Hotel Villa Argentina eine unglaublich wertvolle Sammlung moderner Kunst mit Werken von Birolli, Greco, Guttuso, Nativi, Marzulli, Benedetto und anderen mehr. Die Küche dagegen ist traditionell ausgerichtet. Man ißt vor allem ligurische Sardellen (mit Zitronensaft, Zwiebeln und Kapern, aus der Pfanne mit Kartoffeln oder gefüllt. Fisch spielt auch bei den folgenden Gängen die Hauptrolle. Wir erwähnen hier stellvertretend die köstlichen Kartoffelklößchen mit Meeresfrüchten, mit Calamari, Erbsen und Safran, den typischen Ciuppin, die Trenette mit Pesto. Von den Hauptgerichten empfehlen wir neben den gegrillten Fischen die gefüllten Miesmuscheln. Die Desserts sind gut (Torta Cinque Terre). Der Weinkeller konzentriert sich auf den Cinque Terre Bianco von De Batté und der Cooperativa del Groppo (der Vater von Bernardo, zusammen mit seiner Frau Giovanna Inhaber des Lokals, war Gründungsmitglied der Genossenschaft), aber auch die großartigen Weine von Bartolo Mascarello, einem persönlichen Freund der Familie, sind zu haben.

KAFFEE, APERITIF
Bar Gelateria
Bruno Ronchieri
Via Colombo, 138–144
Tel. 92 07 99

Das Eis von Bruno Ronchieri wird handwerklich hergestellt. Der Chef persönlich wird Ihnen das Eis mit den Rosinen, die auch für die Sciacchetrà verwendet werden, empfehlen. Die Kuchen und Torten stammen von einem zuverlässigen Konditor.

WEINKELLEREIEN

Cooperativa Agricoltura di Riomaggiore, Manarola, Corniglia, Vernazza e Monterosso
Ortsteil Manarola-Groppo
Tel. 92 04 35, Fax 92 00 76

Die erste Lese der Genossenschaft, die derzeit von rund zweihundertfünfzig Winzerfamilien beliefert wird, geht auf das Jahr 1982 zurück. Inzwischen ist viel geschehen, und nach wie vor arbeitet man daran, die Weine noch besser zu machen. Die Produktion konzentriert sich auf den Cinque Terre Bianco, den es in drei Crus mit gewöhnlichem Mischsatz und als Passito-Version (Sciachetrà) gibt. In der Kellerei kann man auch Spumante und Grappa kaufen. Die Genossenschaft spielt für die Erhaltung der einzigartigen Weinbausituation der Cinque Terre eine tragende Rolle. Man denke nur an die Lastenaufzüge, mit denen jetzt auch die abgelegensten Rebterrassen erreicht werden können, an die Instandsetzung der alten »cantine« (alte, zweigeschossige Steinhäuser, die in den Weinbergen verstreut liegen und jetzt vermietet werden). Mehr als anderswo steckt hier wirklich »die ganze Landschaft in einem einzigen Glas Wein«, wie ein Werbeprospekt einmal verkündet hat. Besichtigung der Kellerei nach Voranmeldung.

Walter De Batté
Via Pecunia, 168
Tel. 92 01 27

Walter De Batté begann 1991 mit der Abfüllung seines Cinque Terre Bianco. Bei seiner Arbeit unterstützen ihn sein Schwiegervater Anselmo Fazioli und sein Cousin Stefano Lapucci, der eine Ausbildung zum Agrartechniker absolviert hat. Die bescheidenen Mengen (1500 Flaschen) verdeutlichen einmal mehr, wie stark der Grund hier parzelliert wurde. Der Betrieb hat bisher auch zwei Jahrgänge von einem ordentlichen Sciachetrà hergestellt. Battés Kellerei ist auch wegen der innovativen Verfahren bei Keltern und Ausbau interessant. Besichtigungen sind derzeit nicht möglich, die Weine sind jedoch in verschiedenen Restaurants und in den Enotheken der Gegend erhältlich.

Forlini e Cappellini
Ortsteil Manarola
Piazza della Chiesa, 6
Tel. 92 04 96

Neben der Genossenschaftskellerei in Groppo ist der Betrieb von Germana Forlini Cappellini eine der bedeutenden Kellereien der Gegend. Ihre 7500 Flaschen stellen in der Tat einen beachtlichen Grundstock dar, der für die Zukunft Großes erwarten läßt. Der Wein, um den sich Riccardo Arrigoni kümmert, wird auch im Katalog der Selezione Fattorie von Silvano Formigli gelistet, wodurch er einem größeren Kreis von Weinliebhabern bekannt wurde. Besichtigung der Kellerei nach rechtzeitiger Voranmeldung möglich.

ROCCHETTA DI VARA

Vorwahl: 0187

ÜBERNACHTEN

Agriturismo Volpi
Ortsteil Casoni
Tel. 89 00 24
Preise:
Vollpension 45 000 Lire,
Halbpension 35 000 Lire
Keine Kreditkarten

Casoni liegt in unmittelbarer Nähe eines weitläufigen Pinienwalds (rund 150 Hektar) und ist daher ein idealer Ausgangspunkt für Spaziergänge, aber auch für Ausflüge nach Pontremoli und in die toskanische Lunigiana oder nach Calice al Cornoviglio mit seiner beeindruckenden Burganlage. Das Gut Volpi und seine Trattoria (traditionelle Spezialitäten mit Kaninchen, Huhn und Wild) besitzen über 100 Hektar Grund, der bestellt oder als Weidefläche genutzt wird. Käse und Wurstwaren sind aus eigener Herstellung. Die Besitzer bieten für Feriengäste verschiedene Arrangements an; erkundigen Sie sich am besten vorher nach einem passenden Angebot.

ESSEN

Trattoria Ferrantini Da Silvano
Ortsteil Veppo
Tel. 86 87 50
Mittwochs geschlossen, im Sommer kein Ruhetag
Betriebsferien: die letzten zwei Wochen im September
Plätze: 90
Preis: 30 000 Lire
Keine Kreditkarten

Das Lokal ist vor allem bei den Bewohnern La Spezias beliebt, die auf ihrem Sonntagsausflug hier vorbeikommen und sich an Risotto, Tagliatelle ai funghi und Lasagne al forno, an Kaninchen, Huhn und Perlhuhn, an Wildschwein, Wurst und Käse aus der Gegend gütlich tun. Zum krönenden Abschluß wählen sie dann Kranzkuchen, Pinolata oder Mürbteigkuchen. Alles kommt aus den bewährten Händen der Köchin Maria.

SANTO STEFANO DI MAGRA

Vorwahl: 0187

ÜBERNACHTEN

La trigola
Ortsteil Ponzano Superiore
Tel. u. Fax 63 02 92
Drei Sterne, 12 Zimmer mit Bad, TV, Frigobar, Telefon
Preise:
Vollpension 100 000 Lire,
Halbpension 80 000 Lire
Kreditkarten: alle

Das Hotel liegt ruhig an der gewundenen Straße, die zum alten Dorf Ponzano führt, und bietet eine schöne Aussicht. Man blickt auf den Zusammenfluß der Flüsse Magra und Vara, Sarzana und La Spezia, das über die Autobahn schnell zu erreichen ist. Der Wirt Remo begann seine Karriere in der Gastronomie mit einem Restaurant, und so finden im geräumigen Speisesaal des Hotels heute oft Hochzeiten oder andere Feiern statt. Rufen Sie also vorher an, um nicht gerade in eine Riesengesellschaft zu platzen. Eine komplette Mahlzeit kostet etwa 38 000 Lire.

SARZANA

Vorwahl: 0187

ESSEN

L'ape d'oro
Ortsteil Marinella
Via Litoranea, 30
Tel. 6 40 39
Mittwochs geschlossen,
im Sommer kein Ruhetag
Betriebsferien: drei Wochen im November
Plätze: 150 und
100 im Freien
Preise: 10 000–40 000 Lire
Kreditkarten: CartaSi, Visa

Fabrizio Ricci führt sein Restaurant schon seit über elf Jahren mit sicherer Hand. Seine Schwester Giuliana leistet ihm dabei in der Küche wertvolle Unterstützung. Die Ergebnisse ihres kontinuierlichen Einsatzes (und das in einer Gegend, in der Lokale oft ihre Besitzer wechseln) sprechen denn auch für sich. Die Focaccia wird im Holzofen gebacken (probieren Sie die mit Speck aus Colonnata), die Brötchen und Wurstwaren sind sorgfältig ausgewählt. Bemerkenswert auch das übrige Angebot: Spaghetti ai frutti di mare, Fisch vom Grill, Steaks vom Backstein. Gute Weine, Eis aus eigener Herstellung. In Ufernähe.

EINKAUFEN

Süßes, Eis
Pasticceria Silvano Gemmi
Via Mazzini, 21
Tel. 62 01 65

Sarzana ist eine wunderschöne Kunststadt, und Gründe für einen Besuch gibt es immer (die Verkehrsverbindungen nach Lerici, La Spezia und Portovenere sind gut). Im August finden beispielsweise die »Soffitta nella strada«, ein Trödelmarkt mit Hunderten von Anbietern, und die Antiquitätenschau in der Festung Firmafede statt. Die bekannteste Spezialität aus Sarzana ist die Spongata, ein Gebäck aus hauchzartem und knusprigem Blätterteig, der eine Füllung aus Fruchtkonfitüre umhüllt. Es wird überall in den Konditoreien der Stadt in verschiedenen Versionen angeboten. Probieren Sie die Spongata von Silvano Gemmi, in dessen Geschäft Sie alle Köstlichkeiten dieser Erde bekommen: Amaretti, Pralinen, Tartufi, Torta mimosa und einen superleichten Buccellato.

SESTA GODANO

Vorwahl: 0187

ESSEN

La taverna dei golosi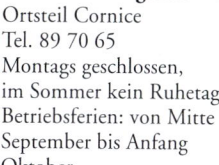
Ortsteil Cornice
Tel. 89 70 65
Montags geschlossen,
im Sommer kein Ruhetag
Betriebsferien: von Mitte
September bis Anfang
Oktober
Plätze: 32
Preise: 40 000–60 000 Lire
Keine Kreditkarten

Der junge Massimo Santamaria aus Genua hat es verstanden, sich binnen kurzer Zeit eine große Anhängerschaft zu erkochen. Zusammen mit seiner Mutter Rosa Merlini und seinem Vater Franco hat er die Hektik seiner Trattoria in San Fruttuoso aufgegeben und sich hier im beschaulichen Varatal niedergelassen. Die unaufdringliche Rustikalität seines Lokals paßt gut zu den Speisen: gebratener Lauch, Häppchen vom Borretsch in Paprikacreme, Suppe von feinen weißen Bohnen und Friséesalat, Teigflecken mit Wildkräutern, gebratenes Kaninchen mit Artischocken und schwarzen Oliven, Schokoladenkuchen. Die Auswahl an Weinen und Destillaten ist gut. Bevor Sie zum Digestif greifen, sollten Sie jedoch den Käse vom Wagen probieren. Anfahrt: Nehmen Sie die Ausfahrt Brugnato an der Autobahn Genua–Livorno, und fahren Sie dann durch den Wald die Straße Richtung Cornice hinauf.

VARESE LIGURE

Vorwahl: 0187

MUSEEN

Museo contadino (Bauernmuseum)
Ortsteil Càssego
Tel. 84 30 05

Eine reichhaltige Sammlung von landwirtschaftlichen Geräten. Das Museum vermittelt einen guten Einblick in das Leben der Bauern dieser Gegend.

ÜBERNACHTEN

Albergo Ristorante Gli Amici
Via Garibaldi, 88
Tel. 84 21 39
Zwei Sterne, 31 Zimmer
mit Bad und Telefon
Preise:
Vollpension 70 000 Lire,
Halbpension 60 000 Lire
Kreditkarten: AE, CartaSi, Visa

Wenn Sie in Varese Ligure, im Hauptort des Varatals, übernachten wollen, ist das »Gli Amici« eine zuverlässige Adresse. Die Tradition des Hauses reicht bis ins achtzehnte Jahrhundert zurück und bietet somit eine gewisse Garantie für einen schönen Aufenthalt. Das Restaurant des Hauses ist auch für Gäste, die nicht hier logieren, geöffnet (eine komplette Mahlzeit kostet 30 000 Lire; mittwochs geschlossen, im Sommer kein Ruhetag). Die Küche bietet die typischen Spezialitäten des ligurischen Hinterlands und verwendet die Grundstoffe, die hier in der Gegend gedeihen: Pilze, Gemüse und Maronen. Beginnen Sie beispielsweise mit gefülltem Gemüse und Wurstwaren, und bestellen Sie dann Ravioli oder Corzetti al Pesto, danach Tomaselle (Fleischrouladen) und zum Abschluß gute hausgemachte Desserts.

EINKAUFEN

Käse

Cooperativa Casearia Val di Vara
Ortsteil Perazza
Tel. 84 21 08

Die Genossenschaft wurde 1978 gegründet und wird von knapp hundert Mitgliedern beliefert. Erst seit 1994 stellt sie auch Käse her, die Ergebnisse sind jedoch hervorragend. Von den Frischkäsen empfehlen wir Mozzarella, Stracchino und Tenerella, von den mittel und lange gereiften Käsespezialitäten den »Borgo rotondo« (so benannt in einer Hommage an den Stadtkern von Varese Ligure). Alles ist zu sehr günstigen Preisen zu haben.

Käse, Wurstwaren, Pilze, Süßes

Alimentari De Vincenzi
Piazza Vittorio Emanuele, 55
Tel. 84 24 03

Unverkennbar hat sich dieses Feinkostgeschäft der kulinarischen Tradition von Varese Ligure gewidmet. In den Vitrinen liegen die ausgezeichneten Käse aus der Gegend, gute Wurstwaren, getrocknete Pilze und erstklassiges Kastanienmehl, aber auch herrliche Süßspeisen aus eigener Herstellung: Torta di fecola (eine Art Soufflé aus Kartoffelstärke, Zucker, Eiern und Zitronensaft), Busculan (ein Kranzkuchen mit getrockneten Früchten) und Kekse, die hier Ruette heißen.

VERNAZZA

Vorwahl: 0187

ÜBERNACHTEN

Agriturismo Barrani
Ortsteil Corniglia
Via Fieschi, 14
Tel. 81 20 63
2 Zimmer
Preise:
Halbpension 65 000 Lire,
Übernachtung 30 000 Lire
Keine Kreditkarten

Der Bauernhof, wo Sie übernachten oder auf eine Mahlzeit einkehren können (etwa 35 000 Lire) liegt im Zentrum von Corniglia, hoch über dem Meer.

Agriturismo La Rocca
Ortsteil Corniglia
Via Fieschi, 222
Tel. 81 21 78
2 Zimmer und 1 Appartement
Preis: 30 000 Lire
pro Nacht pro Person
Keine Kreditkarten

Signora Maria Bordigoni ist die Seele des Betriebs in Corniglia, der am höchsten gelegenen Ortschaft der Cinque Terre. Hier werden Olivenöl und Wein hergestellt und verkauft. Wenn Sie die erholsame Gegend genießen wollen, bedenken Sie, daß Sie rechtzeitig im voraus reservieren müssen und daß Maria nicht für ihre Gäste kocht.

Gianni Franzi
Via Visconti, 2
Tel. u. Fax 81 22 28
15 Zimmer
Preise: Halbpension
80 000 Lire im Zimmer mit
Bad, 70 000 Lire ohne Bad
Kreditkarten: alle

Wenn Sie hier übernachten wollen, müssen Sie rechtzeitig reservieren. Bedenken Sie auch, daß Sie keine Vollpension bekommen können. Ansonsten reicht die Gewißheit, daß Sie in der bezauberndsten Ortschaft der Cinque Terre gelandet sind und eine klassische Fischküche serviert bekommen. Sie essen in alten Lagergewölben oder, im Sommer, auf der Piazzetta vor der Loggia. Das Menü umfaßt gemischte Antipasti mit Sardellen und Muscheln, Penne mit Scampi, Trenette al pesto, Sardellenpfanne und Grillplatten (zwischen 55 000 und 65 000 Lire für die komplette Mahlzeit).

ESSEN

**Osteria
A cantina de Mananan**
Ortsteil Corniglia
Via Fieschi, 117
Tel. 82 11 66
Dienstags geschlossen,
im Sommer kein Ruhetag
Betriebsferien: variabel,
im Winter
Plätze: 30
Preis: 40 000 Lire
Keine Kreditkarten

Die Osteria ist in einem alten Gebäude untergebracht. Der Palazzo gehörte einst den Fieschi, die lange über die Cinque Terre herrschten. Die Räumlichkeiten dienten später als Weinkeller. Die charakteristische Atmosphäre hat sich bis heute fast unverändert bewahren können, und auch das Speiseangebot paßt gut dazu.

Das Meer kann man von den hohen und dunklen Felsen im Hintergrund schimmern sehen, ringsum liegt das offene Land mit Corniglia. Es ist also nur natürlich, daß man hier so typische Spezialitäten wie die mes-ciua und Pasta mit Fischsauce, Sardellen vom Rohr mit Kartoffeln und knusprig-herzhaftes Fritiertes bekommt. Das Lokal, zu dem auch ein zünftiges Wirtshausschild mit der Aufschrift »A-ghe-de-tuttu« (Hier gibt's alles) gehört, ist nur abends ab 19 Uhr geöffnet.

Gambero Rosso★
Piazza Marconi, 7
Tel. 81 22 65
Montags geschlossen,
im Sommer kein Ruhetag
Betriebsferien: drei Wochen
im November
Plätze: 40 und 20 im Freien
Preise: 50 000–65 000 Lire
Kreditkarten: alle

Auch wenn der in den Fels getriebene Speisesaal recht eindrucksvoll wirkt, empfehlen wir Ihnen, im Sommer auf der malerischen Piazzetta von Vernazza zwischen Kirche und Hafen zu speisen. Lassen Sie sich dabei Zeit, denn die erstklassigen Grundstoffe und die sorgfältige Verarbeitung verdienen Aufmerksamkeit – und schließlich sind Sie ja mit einem »langsamen« Reiseführer unterwegs. Hier eine kleine Auswahl aus dem Angebot: Antipasti servieren man gebratene Paprikaschoten und Sardellen, Salat von Garnelen, Tintenfischen und Muscheln, Gemüsekuchen, Sardellen mit Zitronensaft. Unter den Primi finden sich Fischravioli mit Muschelsauce, Risotto mit Tintenfischschwärze, Pansotti und Troffie. Die gefüllten Miesmuscheln, gegrillten Fische und Sardellen aus der Pfanne, die es zum Hauptgang gibt, sind echte Delikatessen. Hervorragend auch die Desserts. Die netten Wirtsleute Lina und Agostino D'Ambra arbeiten am Herd, während ihr Sohn Franco als Berufsfischer (er trägt den Spitznamen »Mormoraio«, »Marmorbrassenfänger«) seinen Lebensunterhalt verdient. Tochter Tania zeichnet für die Desserts und die Weinkarte, die auch einige edle Rotweine enthält, sowie für das gute Olivenöl verantwortlich.

ZIGNAGO

Vorwahl: 0187

ESSEN

Bar Trattoria Rina
Ortsteil Pieve
Via Brigata Garibaldi 2
Tel. 86 50 07
Dienstags geschlossen,
im Sommer kein Ruhetag

Keine Betriebsferien
Plätze: 60 und 50 im Freien
Preis: 30 000 Lire
Keine Kreditkarten

Die Locanda, in der man früher auch übernachten konnte, war einst wegen ihrer Bocciabahn beliebt. Nach den Umbauarbeiten hat sich einiges gändert. Die Pergola, unter der die Gäste im Sommer essen können, und vor allem die Hausmannskost von Rina Ghirardi sind dieselben geblieben. Essen Sie Pappardelle mit Lauch, Minestrone, Tagliatelle al pesto, Lammbraten in Weißwein, süße Focaccia.

Register

Airola 124
– Wallfahrtskirche 124
Ameglia 14, 60, 61, 101, 105, **107–108**, 128, 129
– Festung 107
– Palazzetto del Podestà 108
– Rathaus 108
– Santi Vincenzo e Anastasio (Pfarrkirche) 108
Arcola 129, 130
Arpaja (Grotte) 65
Aulla 130

Barbazzano (Ruine) 96, 103
Beverino 122, 130
– Santa Croce (Kirche) 122
– Stadttor 122
Biassa 14, 60, **73–75**, 78, 117
– Coderone (Festung) 79
– Santa Maria Maddalena (Kirche) 79
– San Martino (Kirche) 79
Bocca di Magra 14, 15, 60, 61, 105, 107, **108**
– Römische Villa (Ruine) 108
– Santa Croce del Corvo (Klosteranlage) 109
Bonassola 57, 131
Borghetto di Vara 14, 17, 114, **119–120**
Brugnato 15, 113, 114, 120, **122**, 126, 131
– Pfarrkirche 122
– Römerbrücke 122
– San Colombano (Kloster) 122

Cadimare 73
Cafaggio/Montemarcello 106
Calice al Cornoviglio 114, **126**
– Burg 126
Campiglia 14, 60, **73–75**, 79
Caparana 126
Carpena 117
Carrara 108, 121
Carro 15, **120**, 131
– Mineralienmuseum Val di Vara 131
Carrodano 17, 120
Casoni 114, 126
Càssego 123, 125
– Bauernmuseum 123, 125
Castelnuovo Magra 105, 132

Cembrano 125
Chiavari 125
Chioso/Tramonti 76
Chiusola 124
Cian (Rebterrassen) 8, **12–13**
Cinque Terre 8–57, **35**, 61, 65, 72, 74, 78, 79, 96, 103, 113, 117
Colla di Grita 17
Cornice 120, 124
Corniglia 10–12, 14, 19, 30, **33–37**, 43, 47, 48
– Guvano, Bucht von 35, 36
– San Pietro (Kirche) 34, 37, 40
Corvara 119
Costa del Corone s. Monterosso

Dragnone 12
– Marienwallfahrtskirche 126

Fegina/Monterosso **18–20**, 23, 24, 26, 55
Ferrale, Fels von 78
Fezzano 73
Fiascherino 8, 14, 60, **103**
Fiumaretta 107
Foce (Hügel) 58
Follo 116, 133
Fossola/Tramonti 74–76
Framura 133

Golfo dei Poeti 8, 9, 58, 61, 65, 66, 72, 74, 87, 95, 113
Groppo
– di Riomaggiore 11, 39, 41, 47, 54
– di Sesta Godano 113, 124
Guvano, Bucht von s. Corniglia

Imara/Zignago 126
Insel
– Palmaria 13, 58, 65, 69, 70, 72, 88, **110–111**
– Caverna dei Colombi 72, 88, 111
– Grotta Azzurra 110
– San Giovanni (Klosterruine) 111
– Tino 60, 69, 70, 72, **110–111**
– San Venerio (Klosterruine) 111
– Tinetto 60, **110–111**
– Nonnenklosterruine 111

Kulinarische Spezialitäten
- Aniskekse **102**
- Bianchetti **89**
- Canestrelli **122**
- Corzetti **118**
- Farinata 9, 85, **86**
- Focaccia 9, 58, 85, 123
- Gattafin 57
- Meeresdatteln 91, **92**
- Mes-cuía 9, **80**, 91, 105
- Miesmuscheln **67**, 117
- Oktopus 20, **92**
- Panigacci 9
- Sardellen 20, 23, **24**, 105, 117
- Sciacchetrà 9, 11, 14, 22, 37, **38–39**, 52
- Sciuette **118**
- Testaroli 9
- Tian 29, 32

La Baracca 57
La Foce 114–117
La Serra/Lerici 14, 60, 101, **105**
La Spezia 8, 9, 14, 15, 30, 37, 39, 43, 48, 61, 67–75, **79–93**, 97, 101–104, 114–116, 121, 133–138
- Akademie der Wissenschaften 89
- Arsenal 14, 30, 72, 73, 82, **83**
- Cattedrale di Cristo Re (Christkönigskathedrale) 90
- Chiappa, La (Stadtviertel) 115
- Colle del Poggio 90
- Corso Cavour 84, 87, 88
- Genova, Via 91
- Giovanni Sforza, Via 85
- Hafen 79, 93
- Hauptpostamt 90
- Italia, Viale 91
- Magenta, Via 85
- Manzoni, Via 91
- Markthallen 91
- Marola (Außenbezirk) 93
- Muggiano 93
- Nostra Signora della Salute (Kirche) 88
- Palazzo
  - Baldassare Biassa 87
  - del Comune 90
  - del Governo 90
- Passeggiata Morin 91
- Piazza
  - Beverini 85
  - Brin 88
  - Chiodo 82
  - Europa 90
- Sant'Agostino 89
- Verdi 90
- Piazzetta San Giovanni 89
- Pegazzano (Außenbezirk) 79, 93
- Prione, Via del 85, 89
- San
  - Giorgio (Burg) 81, 90
  - Giovanni (Kirche) 89
  - Venerio (Pfarrkirche) 90
- Santa Maria Assunta (Kirche) 85, 87
- Schiffahrt- und Marinemuseum 14, 72, 82, **83**, 84, 133
- Stadtmuseum Ubaldo Formentini in der Villa Crozza 78, 87, 88, 112, 121, 133
- Teatro Civico 89
- Villa Marmori 89
- Vittorio Veneto, Via 84
- XX Settembre, Via 90
Le Figarole 105
Le Grazie/Portovenere 14, 58, 69, **70**
- Santa Maria (Benediktinerkloster) 69, 70
Leivi 138
Lerici 8, 9, 14, 58, 60, 64, 65, 79, 92, 93, **95–103**, 104, 105, 109, 138–142
- Festung 58, 95, 97–99
- Piazza Garibaldi 100
- Petriccioli, Via 100
- San Francesco (Kirche) 100
- Sant'Anastasia-Kapelle 99
- Santi Martino e Cristoforo (Kirche) 99
- Villa Marigola 95
Levanto 11, 14, 16, 17, 19, 37, 43, **55–57**, 61, 70, 142–143
- Annunziata (Franziskanerkloster) 57
- Burg 56
- Casa
  - del Podestà 56
  - Restani 56
- Mostra Permanente della Cultura Materiale 56, 141
- Oratorio di San Rocco 57
- Palazzo
  - da Passano 56
  - del Comune 56
- Paraxo, Via del 55
- Piazza del Popolo 56
- Sant'
  - Andrea (Kirche) 56
  - Antonio Abate (Kirchenruine) 55
- Stadtmauer 56
Luni (Römersiedlung) 13, 71, 73, 79, 88, 108

Madrignano 126
Magramündung s. Bocca di Magra
Maissana 120, 125, 143
Manarola 10, 11, 14, 19, 36, 37, **40–47**, 48, 50, 51
– Nascita di Maria Santissima (Kirche) 41, 42
– San Lorenzo (Kirche) 41, 42
Mangia 124
Maralunga 103
Marinasco (Hügel) 58
Marola 73, 117
Mattarana 120
Menhir del Diavolo 78
Menhire **121**
Monesteroli/Tramonti 74–76
Monte
– Caprione/Lerici **101**, 106
  – Cavanei von Lerici 101
– Gottero 113, 124
– Parodi 116
  – Carpena (Festung) 116
Montemarcello 8, 14, 60, 101, 103, **105–106**
– Pfarrkirche 106
Montenero 11, 16, 51, **53–54**
– Colle del Telegrafo **53–54**
– Lemmen (Weiler) 54
– Nostra Signora di Montenero (Wallfahrtskirche) 14, **53–54**, 76
Montereggio 126
Monterosso al Mare 10–17, **18–27**, 35–37, 39, 43, 48, 55, 57, 143–146
– Colle di San Cristoforo 23, 25
– Costa del Corone 11, 21, 26
– Festungsanlagen 21, 35
– Il gigante 19, 55
– Kapuzinerkloster 23, 25, 26
– La Zueca 23
– Mortis et Orationis (Gebetskirche) 22, 55
– Palazzo del Podestà 23
– Piazza della Marina 21
– San Giovanni Battista (Kirche) 18, 21, 22
– Torre Aurora 21, 23
– Villa Montale 18–20
Muzzerone, Felsen von 65

Naturschutzgebiet
– von Montemarcello 106
– Varatal 112, 120, 122
Navone/Tramonti 76
Nozzano, Brunnen von 78

Olivo 70
Ornetto 124

Ortonovo 146, 147
– Museo Archeologico Nazionale 146
Ossegna 125

Paradiso 117
– San Martino Vecchio (Kirchenruine) 117
Passo
– del Bracco 120
– delle Cento Croci 124, 125
Pegazzano 117
Persico/Tramonti 76
Persönlichkeiten, berühmte
– Benelli, Sem 95
– Bertolani, Paolo 58
– Bertolucci, Attilio 58
– Birolli, Renato 9, 40
– Byron 9, 58, 62, 65, 95
– Capellini, Giovanni **72**, 87
– Dante Alighieri 109
– Discovolo, Antonio 9
– Giudici, Giovanni 58
– Lawrence, D. H. 9, 58, 92, 103, 104
– Marconi, Guglielmo 72
– Montale, Eugenio 18, **19**, 65
– Petrarca 12, 13, 58, 65
– San Venerio **69**
– Sand, George 65
– Shelley 9, 58, 62, 65, 94–96
– Signorini, Telemaco 9, 52
– Soldati, Mario 9, 58, 103
– Spallanzani, Lazzaro 72
– Turner 65
Pian di Barca 119
Piana Battolla 126
Pieve/Zignago 112, 126
Pignone 14, 17, 114, **119**, 147
– Brücke 119
– Loggia 119
– Römischer Aquädukt 119
Polaedo, Felsen von 40
Pontremoli 88, 112
– Piagnaro (Burg und Museum) 88, 121
Ponzò 117
Portovenere 8, 11, 14, 15, 21, 35, 49, **58–70**, 72, 79, 81, 93, 97, 110, 147–149
– Calata Doria 63, 65
– Capellini, Via 63
– Castrum Vetus 63
– Festung 62, 65, 68, 69
– San Lorenzo (Kirche) 62, 65, 66, 68
– San Pietro (Kirche) 62–65
– Stadttor 62, 63, 65, 69
Prevo 14, 33

Pugliola 109
Punta
– Bianca 101, 105
– Buonfiglio 40
– Merlino 74
– Mesco 10, 18–20, 23, 24, 26, 48, 52, 55, 64, 70
– Persico 74
– Pezzino 70
– Varignano/Le Grazie 70, 71
– Römische Villa 71
– Antiquarium 71

Reggio 11
– Madonna Nera col Bambino (Wallfahrtskirche)16, 32, 33
Riccò del Golfo 114, 117
Rio 124
Riomaggiore 9–11, 14–17, 19, 35–45, **46–54**, 76, 116, 149–151
– Burganlage 49
– Cristoforo Colombo, Via 48
– Oratorio
 – di Nostra Signora Asunta 52
 – di San Rocco 52
 – di Sant'Antonio Abate 52
 – San Giovanni Battista (Pfarrkirche) 50–52
 – Telemaco Signorini, Via 48, 49
Rocchetta di Vara 114, 126, 151
– Burg der Malaspina 126
Romita Magra 109
Roverano 120
– Wallfahrtskirche 120

San
– Bernardino 8, 11, 33, 34
 – Nostra Signora delle Grazie (Kirche) 33
 – Wallfahrtskirche San Bernardino 16, **33**
– Pietro (Landzunge) 9, 58, 63, 64
– Pietro Vara 124, 125
 – Kirche 124, 125
– Terenzo 9, 14, 58, 60, 65, **93–94**
 – Burg 93, 94
 – Pfarrkirche 94
 – Villa Magni 94
 – Venerio 21
Santo Stefano
– di Magra 152
– di Marinasco 114, 116
Santuario
– di Reggio s. Reggio
– di San Bernardino s. San Bernardino
Sarzana 81, 105, 108, 112, 116, 152

Sassetta/Zignago 126
Schiara/Tramonti 74–76
Scogna 124
Serò/Zignago 126
Serra 58
Sesta Godano 14, 114, **124–125**, 153
– Burg 124
Sestri Levante 120
Solaro 93
Soviore 8, 11, 16
– Wallfahrtskirche 14, **27–28**
Strada dei Santuari s. Via dei Santuari
Suvero 126

Tavarone 125
Tellaro 8, 9, 14, 60, 92, 101, **103–105**
– Pfarrkirche 103
Topriana/Zignago 126
Tramonti, Weinterrassen von 11, 13, 14, 49, 65, 73, 74, **75–78**, 116

Val
– di Vara 14, **112–127**
– Graveglia 117
Valdipino 117
Valgiuncata/Zignago 126
Valle di Coregna 73
Varese Ligure 14, 113, 114, **120–124**, 153
– Bauernmuseum 153
– Burg der Fieschi 125
– San Govanni Battista (Kirche) 125
– Santi Teresa d'Avila e Filippo Neri (Kloster) 118, 120, 125
Ventimiglia 126
Vernazza 10, 12, 14, 19, 21, 26, **28–33**, 36–39, 43, 48, 154
– Turm der Burg Belforte 31
– Wachturm 31
– Santa Margherita di Antiochia (Pfarrkirche) 31
Vezzola/Zignago 126
Via dei Santuari 8, 11, 34, 46, 47
Via dell'Amore 8, 40, **42–46**
Volastra 11, 16, 36, 40, 41, 47
– Nostra Signora della Salute (Wallfahrtskirche) 14, **47**

Wanderweg
– Nr. Eins 11, 70, 74
– Nr. Zwei 26
– Nr. Drei 54

Zignago 112, 114, 121, **126**, 155

Kommen Sie jetzt in den Genuß

Immer mehr Menschen erkennen, daß Essen und Trinken Teil unserer Kultur sind. Darum unterstützen immer mehr Menschen SLOW FOOD. Denn die internationale SLOW-FOOD-Bewegung setzt sich für die Achtung der Lebensrhythmen der Menschen und der Natur als Ursprung aller Nahrung ein; für die Verbreitung hochwertiger Lebensmittel, die naturnah mit sinnvollen Methoden erzeugt werden; für das Bewußtsein, daß jedes Land, jede Region und jede Jahreszeit eine Vielfalt von Nahrungsmitteln hervorbringen.

Darum machen bei SLOW FOOD alle mit: Produzenten und Händler, Winzer und Gastronomen, Verbände und Journalisten – und viele, viele private Genießer.

Mit der Anmeldung zur Bewegung SLOW FOOD International bekommen Sie automatisch Ihre Mitgliedskarte und ohne weitere Kosten die viermal im Jahr erscheinende Zeitschrift »Slow« zugeschickt. Die Mitgliedskarte gibt Ihnen die Möglichkeit, Rabatte und Vorteile, die unseren Mitgliedern exklusiv vorbehalten sind, weltweit zu nutzen. Außerdem werden Sie regelmäßig über SLOW-FOOD-Veranstaltungen in Ihrer Region informiert.

Ja, ich möchte in den Genuß kommen und werde Mitglied bei der Bewegung Slow Food International.

Name

Vorname

Firma

Straße

Postleitzahl/Ort

Land/Region

Telefon/Fax

Beruf

Datum/Unterschrift

Jahresbeitrag: DM 95,–, öS 650,–, sFr 120,–.
Die Mitgliedschaft gilt 1 Jahr. Sie kann danach jederzeit und ohne Angabe von Gründen gekündigt werden.

Zahlungsart:

☐ Überweisung auf das italienische Postscheckkonto von SLOW FOOD beim Ufficio postale di Bra (Cn) – sede N°. 23-31 Konto Nr. 17251125 (Überweisungsdurchschlag liegt bei)

☐ Visa / Master Card

☐ American Express

☐ Karten Nr.:

Ablaufdatum

Ort/Datum

Unterschrift

Bitte diesen Coupon kopieren und einfach in einen frankierten Umschlag stecken oder faxen an: SLOW FOOD INTERNATIONAL OFFICE, VIA DELLA MENDICITA ISTRUITA 14 I-12042 BRA (CN), TEL.: 0039 172 41 12 73, FAX 0039 172 42 12 93